义乌不能忘记谢高华

何恃坚 何建农 著

上海社会科学院出版社

序一

浙江省人大常委会原党组书记、副主任　茅临生

今年是改革开放40周年。40年来，浙江经济社会发展取得的历史性成就，发生的历史性变革，最根本在于改革开放。在这个伟大的历史进程中，义乌是浙江改革开放的一个缩影，而谢高华同志是义乌改革开放历史上具有标志性意义的人物。从某种程度来讲，改革开放时势造就了谢高华同志，谢高华同志推动了义乌改革开放大业。在改革开放40周年的时间节点，义乌市有关方面翻阅了大量的历史档案，搜集了丰富的第一手材料，组织创作了《义乌不能忘记——谢高华》，再现谢高华同志为义乌改革开放事业倾注心血的难忘故事，从义乌视角呈现了改革开放波澜壮阔的历史画卷。

谢高华同志是我十分敬重的党员领导干部。我十分关注义乌的改革发展事业，关注改革开放初期谢高华同志带领义乌人民作出并实施的重大改革决策。1998年初，我到衢州市担任市委书记，当时谢高华同志虽已退休，依然十分关心衢州市的改革和发展，因此我们仍有很多交往，他的工作精神和在群众中的口碑给我留下深刻的印象。市委召开全委会前的报告稿，我都会召开市级老同志座谈会征求意见，借此汲取他们丰富的经验和对基层实际深刻的把握，每次谢高华同志的发言都让我印象颇深，加上了解他在担任衢县县委书记期间的作为，我认为他在义乌作出的重要贡献决不是偶然的。他的言和行有很鲜明的三个特质，就是实事求是，一心为民，说干就干。衢州市委提出接轨义乌市场，发展家庭来料加工，把来料加工变成衢州农民群众学习实践市场经济的大学校，让今天的经纪人，成为明天的企业家，谢高华同志积极参与，在帮助衢州广大群众进入义乌市场上发挥了十分重

要的作用。

历史给人智慧启迪，典型激励前行力量。2017年12月，省委书记车俊同志对谢高华的先进事迹作出批示：要大力选树一批像谢高华同志这样敢于担当、积极作为的干部。作为我省改革开放的参与者、亲历者和推动者，我感到，谢高华同志身上镌刻着深深的时代印记，凝聚着领导干部的担当作为，焕发着干事创业的精神力量，值得每一位干部群众学习、传承和弘扬。

历史唯物主义告诉我们，时势造就英雄。每一位有所建树的人物，无不是在特定时代条件下产生的。谢高华同志当年为义乌人民做的实事、好事，带领义乌人民在争议中杀出一条发展市场经济的"血路"，正是赶上了我国实行改革开放的大好时期，有了解放思想、实事求是的政治气候。谢高华同志当年作出开放市场、兴商建县，实施"定额计征、源泉控管"计税办法等一系列改革举措，正是乘着改革开放的东风，抓住了改革开放的好时机。同时，也是以引领时代之先的勇气和魄力立于改革开放的潮头。在实施改革开放40年后的今天，我们深刻地感受到，改革开放是决定当代中国前途命运的关键一招，当今中国发展取得的一切成就源自于坚定不移地坚持改革开放。而谢高华同志就是一位富有改革精神、勇于创新探索的党员干部。

人民群众是历史的创造者，人民群众是真正的英雄。只有把人民放在心中的最高位置，才能真正为人民做好事实事，也才能成就伟业。谢高华同志就是一个始终坚持和践行以人民为中心的党员干部。当年，面对义乌人多地少，很多老百姓吃不饱饭，不得不远走他乡鸡毛换糖或偷偷摆摊的困境,他顺应人民群众求生存、求发展、求致富的强烈愿望,以对人民负责的担当作出开放义乌小商品市场的决策,让义乌的流动摊贩告别了担惊受怕的摆摊日子,引导群众规范发展市场经济,从而把蕴藏于千千万万人民群众当中的创造活力充分释放出来。如果没有把群众需求作为第一信号,把维护群众利益放在首要位置,密切联系群众、一切为了群众、紧紧依靠群众,是不可能冒着丢"乌纱帽"的风险,为群众的生存和发展办实事、谋利益的。党员干部把人民放在心中多高的位置,人民就会把党员干部放在心中多高的位置。一个党员干部只要心里装着群众,真心实意地为人民群众做好事、办实事、解难事,人民群众就会信任他、支持他、记住他。正是这样,义乌人民至今心里还念着谢高华同志为人民做事的那份恩、那份情。这也生动启示每一位党员干部,要坚持把实现好、维护好、发展好最广大人民根本利益作为推进改革的出发点和落脚点,始终不忘为人民谋幸福的初心。

党和人民的事业是靠干出来的,党员干部在人民群众中的口碑也是靠干出来的。在改革开放初期"摸着石头过河"的阶段,谢高华同志不唯书、不唯上、只唯实,解放思想、实事求是成为他最为鲜明特征。在当时既无国内先例,又无政策依据的情况下,他坚持从义乌实际出发,冒着政治上的风险,顶着工作上的压力,是什么问题,研究解决什么问题,大胆地改、大胆地试,为义乌闯出了一片兴办商品市场的新天地。实践表明,改革需要在实事求是的基础上产生政治智慧,更需要在科学判断的基础上焕发开拓勇气,对看准了的事,对党、对人民有益的事，不断地"试错""纠错"，坚定不移地干下去。这既是对事业的担当，也是一种科学的态度。在全面深化改革进入深水区和攻坚期的今天，像谢高华同志那种实事求是、担当作为的精神，依然是将改革进行到底的宝贵财富。

芳林新叶催旧叶，流水前波让后波。进入新时代，我们党领导的改革开放事业将在一代又一代人的接续奋斗中不断向前推进。谢高华同志当年谋划义乌改革的思想、勇气和作风，依然是当前义乌乃至我省全面深化改革的精神力量，必将激励人们"干在实处永无止境，走在前列要谋新篇，勇立潮头方显担当"。我相信，《义乌不能忘记——谢高华》这本书的出版，将为广大读者更好地了解扛着改革旗帜的朴素真实的谢高华，了解改革开放初期那段激动人心的历史故事。

是为序。

二〇一八年秋于杭州

序二

浙江省新闻出版局原党组书记、局长　陈昆忠

《义乌不能忘记——谢高华》一书，在中国改革开放 40 周年之际出版发行，可喜可贺！

谢高华是中国改革开放初期到义乌担任县委书记，面对错综复杂的政治、经济、社会环境，他以无私无畏的担当精神，大智大勇的英雄胆略，解放思想，实事求是，尊重群众创造，带领党委、政府和义乌人民开拓创新，先声夺势，闯出了一条从贫穷走向富裕的道路，为党增光，为民谋福，其人高尚，其志高贵。中共浙江省委在改革开放 40 周年到来之时，大力提倡向谢高华同志学习，深意不言而喻。

综观全书，谢高华在义乌的工作实践概括起来就是八个字："敢于担当，积极作为"。

一、谢高华的担当作为贵在一个"真"字。书中记载：1982 年 6 月 23 日，到任一个多月的谢高华经过认真调查研究，主持召开了县委常委会，"应不应开放城乡市场""允不允许农民经商"等议题摆到县委领导班子面前。在耐心听取大家意见后，谢高华没有过多地牵扯理论、政策等敏感问题，而是启发大家如何解放思想、真抓实干，旗帜鲜明地亮出了自己的观点："义乌市场是个很好的市场，很有发展前途。"有人插话说："农民弃农经商太多！"谢高华马上反驳："你这个说法我不敢苟同。义乌人经商意识强，我很感兴趣。从我们义乌实际出发，考虑商业、农业都可以搞，光搞粮食不够。义东一带敲糖换鸡毛，解决了几万人就业，我们要发挥好这个优势。"谢高华在开放市场问题上的鲜明态度表露无遗。从他身上我们可以看到一个共产党人的坦荡胸怀、果断智慧，也可从中认识到思想是行动的先导，只有

真心真意，才有内生动力。

二、谢高华的担当作为难在一个"准"字。"七山二水一分田，粮食高产贫穷县""一条马路七盏灯，一个喇叭响全城"是当年义乌和义乌县城的真实写照。谢高华来义乌自我加压的首要任务就是找准农民脱贫致富奔小康的突破口，就是因地制宜，以开放小商品市场为抓手发展第三产业。谢高华从1982年5月20日来义乌报到至1984年11月28日离任仅仅923天，由于找准了担当作为的突破口，给义乌带来了巨大的物质财富和精神财富。从谢高华身上我们可以看到积极作为一定要选准突破口，要担当起变重大难题、发展短板为重大机遇、后发优势的重任。

三、谢高华的担当作为重在一个"广"字。开放市场，解决征税难题，调动了群众的积极性和创造性，义乌发展有了一定的底子，还要在宏观战略上定个调子，让义乌的商品经济在正确的轨道上稳步持久地走下去。书中记载：谢高华当年在阅读了大量国内外城市经济发展的资料后，学习借鉴了世界发达国家的发展经验，尤其是受日本"贸易立国"战略的启发。从1983年初开始，从广度和深度上努力寻找适合义乌实情的区域发展战略，并在不同场合多次提出"以商兴县""贸易立县""兴商建县"的发展设想。

1984年10月，谢高华在全县区乡党委书记会议上正式提出了"兴商建县"（后提升为"兴商建市"）的区域发展战略，为义乌今后发展指明了方向。2006年6月8日，时任浙江省委书记习近平在义乌调研时指出："义乌确立并实施'兴商建市'发展战略从未动摇，历届党委、政府遵循抓市场就是抓经济的理念从未改变,致力于专业市场硬件提升、交易创新、功能拓展的工作从未停止。""从开放小商品市场到确立'兴商建县(兴商建市)'的发展战略,再到'以商促工、贸工联动',再到'以工哺农、以商强农'和率先推进城乡一体化,再到确立建设国际化商贸城市,每一阶段的发展都不离一个'商'字,每一阶段的发展又都有新的创新、新的内涵、新的提升、新的拓展、新的目标。"从谢高华身上我们可以意识到积极作为要在宏观上把握区域经济与社会可持续发展的方向。

四、谢高华的担当作为好在一个"实"字。书中记载:1982年11月26日,谢高华在全县专业户、重点户代表大会上明确提出"四允许":"一是允许专业户、重点户(包括干部、教师、职工家属)在生产队同意下将承包的口粮田、责任田自愿转包给劳力强的户;二是允许专业户、重点户在生产需要的时候经过批准雇用三至五个学徒或帮手;三是允许专业户、重点户在完成国家征购、派购任务,按合同交足集体以后,将自己生产的农副产品继续卖给国家,也可以向市场出售;四是允许专业户、重点户在国家计划指导下,完成国家征购、派购任务后,把自己的产品长途运销(除粮食及制品外)。"同年,县委又概括明确了"四个允许"内容,即:"允许农民经商,允许长途贩运,允许放开城乡市场,允许多渠道竞争"。这四个允许推出后,给农民勤劳致富吃了"定心丸",实实在在地解除了义乌农民参与商品经济活动的束缚,从而涌现出了一大批敢想、敢干、肯吃苦的能人,促进了生产力的发展。从谢高华身上我们可以认识到:衡量思想是否真正解放的标准，就看担当是否有力，作为是否有效，办法是否实用，措施是否实在，是否对国家对百姓都有利。

谢高华精神是我们浙江的宝贵财富，他之所以在历史长河中越久越发光，越久越被人们所敬仰，其根本原因就是他把我们党的崇高目标和广大人民群众对美好生活的追求实现了最大限度的统一，把人民群众的愿望作为自己努力方向。任何过去或者现在与党和人民群众利益相悖的条条框框，都是他坚决要破除、改革、创新的对象。他在明知自己所为将受到批评指责甚至可能处分丢官的情况下，仍然义无反顾面对挑战，全身通透明亮地让党和人民看到他的所作所为，展示了一个共产党人光明磊落的高尚品质。

历史从来都眷顾那些与时偕行的奋进者、直面挑战的勇敢者、善作善成的实干者。多年来，我们浙江干部群众正是在历届党委、政府的领导下，凭着一股闯劲，敢做前人没有做过的事情，敢做别人不敢做的事情，干成了许多大事业，闯出了一片新天地。

序三

同济大学马克思主义学院首任院长、博士生导师　丁晓强

在改革开放 40 周年到来之际，《义乌不能忘记——谢高华》的作者给我发来了 20 多万字的书稿，我从下午一口气看到次日凌晨 2 点，一个在改革大潮中勇于担当的县委书记形象跃然纸上。

谢高华的名字与号称"世界小商品之都"的义乌紧密地联系在一起。1982 年谢高华来义乌担任县委书记时，我刚大学毕业，并且不在义乌工作。但他的名字伴随他的到来，就在义乌迅速传开。有争议，但更多的是百姓对他的好口碑。随着义乌市场的繁荣发展，谢老在百姓中的口碑也越来越响。冯雪峰先生之子、年过八旬的冯夏熊不止一次动情地说："谢书记是我们义乌的大恩人，义乌不能忘记他呀！"

我直接拜访谢老是在 2011 年春天，当时我任同济大学马克思主义学院院长。谢老对我们的到来很高兴，80 多岁的人，思维敏捷，侃侃而谈思想解放、改革创新、市场经济等理论问题，看得出老书记对马克思主义理论是研读过的，并且他的谈吐感染力极强。

谢老在我的印象中，一直是勇于担当、有使命感的，是谦虚正直、尊重群众的，是好学理论、勤于思考的。通过这部书稿的阅读，我进一步加深了对他的认识。

一、谢老的担当，是一个大担当。1982 年的中国，改革开放初期，这是义乌小商品市场兴起的时代背景。义乌改革的本身，主要是农民如何脱贫致富问题，这就意味着这个担当责任很大，要闯更大的禁区。当时"弃农经商""投机倒把"，仍然被视为典型的走资本主义道路，各地仍在积极地打击，弄不好就会被扣上方向性错误的帽子。

1982 年 7 月，谢高华在干部会议上提出了开展"敢不敢富、能不能富、让不让富、会不会富"的大讨论。

1982年9月,义乌县委开放了小商品市场,随后又作出了"四个允许"的决定。谢高华还在市场"无中生有"地推行了"定额计征"的税制,纳税人除了"上缴国家的,留足市场的,余下的都是自己的"。这一"点石成金"的举措,给经商户吃了"定心丸",不仅解决了小商品市场征税中的难题,公平了税负,稳定了市场秩序,也增加了国家和地方的税收;这一"莫名其妙"的创造,为义乌的可持续发展挖了一个"大金矿",迅速吸引了来自世界各地的"淘金者"。"要致富,到义乌!"一时成为南来北往客商的信条,为义乌市场成为"全球之最"打下了坚实的基础。

谢老改革的风险大,意义更大。这是一场以农民致富、财政增收为目的的改革,并且直指改革的核心问题——市场经济问题。在中国改革开放的历史上留下了浓重的一笔,并造就了义乌发展的奇迹。

二、谢老的勇气,来源于人民群众。党的十一届三中全会以后,义乌的廿三里镇和稠城镇已经自发形成小商品市场。但在当时,仍然实行整治政策。谢老到义乌,消瘦的身影就出现在义乌的田间地头、街坊集市,在认真调查研究基础上,明确提出"义乌人经商不是包袱,而是优势"的观点,并作出了开放市场的重大决策。

义乌人民有了阳光就灿烂,他们不断地提出新的诉求,推动着谢高华带领县委一班人冲破了一个又一个禁区。小商品市场在义乌人民的辛勤努力下得到了迅速发展,城乡面貌为之一新。谢高华找到了发展义乌经济的新路子,于是,在1984年又提出了"兴商建县(市)"

的区域发展战略，义乌历届党委、政府"咬定青山不放松""兴商建市不动摇"，成就了义乌今日的辉煌。

三、谢老的智慧，来自理论学习和思考。面对改革实践中出现的新情况、新问题，他坚持从人民的利益出发孜孜不倦进行理论学习，注重向马克思主义理论的讨教。谢老认真研究过《资本论》中马克思所说的"商品到货币是一次惊险的跳跃"这个命题，由此可以发现他对商业和市场的关键意义的思考。义乌小商品市场的发展，就像一个个冲击波，对整个计划经济体制都造成影响。例如，围绕粮食和农副产品的计划收购等现实问题，他就是从是否符合价值规律的角度进行观察分析。在深入调查的基础上，他认为计划收购、计划供应、独家经营，是违背价值规律的。深入学习马克思主义的经济学，使他对改革有了理论的底气。

对邓小平理论，谢老甚至可以说有着内在的感应。例如，尊重群众的首创精神，关注群众拥护不拥护、支持不支持，等等。对小商品市场，针对上级部门"加强统管"的要求，他提出"对外开放，对内搞活"的方针。从谢老的实践和思想中，我们可以体会到他对邓小平理论的深刻把握。谢老眼界很宽，还善于学习国内外城市的发展经验。他体会到先有市场、后有城市，是具有普遍性的。他还了解日本实施的"贸易立国"战略。这些推动了他提出"以贸易为导向，贸、工、农相结合，城乡一体化，兴商建县"的战略。

四、谢老的精神与"焦裕禄精神"一脉相承。2009年，时任中共中央政治局常委、国家副主席的习近平专程去兰考，把"焦裕禄精神"概括为"亲民爱民、艰苦奋斗、科学求实、迎难而上、无私奉献"。2014年，习近平总书记再次对"焦裕禄精神"进行了阐述，提出重点要学习焦裕禄"心中装着全体人民，唯独没有他自己"的公仆情怀，"吃别人嚼过的馍没味道"的求实作风，"敢教日月换新天"的奋斗精神，艰苦朴素、廉洁奉公、"任何时候都不搞特殊化"的道德情操。谢老是新时期"焦裕禄精神"的践行者，他在义乌的工作，充分体现了勤政为民的公仆情怀、注重调查研究的求实作风、在困难面前的奋斗精神以及不搞特权的道德情操。义乌人谈起谢老，他们的印象中就是消瘦的身躯、黝黑的脸庞、因不停地吸烟而焦黄的手指、急促的语调和彻夜不熄的灯光……人们可能不知道的是，他的胃"文革"时被切除了四分之三，为了工作，饮食却很难正常。

谢高华一心工作不谋私利，他造就了千千万万的富翁，但是，他与企业家的交往始终保持了习近平总书记所强调的"亲""清"二字的新型政商关系。他在义乌没有房产，没有商铺，也没有任何一家企业的股份，依然保持简朴的生活。而且，他在国家困难时把两个儿子下放到农村，在祖国需要时又把一个儿子送上战场。

与焦裕禄不同的是，谢高华处在改革开放时期。这一时期县委书记应该具有新的、更高的要求。在谢高华的身上，我觉得突出体现了不畏风险的担当勇气，尊重群众的宽阔胸怀，好学和不断探索的积极态度，从而使改革创新迸发出青春活力。

谢高华同志是改革开放时期县委书记的好榜样，谢高华精神是改革开放的重要精神，在改革开放40周年之际，值得好好总结，认真学习。

目录

序一 / 茅临生 /001

序二 / 陈昆忠 /005

序三 / 丁晓强 /009

引　言 /001

第一章　天降大任于斯人
　　一、意想不到的调令 /010
　　二、我是农民的儿子 /018
　　三、群众利益无小事 /022
　　四、翻两番，路在何方 /026

第二章　"鸡毛换糖"是一大优势
　　一、"鸡毛换糖"溯源 /030
　　二、究竟谁拦了谢书记 /037
　　三、"包袱"还是优势 /042
　　四、没有调查就没有发言权 /048
　　五、给"鸡毛换糖"正名 /058

目 录

第三章 "一代市场"横空出世
一、专题决策办公会议 /064
二、开放湖清门市场 /071
三、报道小商品市场第一文 /077

第四章 "四个允许"的争议
一、振臂于"劳模表彰大会" /086
二、"四个允许"的演变 /091
三、为"两户一体"站台 /095

第五章 对话"国营"企业
一、市场不相信眼泪 /107
二、打破"铁饭碗" /112
三、"一把刀"改为"多把刀" /117

第六章 艰难抉择开绿灯
一、税收：定额计征 /123
二、银行：现金为王 /128
三、物流：三联运输 /132
四、城建：改造大构想 /134

目 录

第七章　不拘一格降人才
一、第一声市场呐喊者　/138
二、从牛棚里牵出千里马　/143
三、"陈萍是个难得人才"　/148

第八章　南下北上取"真经"
一、苏南模式、温州模式之争　/153
二、百人考察团　/155
三、学习佛山大讨论　/158

第九章　千方百计抓教育
一、一所名校的诞生　/162
二、最好的房子应该是学校　/164
三、五路进财　集资办学　/169
四、一本随身的宝书　/173

第十章　新马路市场崛起
一、一封万言上书　/177
二、一笔攸关市场兴起的信贷资金　/183
三、首个批发市场开业　/185
链接：义乌历代市场迁徙表　/189

目 录

第十一章 "兴商建县"战略推进
　一、日本"贸易立国"启示 /199
　二、"兴商建县"战略的出台 /200
　三、一场"引智"盛会 /205
　链接：兴商建县　振兴义乌 /208

第十二章　天地之间有杆秤
　一、省委书记点赞的干部 /220
　二、心中的丰碑 /226
　三、常回家看看 /240

后　记 /250

引 言

"莫名其妙""无中生有""点石成金",这是习近平总书记在浙江工作时对义乌改革开放几十年发展的精辟概括。

有人曾言,杭州是浙江的杭州,宁波是中国的宁波,而义乌是世界的义乌;甚至有人还笑谈,有人的地方,就有义乌的小商品。

或许有些夸大其词,但也从一个侧面反映义乌在全球的美誉度和知名度。

为什么义乌这个"三无"的浙中小城能迅速崛起,成为全球最大的小商品集散中心?为什么义乌被誉为新丝绸之路一个起点,成为中国改革的缩影、开放的门户?为什么作为国家战略的国际贸易综合改革试点落户义乌,成为中国唯一一个在县级市设立的国家级综合改革试点?为什么义乌成为全国人均可支配收入最高的地区?为什么义乌……

对于义乌和义乌市场的"神奇"与"魔力",一百个人有一百个答案。

改革、创新、开放是义乌的根和魂。历史经验表明,一个地区的经济社会发展,一般要经历一个或几个形势有利、特点突出、速度加快的阶段。这样的阶段,实际上就是一种机遇期。机遇是事物相互作用的历史累积,是人民创造伟大实践业绩的时代呈现,因而这些阶段的出现,无不与当时面临的形势、所处的环境、具备的条件有关。抓住机遇,奋发图强,就能乘势而上,加快发展;反之,机遇来临而不觉,面临机遇而不为,就会延缓发展,造成落后。

让我们来聚焦,听一听那一个个令人振聋发聩的难忘回响:

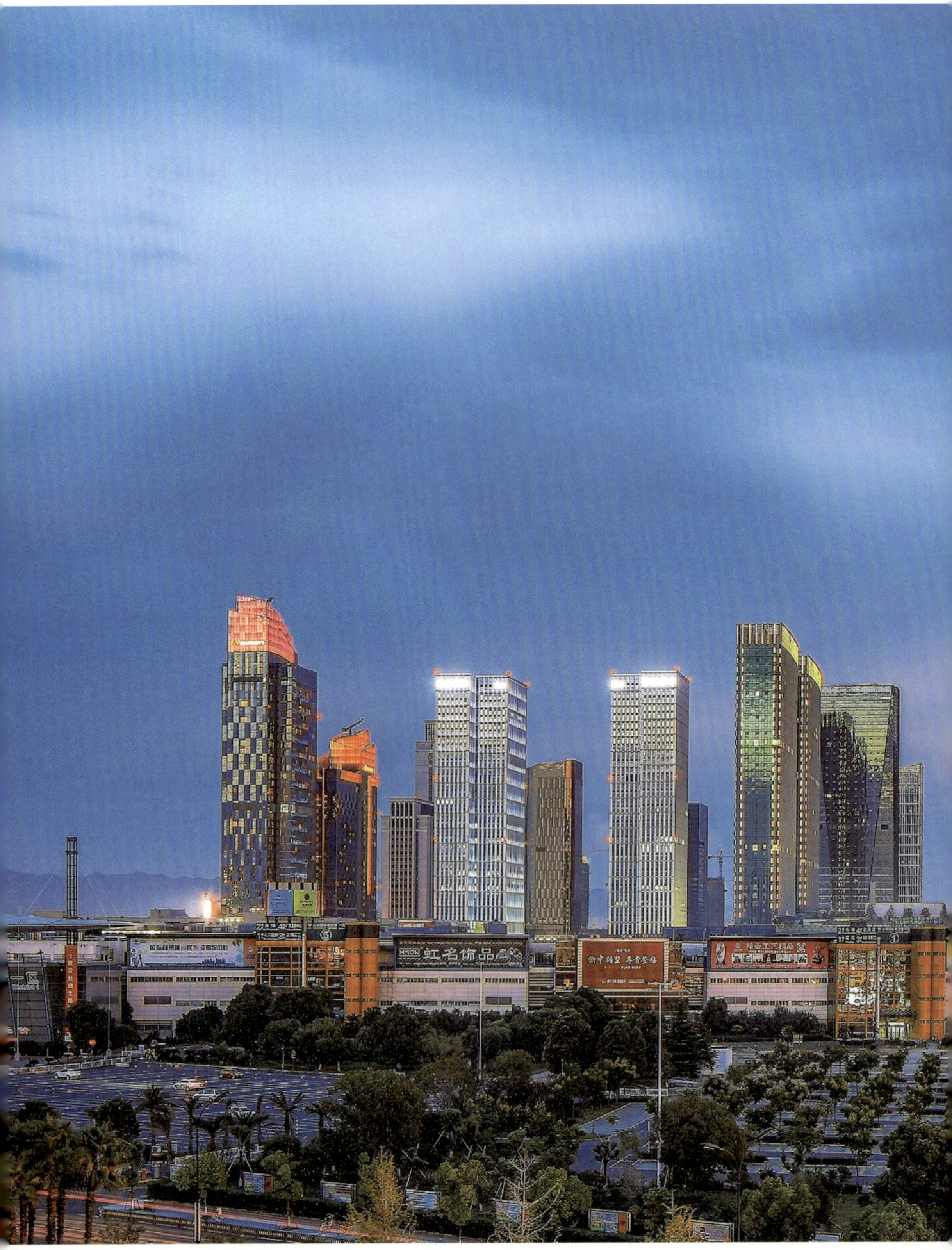
虹名饰品

2006年，时任浙江省委书记习近平对义乌改革开放以来取得的巨大成绩充分肯定："义乌的发展是过硬的，在有些方面还非常突出，义乌发展的经验中既有独到的方面，也有许多具有借鉴意义的方面。"

习近平指出，人民是国家的主人、社会的主人和自己命运的主人，必须坚持尊重人民首创精神。尊重和保护群众首创精神、从实际出发创造性地贯彻上级决策部署。这是习近平同志在浙江任省委书记时亲自部署学习推广"义乌发展经验"的首要内容。

2008年11月，时任中共中央政治局常委、国务院总理温家宝调研义乌市场时说，义乌是先有市场再有工厂，这印证一个道理：没有生产和需求就没有流通。同样，没有流通也就没有生产，就不能满足需求，从这个意义上说，流通更为重要。

2014年11月，中共中央政治局常委、国务院总理李克强到义乌视察时，称赞义乌小商品市场是中国名片，义乌国际商贸城堪称当代"义乌上河图"。

2016年，时任浙江省委书记夏宝龙多次赴义乌调研并给予厚望：义乌是全省乃至全国改革发展的一面旗帜，要举全省之力帮助义乌深化改革，凡在全省其他市、县（市、区）开展的省级改革试点，义乌市都可以先行先试。义乌要打造"世界小商品之都"，在小商品上有足够的市场份额、定价权和话语权，成为全球小商品贸易的集散地、小商品创意设计研发的热土地、中高品质小商品制造商和电商的集聚地。

2018年8月17日，浙江省委书记车俊在义乌调研时强调，义乌是中国改革开放的重要窗口，义乌的改革发展事关大局，省有关部门、金华市、义乌市要提高站位，强化担当，捏指成拳，大胆试，大胆闯，以更高的标准、更远的眼光、更宽的视野，高水平谋划、高质量推进试验区建设，努力把义乌建设成为"世界小商品之都"。

义乌国际商贸城一角

曾任博鳌亚洲论坛秘书长龙永图也称："义乌是我国对外贸易发展历史上创造了一个前所未有奇迹的地方。义乌的发展是'违背'一般经济规律的，没有地缘优势，没有资源优势，最大的优势是人的因素。"

曾任全国人大常委会委员、人大财经委员会副主任委员石广生说："义乌发展经验是干出来的！我非常钦佩义乌人的实干精神。"

著名经济学家厉以宁认为，义乌政府是有为政府。党委总揽全局，把握发展方向，政府调控有度，搞好公共服务，这是义乌全面建设小康社会、走科学发展之路的根本保证。

从上面的一段段论述中，你一定能体味到，研究有中国特色的社会主义市场经济，不能不到义乌来。

小商品，大世界。

义乌现象、义乌奇迹、义乌经验、义乌模式、义乌指数、义乌商人……一次又一次把义乌推向视线的巅峰，成了一个全国、全球瞩目的"焦点"，像东方的一束光芒，让整个世界感到了中国的绚丽与灿烂，的确让人匪夷所思。

义乌城西立交一角

"莫名其妙"，用经济学的术语讲就是各种要素都不具备，是非常贫瘠的地方，或许正是这座城市从贫瘠小县发展到世界之最的奥秘所在。其实，所谓"莫名"者，就是义乌在地理位置上并无优势，在资源禀赋上并不得天独厚，在政策视野里并非国家之优先；所谓"其妙"，妙就妙在义乌人不满现状、锐意进取、敢为人先、奋力突破的非凡勇气和脚踏实地的创业精神，以及义乌历届党委政府"不唯书，不唯上，只唯实"的探索，研究、遵循社会主义市场经济发展规律，走出了一条"兴商建市"的区域独特发展之路，引导、推动义乌走上快速发展的轨道。

当我们在享受改革开放的丰硕成果时，怎么能够忘记那些改革的先行者，那些开放的弄潮儿们，那些第一个"吃螃蟹"的英雄们……

行笔写义乌市场，有一个人不得不写，他在义乌任职只有两年半时间，不仅带给义乌巨大的物质财富，更难能可贵的是给义乌带来了巨大的精神财富。

是他，坚持没有调查就没有发言权，尊重群众首创精神，因势趋导，率先作出了开放义乌小商品市场的决策，推行了"定额计税"的创新办法；

是他，坚持实践是检验真理的唯一标准，理论联系实际，求真务实，用创造性的执政理念提出和实施了"四个允许"的政策；

是他，坚持国营、集体企业改革创新，为农民呐喊，率先打破了城乡二元体制、社会分工观念，多措并举，带领农民奔小康；

是他，坚持不拘一格选人才，尊重教育，加大科技文化教育投入，树立了"以人为本"的发展理念；

谢高华在义乌绣湖公园

义乌江景

是他，坚持科学发展观，提出了"兴商建县（市）"的区域经济发展战略，始终走在时代前列。

……

尽管遭到种种质疑和排斥，但他凭借智慧和勇气，坚定地推动着义乌市场的前进，为区域经济改革发展历史写下浓重一笔，成为了义乌改革开放过程中的时代符号。

这个人就是谢高华。

谢高华与义乌市场，一个曾被许许多多人反复谈论的话题，一个曾一次又一次引起纸上交锋的话题，一个谈中国的改革开放绕不过的话题。

有人曾坦言：谢高华不亚于焦裕禄和孔繁森，他为义乌谱写了一曲从贫穷走向富裕的交响乐章，他是改革开放新时期县委书记的好榜样。

富裕，是"兴商建市"最好的证明，是"义乌回答"最有力的声音。

回望来路，谢高华怀着"摸着石头过河"的心情，成就了一场伟大的革命，从禁锢到自由，从崩溃到奇迹，从渺小到伟大，让我们有太多的理由为之击节称赞。

政声人去后，民意闲谈中。

历史在人民心里，是非在人民眼里，成败在人民手里。

以史为鉴，可知兴替。

历史往往是无声的，记载的不单单是一些事件，更多的是记录了我们曾走过的路，如何重新审视昨天，品味历史，用心感受昨天的脉搏，是今人与古人沟通的渠道，是今人汲取经验教训的源泉，是每个后来人应尽的职责所在。

无论是一个人，还是一个民族、一个国家，忘记过去，就等于背叛。健忘历史是没有前途的，只有在总结汲取过去的经验教训中才能前行。

历史需要回忆，思索，感悟。

谢高华近照

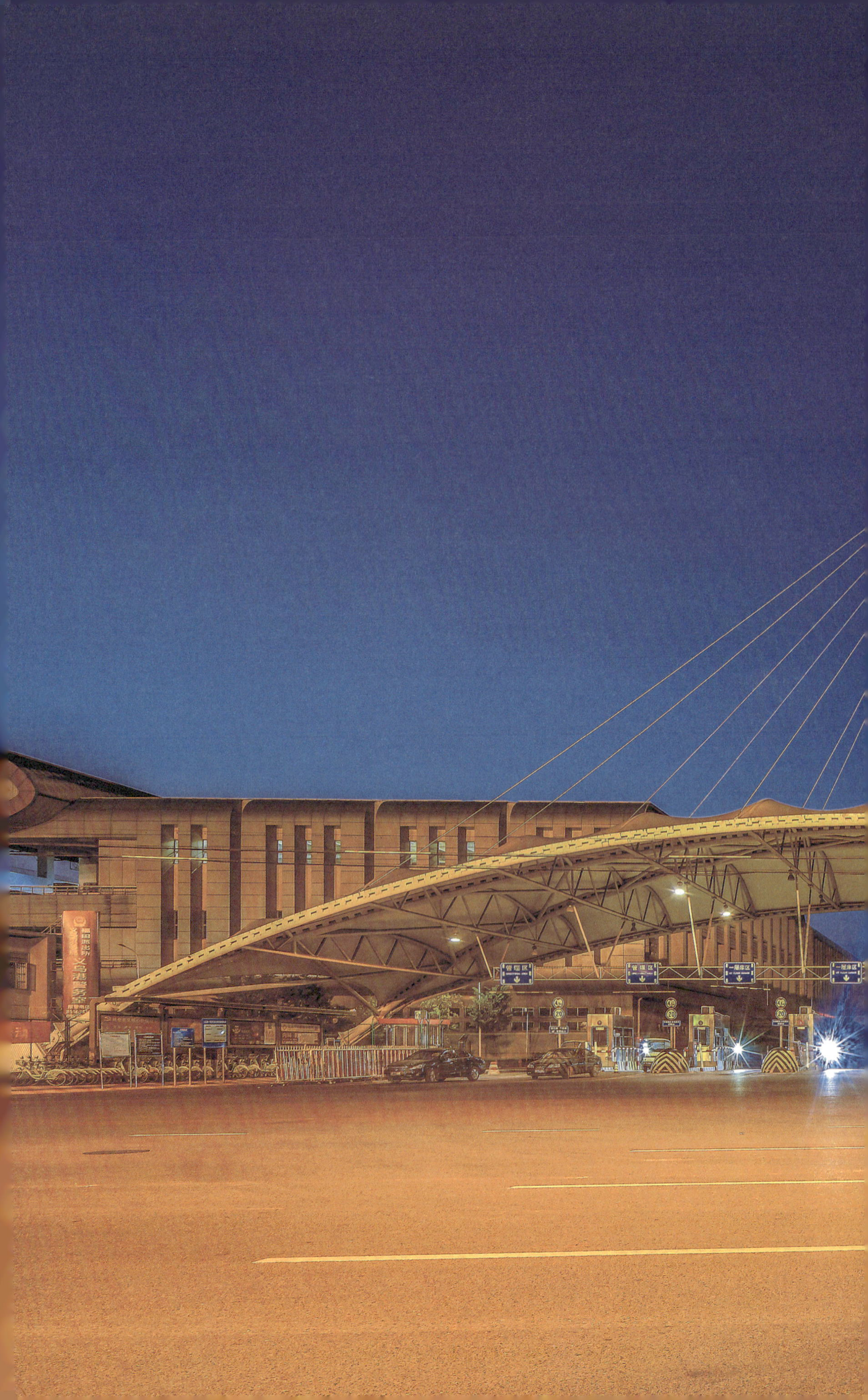

义乌港

第一章 天降大任于斯人

义乌不能忘记 谢高华

历史是一个偶然，劳动人民是历史的创造者，但每个时期总会出现领航人，也许有诸多的偶然，但也必定有其必然，社会赋予了他不平凡的生命价值。

一、意想不到的调令

历史无疑是由无数个偶然构成的。

郡县治，天下安。

"谢高华在衢州任市委书记，不愿到义乌任职，迟到半个多月才到任。"民间传说纷纭。

衢州古城一角

衢州，历史悠久，源远流长。春秋初为姑篾国，后为越国姑篾之地，战国时属楚。东汉初平三年，始为县治，衢州州名始于唐武德四年，历代为州、郡、路、府治，迄今已有1800余年的历史，比欧洲的许多历史文化名城如柏林、慕尼黑等至少要早1000年！

衢州，江南重镇，四省通衢。浙西地区的一个府城，钱塘江上游第一重镇，扼浙、皖、赣、闽之咽喉，历来是东南五省用兵重镇。

衢州，人文荟萃，名人辈出，既拥有"铁"的重量，更富有"文"的内涵。

"谢高华，金华地委对义乌县级领导班子成员作了调整，决定调你到义乌县任县委书记。"

1982年4月的一天，当金华地委领导找谢高华谈话告知这一消息时，谢高华没有一点心理准备，感到很突然，摊开双手，一脸无奈，连忙解释道："我已经52岁了，到了落叶归根的年龄了，母亲年纪又大，我不能离开衢州啊！能不能留在衢州，哪怕给新来的书记当助手？"

"这是省委的决定，就这样吧。你要马上做好任职准备。"组织的决定让谢高华无以回复。

"喝了一杯水，抽了两支烟，我就离开了地委会议室。"谢高华回忆说。

"父母在，不远行。"深受传统儒家思想影响的谢高华，马上回家把调任义乌工作的消息告诉老母亲苏招英。

"怎么会调到那么穷的一个地方去，能不能找个借口解释一下，换个地方。"听到调任义乌的消息，苏招英顿时流下眼泪，心疼地说。她家里过去住过义乌人，知道很多义乌人连像样的鞋子都没有，一双草鞋外面用根棕绳捆捆。

1982年4月27日，谢高华接到了中共浙江省委干［1982］87号任免职务的通知：

谢高华同志任中共义乌县委委员、常委、书记；免去中共衢州市委委员、常委、书记职务。

"作为一名共产党员，服从组织安排是不容质疑的天职。"自幼受尽苦难的谢高华考虑了几天后，暗暗地下了决心，既然组织信任，让我去义乌干，我就要好好干一番事业，干出点名堂来。

"义乌常委班子派性严重，凝聚力不强，开展工作有一定难度。"省市领导与谢高华谈话时，多次提到县委班子派性问题。

由于历史的原因，特别是十年"文革"的动乱折腾，对整个中国的破坏都很大，义乌也不能独善其身，内部派性很严重，矛盾越积越深，形成颇为严重的"山头主义"，尤其是阶级斗争扩大化，搞得"洪洞县里无好人"，整个班子不团结，大家纷纷要求从外地调领导干部来。

谢高华正是受命于这样的艰难时刻。以干部交流的名义，已过知命之年的他虽有些无奈，但还是带着满腔热忱，从老家衢州赶赴人生地不熟的义乌上任。

去之前，有人建议，义乌人头不熟，是不是带两个衢州的干部一块去。谢高华说，不要了，去义乌是省委的决定，我没有权力带人去，做事情，还是要依靠当地干部群众。

后来才知道，省委调谢高华赴义乌任职，是有用意的。当时义乌派性严重，许多干部的主要精力仍然放在"阶级斗争"上，经济发展明显落后于周边地区。而谢高华主政衢县、衢州市的那几年，思想开放，"中心"意识强，经济发展快。让谢高华这个闯劲十足的外来干部去义乌，着眼于"平山头"，快发展。

1982年5月4日，谢高华最后一次参加衢州市委常委会，陈文韶接任市委书记。5月19日上午8时，在衢州红楼会议室，召开欢送谢高华同志的茶话会。

同年5月20日，中共义乌县委员会发文，谢高华接替王明新担任县委书记。

到义乌就任与省委任免文件的时间相差近一个月，以至于有人误解为谢高华不愿到义乌而闹情绪。其实，他在衢州工作30多年，有许多未了之事需要移交。

在义乌新老领导班子交接时，金华地委有关领导语重心长地对谢高华说："义乌是一个出经验、出人才的地方，希望你不要辜负上级领导的期望。"随后，又对义乌领导干部说："谢高华从衢州调入义乌是干部异地交流的需要，有利于推广不同的地区经验，同时也利于干部的廉政建设，希望大家加强团结，同舟共济，支持新任领导班子，把各项工作做好，把商业流通发展起来。"

有人说，谢高华是从市委书记贬到义乌任职的。其实，当时的衢州市是一个县级市，同属于金华地区。

"穷"。义乌给谢高华的第一印象。

刚来任职的谢高华通过对机关大院的印象，直观地体会到了义乌的一穷二白："机关里有三个'大'，一个吃饭排队等的大食堂，一个桌椅破败的大会堂，再加一个对着宿舍窗户的露天大茅坑。"

"当时，衢州穷，义乌更穷。衢州人均有一亩多地，自然条件好，粮棉油、农副产品都很丰富。可义乌是贫瘠之地，底子薄，土地少，人均只有五六分地，农村不少地方饭都吃不饱，生活都过得很艰苦，真的不如衢县，唯一的特产是红糖很有名。"

谢高华回忆说。

20世纪80年代初，衢州有人口100多万，义乌只有60多万；衢州是省内著名的粮油生产基地，生猪、禽蛋生产基地，农业生产走在全省前面，衢州化工厂又是省内著名的工业企业。而义乌，资源少、工业基础差，人均收入也低，无论哪一方面都无法与衢州相比。

"七山二水一分田，粮食高产贫穷县""一条马路七盏灯，一个喇叭响全城"就是当年义乌和义乌县城的真实写照。

问渠那得清如许？为有源头活水来。

为更多了解义乌的历史，谢高华认真翻阅了《义乌县志》。

义乌，自古以来就与孝义有关。"乌"在《说文解字》中解释道："乌，孝鸟也。"据李时珍的《本草纲目》记载，乌鸦刚出生的时候，母鸦口中含着食物喂养小鸦六十天，小鸦长大之后，为报答母鸦的养育之恩，也衔着食物反哺母鸦六十天，因此乌鸦被称为"慈乌"。

义乌，地处浙江中部、金衢盆地东缘，沿浙江地图对折，义乌恰好是地图的中心点。秦嬴政二十五年（前222年）置乌伤县，据说之前，有个人叫颜乌的人，事亲至孝，父死后负土筑坟，一群乌鸦衔土相助，结果乌鸦嘴喙皆伤，故称乌伤县。当时的县域范围是今金华市的全部和丽水、台州的一部分。新莽时（公元9年）改县名为乌孝，唐武德七年（624年）改称义乌，沿用至今。1988年撤县建市，市域面积1105平方公里，现辖6镇8街道，中心城区面积103平方公里。

义乌历史悠久，人文荟萃，这里曾孕育了南朝梁代禅宗著名尊宿傅大士、"初唐四杰"之一的骆宾王、宋代名将宗泽、金元四大名医之一的朱丹溪，这里也是现代教育家陈望道、文艺理论家冯雪峰、历史学家吴晗等一批名人志士的故里。

谢高华刚来义乌上任时，每天反映问题的材料一大堆，人民来信不断，上访喊冤者接二连三，要将"以阶级斗争为纲"转到经济建设上来，在当时的历史条件下是很艰难的。

面对实际存在的派系斗争、"山头主义",谢高华打定主意当着全体县委班子人员的面挑开来说,来一次彻底的摊牌。

"不管是哪个派系反映的材料,我都不会去看的,现在只有一个标准,只有全心全意为人民服务的干部才是好干部。"

刚来义乌工作,谢高华每天的早饭几乎都是标准的"两个半":一个鸡蛋、一碗稀饭、半块霉豆腐,正餐则经常不正常。

到义乌后,谢高华从未透露做过胃切除手术的事。直到有一天,时任金华地委书记厉德馨听说此事后,忍不住给义乌县长打了一个电话,义乌县委班子才知道谢高华做过胃切除手术。原来,"文革"期间谢高华受到迫害,其间落下严重的胃病,不得不切除四分之三的胃。

后来经上级同意,谢高华小女儿谢凤来义乌农业银行工作后,谢高华吃饭问题才有所改善。

谢高华一心扑在工作上,几乎每天都在工作,就连节假日也很少

20世纪80年代的义乌县委、县政府机关大院

20世纪80年代的义乌电影院

休息。用现在的话说，就是"白加黑""五加二"。有时候工作实在太累了，谢高华会把时任县委办副主任吴唐生喊来："老吴，你去找个人来，陪我去看场电影吧！"

之后，谢高华会带一个县委办的同志去电影院。到了电影院门口，他自己掏钱买票，从不要秘书或公家出钱。至于当天放映什么电影，他并不在意。

"其实，谢书记就是通过看电影调节一下紧张的工作状态。在我的印象中，这是他除工作之外唯一的兴趣爱好。不过，因为当时工作太忙，他看电影的次数很少。"吴唐生说。

"刚到义乌时，谢高华由于下乡，经常回来很晚而吃不上热菜饭。这对于大部分胃被切除的他是个很大的问题，他却处之泰然。白天谢高华一般都在基层调研，我们在办公室很难见到他。而晚上他工作起来，经常超过12点，甚至通宵达旦。有时晚上开会研究工作，对问题不讨论出个所以然来不休会。我们年青人都困得不行，而他总是烟不离手，一边一支接一支地抽着，一边饶有兴味地听着大家的热烈发言,并不时插话,越来越精神。直到思想高度统一才休会。"当时办公室的一些年轻干部回忆说。

现在全国都在学习浙江省率先推出的"最多跑一次"行政改革经验,其实谢高华在80年代就倡导权力下放的土政策。

"你们部门、乡镇的事情不要找我,找你们的分管领导,县委主要是管区委书记、区长,乡镇书记、乡镇长委托区委管理,一级管理一级。"谢高华每抓一项重点工作,都强调每一层级领导的作用,而不是"西瓜芝麻一起抓"。他认为只要把城阳、佛堂、义亭、苏溪、义东等五个区委主要领导工作抓好,就不会有大的差错,就能保质保量完成各项工作任务。

为充分发挥各级党组织和职能部门的作用,有利于使经济管理权与人事管理权的一致,有利于转变作风,克服官僚主义,遵照党中央关于干部工作"管少、管活、管好"的指示精神,县委作出《关于改革干部管理权限的决定》,对全县的干部管理权限作了一次较大的改革,将一些单位的干部管理权限下放,实行一级抓一级的管理模式。

"谢高华讲的衢州话很难听懂,但执行力却非常强。"与谢高华共事的人都有同感。

人心齐,泰山移。义乌在全省排名指标中许多垫底的分值不断上扬,从"落后县"飞跃到"先进县"。

既然为官一方,就要造福于民。从1949年6月谢高华被选为村农民协会委员起,就有一个梦想,那就是让自己祖祖辈辈面朝黄土背朝天的农民富起来。谢高华至今也未曾想到,改革开放四十年,义乌经过历届党委、政府和干部群众的共同努力,2017年城乡居民人均可支配收入分别达到6.6万元和3.3万元,连续13年位列全国县(市)第一;未曾想到自己能成为改革开放风云人物。闻名遐迩的光辉命运注定与义乌结缘,是义乌惊天动地的变化,成就了他一个个传奇。但奇迹绝非与生俱来,背后肯定有许多鲜为人知的心酸故事,因为他的运筹帷幄,绝没有诸葛亮、韩信等点将那般轻松,他的精彩充满传奇故事,他的奉献充满牺牲担当精神。

谢高华故居（油画）

  短短两年半时间，从时间上说，只占他全部政治生涯的二十分之一，何以让义乌人如此难以忘怀？

  其实，恰恰在这段短暂的时间里，谢高华的政治才能和创造性智慧得到淋漓尽致的发挥，奏出了他生命交响乐中的华彩乐章。

二、我是农民的儿子

  每颗行星有它的运行规律，每个人也有他的人生轨迹。得民心者得天下，顺时势者赢先机。

  浙江省衢县大洲区横路乡贺邵溪村是一个大村庄，有3000多人。

1931年12月17日（农历十一月初九）是一个平常的日子，但是一个赤贫的雇农家庭喜降了一个儿子，母亲苏招英喜出望外。根据农村习俗，取了个"高化子"（叫花子）的小名，意思是好带大，讨饭人，苦出身，如今村里年纪大的人还都叫谢高华为"高化子"。

农村有一个"多子多福"的老传统，谢家虽然家里穷，没有地，后来又增添了两个弟弟谢高林、谢朝生，一个妹妹谢秀花。人丁兴旺，但苦中作乐，乐在其中。

父母要养活四个子女，每日起早摸黑劳作，特别是为儿子就学更是省吃俭用。谢高华到了读书年龄，便把他送到李家厅入学，一位旧式私塾的先生教三字经、千字文、弟子规、增广贤文等，后来到汤家大厅里读"洋书"。谢高华勤学苦读，其中苏东坡《读书歌》他至今记忆犹新：读得书多胜大丘，不须耕种自然收。东家有酒东家醉，到处逢人到处留。日里不怕人来借，夜间不怕贼来偷。虫蝗水旱无伤损，快活风流到白头。

家庭的沉重负担，谢高华看在眼里，疼在心里。作为老大，天生就注定必须过早分担家庭的责任。他读了两年书就休学去放牛了。当时，全村有数十头牛，他就放三头，还要送饭、铲田塍，下雪天在家里选取豆种或做马料豆粽饲牛，几乎没一天空，只有"高家会"和"全旺会"时才是放飞心情的好时光。

谢高华11岁那年帮人做"半作手"。1942年，日本鬼子进犯衢州，谢高华年少气盛，也去挖公路、拆铁路，参加抗日斗争。然而更

第一章 天降大任于斯人

019

谢高华（后排中）与
衢县杜泽区干部合影

让谢高华幸运的是，当了5年长工后，刚满18岁时，家乡解放，不久就当上了本乡的民兵连长。

1951年3月，谢高华加入共青团，后任横路乡团支部书记，1952年2月在铜山源水库下乡劳动。1953年5月加入中国共产党，并被选拔到地委干校学习，后任衢州杜泽区团委书记、区委组织委员、区委副书记、区委书记，当时的杜泽区涵盖了杜泽镇以及周围的莲花、白水等乡镇。

谢高华妹妹谢秀花曾透露一个小秘密：大哥是个工作狂，为了合理调整生产指标，他经常深入基层调查研究，在农村各操作组实行定数量、质量、时间、工分和超额奖励制度，来提高劳动出勤率和劳动效率。记得，结婚那天下午，还是大家把大哥从田里"抬"回来拜堂的呢。

谢高华任衢州杜泽区区委书记时，"农村、农业、农民"三农工作有声有色，突破了很多禁区，走在前列，取经者络绎不绝。

"做农村工作，思想要解放。解放思想、解放思想，天天挂在嘴上是没有用的，要看具体行动。不同的年代、不同的社会背景，都有不同的思想枷锁需要解开。"谢高华说，最好的理论也要实践检验。

民心就是历史的真实、真情、真理；民意就是社会的标准、镜鉴、天平；民声就是时代的脉动、选择、良知。

1966年7月"文革"开始后，谢高华因为拒绝认罪，被打成杜泽区最大的"死不悔改的走资派"，在牛棚里一关就是六年。

1973年的春天，谢高华重新走上领导岗位，先后任龙游县龙游镇委书记，衢县县委副书记、革委会副主任，分管农业。

在这期间，为改变衢北地区穷山恶水的面貌，谢高华历尽艰辛，兴修了铜山源水库，使衢北农民告别了"十年九旱"的灾荒岁月，这是自土改以来中国共产党带给衢北人民又一个巨大福音。

"铜山源水库的建成，解决了衢北的水问题，改变了衢北的贫穷面貌。"谢高华说，那时，衢州人穷就穷在缺水，苦也苦在缺水。

谢高华（左三）在修建铜山源水库工地上

1977年，浙江省委书记铁瑛到衢县搞调研，约谈决定让他担任衢县县委书记。谢高华一惊，说："曹操手下有80万人马，我这里有100万人，恐怕当不了，请省委考虑。"铁瑛说："省委决定了，你就担起责任吧。"就这样，谢高华在衢县县委书记任上，一干就是6年。1981年4月，任衢州（县级市）市委书记，9月开始推行联产承包责任制。

"我一个穷苦人家出身，知道老百姓的痛楚。小时候受到许多不公正的待遇，能有今天，是党和人民的关怀和培养，因此我们每一位党员干部，都要有爱民、为民、富民、安民的思想，满腔热忱、真心实意地为群众排忧解难，关心群众疾苦，不要有做'官'的思想，要有做事的意识；不要言不由衷、哄骗推诿，要设身处地为群众着想，体贴群众，关怀群众；不要高高在上、颐指气使，要与老百姓水乳交融、呼吸相通；不要以势欺人，要以理服人，依法办事。"

谢高华仍然难以释怀在衢州时工作的一桩桩往事，仿佛如同昨天涌上心头，历历在目，因为他深深懂得，自己始终是一个农民的儿子。

谢高华敢于为民"犯错"在衢县就出名了，他在衢县任县委书记时，曾提出："在完成国家计划的前提下，农民多余的自留橘，哪里价格高就卖到哪里去……"结果《人民日报》把他当作"破坏国家计划搞市场自由化"的反面典型，予以公开披露。

对于这场风波，谢高华感慨万千："无数革命先烈为了人民的利益牺牲了他们的生命，使我们每个活着的人想起了他们就心里难过，难道我们还有什么个人利益不能牺牲，还有什么杂念不能抛弃吗？"

三、群众利益无小事

人民的利益高于一切。

聚焦一：不了解村民村情不是好干部

1982年5月的一天，时任义乌县县府办秘书的朱恒兴接到赤岸三角毛店乡打来电话说，山林发生火灾，灾情严重的消息后，因县长外出开会，就急匆匆跑到义乌第一招待所向县委书记王明新汇报。

"马上派陈金奶副县长到现场处理，人民的利益高于一切！"还没有等王明新开口，只见一个身材瘦小、穿着朴素的"老农"做了决定。

听到此命令后，朱恒兴非常纳闷，这老农究竟是何方人士？竟然

谢高华田头午餐会

敢于指挥调度火灾善后处理事宜。

王明新介绍说："这是新来义乌报到的县委书记谢高华。"

人刚报到，竟然就现场指挥，可以想象"老农书记"来义乌之前已做了许多功课的，包括对义乌县级班子成员和对义乌农村的了解，更令人惊讶的是他对陈金奶曾经在毛店的工作经历也十分知情。

谢高华说："不为村民服务不配当干部，不了解村情民情的干部不是好干部。"

聚焦二：建造中江桥

义乌城郊造中江桥之事，附近的村民们多年来不断向各级领导写信要求，但均无音讯。

时任义乌县政府办公室主任的鲍增虎回忆，谢高华调任义乌县委书记不久，大概是1982年秋天，谢书记突然打电话给我，要我陪他到龚大塘村解决建桥问题。

听闻要为村民建桥，鲍增虎非常高兴，便随同谢高华徒步走到江边，坐上渡船，就在船上开会。船上的村民纷纷向谢高华诉说渡船过江的艰辛和不易：挑小猪进城卖，小猪乱动，船板一晃，小猪跳进江里就捞不回来了；到县城买了几斤米，一不小心撒在了江中，搞得家里揭不开锅；一老人乘船时掉进水中，昏迷过去，经多方抢救才复苏……

谢书记听得很认真，一边听一边做笔记。最后，他果断表态，一定尽快给村民们解决问题。一回到办公室，他就叫来交通部门的技术人员，让他们进行造桥测算。造中江桥，除人工费外，仅材料费用就达10多万元。这在当时，是一笔很大的数目。那时义乌还很穷，财政部门翻箱倒柜也只凑了7万元。无奈，谢书记只得向金华财政争取了7万元钱。另外，村民们也捐助了一部分。

资金到位后，村民们积极性很高，纷纷要求参加义务劳动。工程很快上马，只用了不到两年时间，一座坚固的大桥就建成了。

这是老百姓多少年来梦寐以求的大事呀。大桥建成那天，桥上人山人海，锣鼓喧天，鞭炮齐鸣。老百姓兴高采烈，"谢谢书记""谢谢政府"之声不绝于耳。

后来，鲍增虎离休到义乌关工委工作。一次，他把谢高华建中江桥一事告诉了同在关工委工作的义乌中学退休教师钱雅芬。没想到她也讲了一件谢高华周日没吃早饭就跑到学校调查解决学生反映寝室潮湿不能住人的事。她感慨地说："这个书记真好，真正把老百姓的急事、难事放在了心上！"

时任县委办公室副主任吴唐生回忆城南河加固栏杆的事情。有一天晚饭后，在义乌县委机关宿舍附近的城南河边碰到谢高华，无意中说起这条河没有护栏，经常有人不小心跌入河中，也发生过多次事故。

说者无意，听者有心。过了没几天，吴唐生发现城南河边加上了铁护栏。原来，谢书记已将此事落实完成。

聚焦三：花"巨资"修厕所

如今，厕所革命已经成为一个时髦用语。当年，谢高华差点为此背黑锅。

刚到任时，义乌所有的机关部门都挤在一个破旧的办公小院里，小院有一个露天厕所，臭气熏天，红头苍蝇都飞到大家的办公室里，嗡嗡作响，在人群的头顶盘旋、骚扰。机关部门被许多人形象地比喻为"垃圾场"。

谢高华忍无可忍，刚一上任就不得不让财政拨款两万元对厕所进行了重新修建，厕所出入口修成了一个圆门。不久，就有人上告说，花巨资把厕所修得像红楼梦大观园，是资本主义思想。因为当时修建厕所，也要国家的计划中有专项的使用资金才能修。

此后，谢高华在一次机关部门领导会议上特意提起告状信的事，他将手里的香烟猛吸了几口，扔在地上，用穿着解放鞋的脚踩灭，又捡起、放在烟灰缸中，对大家说："我们工作能连卫生也不讲吗？只有环境好了，工作才会好，老百姓才愿意进门办事，厕所也是政府的一个门面！"

为了凝聚全县干部、工作人员的人心，谢高华思想上毫无障碍，从不搬弄老经验，保守习惯模式，而是有胆有识，善于逆向思维，许多计划经济时期被认为天经地义的事情，在国家有关部门改革政策出台以前，他就敢于怀疑或否定，而且一经认准了的事情，就坚定不移，大刀阔斧，使许多老大难问题迎刃而解。

四、翻两番，路在何方

"作为一个地方父母官，最大的工作目标就是让农民致富，我到义乌后想到最多的是，如何使义乌的工农业产值翻两番。"笔者在采访谢高华时，他解答了领导找他谈话时，来义乌工作的首要任务就是如何实现党中央提出到20世纪末国民生产总值"翻两番"目标。

"翻两番"是改革开放初期最时髦的奋斗目标。

"义乌是一个贫困小县，资源优势不突出，土瘠地缺，交通条件也不好，人民生活困难。当时小平同志提出要奔小康，实现国民经济'翻两番'的宏伟目标，光靠农业发展远远无法达到，那么义乌翻两番突破口在哪？"

这一现实问题折磨得谢高华彻夜难眠，党的十二大讲"翻两番"是指经济总量，数字十分明确。

"其实，我来义乌，领导就曾经找我谈话，义乌的特产只有蜜枣、红糖，义乌的水稻种植的亩产已经达到上限，义乌光搞农业肯定是不行的。"义乌有没有优势了？义乌发展经济的抓手在哪里？

谢高华说，翻两番，简单算一个数字是容易的。义乌县1980年工农业总产值是2.1亿，翻两番就是8.4亿。我们要实现8.4亿，不能都用翻两番向哪个部门、哪个项目去套，有些是翻不了两番的，有些是要翻几番甚至几十番的。例如义乌县的粮食，就不能翻两番。今年亩产是1600斤，翻两番就是6400斤，粮食亩产怎么能达到6400斤？不可能的。再是养猪，全县现在是60万头饲养量，如果翻两番就是240万头。要是义乌养240万头猪,哪有这么多的粮食饲料?不可能。而对多种经营来讲,有些就要翻几番甚至几十番。

其实早在衢县工作时,谢高华就知道义乌有"鸡毛换糖"的经商大军。到了义乌,也不时有人向他反映这支队伍的现状,但多是负面的信息,有人竭力要求取缔,说"堵不住资本主义的路,就迈不开社

大陈乡后畈村水稻高产试验田

会主义的步"。

义乌何去何从？历史在等待回答。

在义乌，1982年大陈乡的工农业总产值比1978年翻了两番，粮食产量、生猪户均饲养量、蚕茧产量和社队企业发展，居全县首位。

谁会想到，当年以粮食高产闻名遐迩的义乌县大陈公社，如今竟成了裁剪缝烫的服装之乡！素有"种田状元"之称的大陈农民是怎样致富的呢？

谢高华多次组织人员到大陈了解情况，总结经验。

党的十一届三中全会后的第一个秋天，大陈公社粮食亩产2042斤的喜讯，随着南来北往的列车传向四面八方，参观、取经的人群络绎不绝。然而，参观的人们并没有像过去那样给大陈人带来"骄傲"。"只好看田里稻头，不好看屋里床头。""产量高、收入低，高产穷社不稀奇。"这些话刺痛了大陈人的心。

是啊，单一经营富不了。1979年，大陈的年人均收入只有140元，最低的杜桥大队仅72元1角。"高产穷社"四个字像一把火烧在大陈人的心头。他们掰着指头算了一笔账：人均只有5分8厘田，即使亩产超3000斤，每人也不过1800斤粮食，按产值计，不过200元，扣除生产成本，只剩下近百元了。这就是说，脸朝土地背朝天，辛辛苦苦干一年，最好也只不过是吃饱肚皮而已。

"再也不能困守一隅地生活了！"大陈人开始了新的探索。一大队最先起步。他们从外地收来旧麻袋，洗净后一分为四，改制成装沙袋出售；接着又编织劳动手套，缝制工作服。1979年10月，他们做了几条涤纶裤子到市场上试销，被争购一空。于是，全大队25台缝纫机开足马力干起来。年底结账，大陈人傻了眼：90天时间除了工资，净赚了9000元。社员的分配提高了，发展粮、桑、茶、猪业有本钱了！

人们看到了综合经营的好处，看到了发展乡镇企业的广阔前景。一股"办厂热"掀起来了：三大队行动了，红旗大队起步了，二大队、团结、金都、后畈等大队也都上马了。

开始，他们只是在"就地取材、就地加工、就地销售"上动脑筋。于是，后畈人除了种生姜、大蒜，做豆腐外，北金山人除了种萝卜、番薯，加工萝卜丝外，再也想不出点子了。后来，他们权衡利弊，决定搞服装生产。

大陈地处浙赣线的地理优势，有自己的设备和充裕的劳力，有缝纫人才，于是一个个服装厂应运而生，一个个能人脱颖而出。大陈不但有百名农科员，全乡还涌现出百余名乡镇企业的供销员以及一批其他行业人才。大陈服装生产日新月异，兴工惠农，粮食继续高产，其他多种经营也获得新发展。1983年全乡粮食总产比1980年增加了12%，亩产2151斤，增加7%；向国家提供的商品粮，3年增加了78.9%，大陈人盼望多年的"育秧不用愁"的日子实现了，集体经济壮大了，农民家里殷实了，人均收入达400余元，比1980年增加了2.5倍。

1983年11月4日，为推广大陈乡的全面发展农村经济的经验，县委发出《关于学习推广大陈乡全面发展农村经济的通知》，谢高华和县委班子要求各地组织党员、干部学习大陈的先进经验，联系实际，检查、修订规划，落实具体措施，带领群众发展农村经济，为实现"翻两番"的宏伟目标而奋斗。

穷则思变，几乎已成为中国农村千百年来的永恒主题。

变，是唯一的希望。

改革开放就是不断跨过禁区、冲破禁令，但跨"禁区"并非无法无天，而是遵循一个更为经典的原理——实践是检验真理的唯一标准。

要破除老规矩，跨过对前进有碍的"禁区"，领导的"放行"不是很容易的事情。这种在"禁区"内放行，原有的制度规定还有法律效应，因此要"放行"需要领导的魄力和胆略，需要他们的远见和目光，当然这不只是"拍脑袋""摆个人魄力"，而是深入实际，了解民意，以实践的检验结果作为标准，只有心中有了"实践标准"，有了群众基础，才能理直气壮地推行新做法，采取新措施，迈出新步伐。

第二章 "鸡毛换糖"是一大优势

古人云：为政之道，以厚民生为本。

农民经商究竟是好是坏？是优势还是包袱？是姓"社"还是姓"资"？让农民进城经商冲击国有、集体企业到底对不对？义乌要不要办小商品市场？

每次冲击，每次争论，都拨动义乌许多干部敏感的神经。

"千淘万漉虽辛苦，吹尽狂沙始到金"。1982年6月，谢高华和县委办的同志到廿三里实地调查了一个星期。回来后，就大胆地提出："农民经商是一大进步，是义乌的一大优势，绝不是一大包袱！"

义乌在争论中发展，在争论中前进。如今雄视天下，独占鳌头。

一、"鸡毛换糖"溯源

义乌，最初留在中国人记忆中的就是"鸡毛换糖"的拨浪鼓声，义乌的穷可以说是全国有名的，谢高华对此深有感触。

"那时候，义乌、东阳、永康一带的人不仅仅是贫穷的代表，也几乎是'野蛮人'的代表，因为那边的人性子烈，动不动就和人打架，讲起话来也像是炒豆子一样。这些人常年穿着自家织就的土布衣衫，挑着货郎担一个个巷子走着，不是叫着'鸡毛换糖——'，就是'补面桶（盆）补窝（锅）哦——'，仿佛永远都不会疲倦那样。听到'叮咚、叮咚、叮咚'拨浪鼓的敲打声，是小伙伴们最开心的事情，他们翻出家里的废铜烂铁或者鸡毛鸭毛，可以换糖吃。那时候义乌的'鸡毛换糖'很有名，到了大年三十，冰天雪地的，我们在家里过年，义乌人却出门走街串巷做生意。因为过年了，家家户户杀鸡杀鸭，可换的鸡毛鸭毛最多，摇个拨浪鼓，挑个担子，哪里有生意就往哪里转，不怕艰辛，经常在老百姓家借宿，有时露宿街头。"

鸡毛换糖

"义乌人的脑袋就是灵，做生意也会赶形势，当时正在抓计划生育，货担里甚至还有避孕套。"谢高华对鸡毛换糖体会很深，曾经有一次，在衢县老家杀了鸡改善伙食。有人闻鸡声敲门入院，谢高华一看，是挑着货郎担的义乌人，凑近看担子，分明就是个小百货集成，基本的吃穿用都有。

只要你探究义乌的历史，也会发现，义乌发展起来是因为根植于义乌的"鸡毛换糖"精神，也是商业社会真正的原动力——自由市场经济的精神。

是历史也好，传奇也罢，提起义乌人和义乌的市场，就会让人联想起"鸡毛换糖"的故事。

在原针织市场大门前，城中路与篁园路交叉口的小广场上，矗立着一尊"敲糖换鸡毛"雕塑。雕塑中老人比真人略显魁梧，头戴斗笠，肩挑一副沉甸甸的货郎担，右手高擎个拨浪鼓，不管是在晨曦初露的街头巷角，还是暮霭沉沉的荒野人家，拨浪鼓总是在一个劲地摇：叮咚叮咚，叮咚叮咚……那声音永远是那样悠扬婉转，那声音永

义乌不能忘记　谢高华

远是那样耐人寻味，满脸刻着的深深皱纹，记录了他走村串巷、一分一厘赚钱的沧桑风雨。

风雨"货郎担"

百样生意两肩挑，一副糖担四处跑，东南西北熟如家，酸甜苦辣也逍遥。"货郎担"走街串巷几乎遍及全国，堪称义乌一绝。拨浪鼓之声是这个城市的记忆，也浓缩了义乌的一段历史。

其实，义乌的商业源头可以追溯得更远。

在古代，有井的地方往往会有集市，所以称之为"市井"。市井交易可以视作为商业的滥觞。2000年，在义乌市民广场工程中发现了春秋时代的13口古井。如此密集的水井发现，可见古代义乌商业达到相当高水平，这是商业繁荣程度的表现。

秦王嬴政二十五年（前222年），义乌建县，名乌伤县，隶会稽郡。是时前后就有集市贸易，"日中为市"相沿成习。

明代万历年间，县境集市贸易日趋繁盛，有集市16处。此外，明朝中后期名将戚继光发现义乌人骁勇善战，招了3000义乌兵抗击倭寇，也成了义乌精神的一个源头。随着"倭乱"的最后平息，这些彪炳史册的义乌子弟回乡之后，就利用自己走南闯北、信息灵通、交际灵活等特点，开始了贸易生涯。

清嘉庆年间，集市发展到29处，布局比较合理。商业和手工业已相当繁荣，即所谓"乾嘉盛世"，人口曾发展到50余万。是时已有市场管理，主要在于征收税款。

据考证"鸡毛换糖"起源于明末清初，至今已有几百年历史。它上传下接地一直传至20世纪80年代，被融入规范的小商品市场经营后，才日见衰落，现在已很难见到"敲糖佬"了。

20世纪80年代，政界与各地学者对如此平凡的敲糖业，竟能干出如此不平凡的大事业而特别感兴趣，于是就纷纷研究起其中的奥秘，并给"敲糖业"取了个新名字，叫作"鸡毛换糖"，不过民间还是习惯叫"敲糖"，直至如今。

据《义乌县志》记载：早在清乾隆时，本县就有农民于每年冬春农闲季节，肩挑糖担，手摇拨浪鼓，用本县土产红糖熬制成糖块或生姜糖粒，去外地串村走巷，上门换取禽畜毛骨、旧衣破鞋、废铜烂铁等，博取微利。清咸丰同治年间，糖担货仓增至妇女所需针线脂粉、髻网木梳等小商品，此后形成规模，世代相传。

义乌自古以来就有东西乡之分，县城以东为东乡，县城以西为西乡。西乡土地肥沃，粮食产量高，且又宜种糖蔗，属义乌的产糖区，因红糖与火腿、南枣素称义乌的三宝，故西乡的经济收入颇丰；而东乡土质属重酸性，土层浅薄，难以种植农作物，粮食产量极低，人们苦苦耕耘却总是"去年总盼今年好，今年还穿破棉袄"，故而有"西乡富、东乡贫"之说。因而西乡人安心于农业，东乡人则倾向于经商，在经商方面，东乡人要比西乡人精明。

穷山恶水逼出了绵延数百年的"敲糖换鸡毛"传统。从明清时期起，守着贫瘠土地、迫于生计的义乌人，冬闲季节，开始挑着土制的麦芽糖，走村串户到外地用本地红糖换鸡毛，鸭毛等，换来的上等的鸡毛加工成日用品或工艺品，如鸡毛掸子，再转手出售获利，另一部分则当作农田的肥料用来改良土壤。

庄稼一枝花，全靠肥当家。义乌东乡和部分北乡地区的土地瘠薄，产量低下，早在南宋时期，当地农民为生活所迫，生产所需，便创造了"和毛"塞秧根的科学制肥、集中施肥、节约用肥方法。为了寻求"和毛"的主要原料，又出现了敲糖换鸡毛的行商队伍。明清时代，随着农业生产对毛发需求量的不断扩大，形成了一个以义乌为中心的行商网络，其足迹北至淮河两岸，南及湘江源头，东临甬温沿海，西达鄂川山区。四面八方的鸡毛、鸭毛纷纷云集义乌。

敲糖是义乌东乡人的传统行业，流行于廿三里、青口、下骆宅、尚经、苏溪、大陈等乡镇，它是一种依附于农业的副业，理论上称为"村落非农经济"，是一种旧时认为十分低下行业。据传早在清乾隆年间，义乌就有数千副糖担，那时是敲糖帮的第一鼎盛期，敲糖帮网络密布江南，活动范围南至广东、西至湖南、北到徐州。

清朝末年，外商在上海、杭州等大城市开设"毛行"，专门收购敲糖帮的"三把毛"（又称红毛，是公鸡身上的颈毛、涌子毛和尾毛）、

1933年冬的义乌绣湖雪景

猪鬃与长发等。他们一般都与义乌人联合，因为其货源与敲糖帮有关，现廿三里街道张界园村的虞廷银就在杭州开设过毛行。

抗日战争前夕，义乌操此业人增至数万，发展成为独特性行业"敲糖帮"。直至抗日战争结束时，义乌"敲糖帮"的势力都很大。1936年，江苏人江百川来义乌开办"江同兴号猪鬃厂"，是义乌县最早的工厂，实际上仍是手工业作坊。人民公社化初期，廿三里公社在牛青塘村办起了羽毛厂，其产品是鸡毛掸帚，属出口产品。

1958年，实行"政社合一""工农商学兵五位一体"的人民公社体制，按"一大二公"的要求，生产资料全归公有，实行统一分配、统一经营，严格禁止劳力外流，在这种极左思潮的影响下，传统的敲糖行业一度陷入低谷。

20世纪60年代，农民们对无休止的阶级斗争感到厌烦，生存需求也迫使农民在土地以外寻找出路，传统的敲糖业再次兴起，敲糖业进入了第二鼎盛期，廿三里又出现了毛市与废旧市场，其货源全来自敲糖帮。对外出换鸡毛采取开放的态度，浙江省商业厅和财政厅于1961年就下达了《关于支持公社、生产队集体换取鸡毛等杂肥问题的联合通知》。紧接着，本县的对口部门立即发出了《关于安排生产队利用农闲季节集体外出以小百货换取鸡毛杂肥的通知》，而且发放了临时许可证和购物簿，凭簿可向百货公司或供销社批购、供应换鸡毛的小百货，至于生产队发出的副业许可证，那就更加难以数计了。所谓"集体外出"，并不是集体行动，而是个体行为要通过交毛记工分，与集体经济挂勾，对生产队作出贡献。在这一时期，廿三里一带基本上每家每户都有敲糖人，有祖孙一起去的，有父子同往的，有夫妻双行的，也有全家同行的，估计整个义乌不下万副糖担，这是一支非常强大的"非农经济"大军。

由于乡镇集市受到有关部门的严格管理，各地还专门成立"打击投机倒把办公室"（简称"打办"），作为无证经营的敲糖帮被当作资本主义尾巴，受到无情的打击。办

"学习班"是令敲糖帮最头痛的一件事,在"学习班"里,除"交代问题"外,还要受到批斗。敲糖的道路虽然坎坷,但其经济效益往往高于集体劳动报酬的数倍,因此,利益观念始终在推动着这一行业的发展,义乌人仍冒着被抓被批的危险,在农闲季节用小百货和糖换鸡毛、杂物等。

在义乌市档案馆,笔者找到了一份已成为历史文献的义工商〔1980〕43号《关于颁发小百货敲糖换取鸡毛什肥临时许可证的通知》,当时文件这样写道:

为了贯彻中共中央文件精神,搞活农村经济,促进农副业生产发展,发挥优势,根据我县传统经营"小百货敲糖换取鸡毛什肥"行业,利用他们串乡走户,收旧利废,变废为宝,灵活经营的特点,恢复已停发多年的"小百货敲糖换取鸡毛什肥临时许可证"。外出人员统一由大队审查,公社审核同意,县工商局核发许可证。各区工商所要指定专人负责。同时,义乌县工商局向货郎活动频繁的江西、湖南、安徽、福建等毗邻各省发出了"请予支持和管理"的公函。

从1980年11月20日起,工商局当年发放临时许可证7000余份。从此,外出敲糖的农民,在邻省异乡开始更加放声的吆喝,这些名为敲糖换鸡毛的货郎正赶上了小商品经营的黄金岁月。

"'敲糖帮'的血液里流淌着创业基因,骨子里有讲诚信的精髓。"谢高华说。

1981年,义乌县工商局再次发放小百货敲糖换取鸡毛杂肥的临时许可证5000余份。同时批准了200个小百货个体经营户。

这一万多本证件的发放,实际上是加速了稠城、廿三里小百货市场的膨胀,间接地违反了个体不得从事批量购销的明文规定。

时隔多年,有人把这些持证货郎称作中国专业市场史第一批正统的创业者,把许可证的发放比作小商品市场落地前的一声啼鸣。

翻开1982年12月金华工商局和义乌县委办分别根据义乌县工商

局供稿编印的两份资料，敲糖帮与当时稠城镇小商品市场的关系可见一斑：原来敲糖换毛的货郎担歇担摆摊的占35%，从外省市进来的小商品占65%，货郎商品80%以上从小百货市场进货，小百货市场商品销售就靠上万人的货郎担和上千人的个体商贩队伍。

义乌县工商局当时也根本没想到，两个市场竟那么快就出现了禁也不是放也不是的难题，更没想到日后中国最大的小商品集散中心由此破难起步。

二、究竟谁拦了谢书记

光阴似箭，日月如梭。

义乌人还清楚地记着30多年前的稠城街头，时常有一批极为惧怕被抓却又始终抓而不走的地摊小贩们，整天串东街走西巷。别小看了这些人，在义乌人眼里，这些提着竹篮或者仅拿着一块破布满城跑、满街摆摊的"游击商"们，无论是在昨天还是今天，他们都是英雄，是了不起的英雄。因为正是这些"街头游击商"的吆喝声，才唤醒了千千万万曾经只会在异乡和偏远地方去"鸡毛换糖"的拨浪鼓手，同时也给管理这片土地的那些父母官们以清醒的认识。

当时义乌经商的队伍中培养了一大批能人，谢高华至今记得这些人的名字和他们的创业故事并如数家珍。可以说，他们共同见证了义乌奇迹产生的全过程。

有人说，"农妇与县委书记对话"是义乌市场的肇始。谢高华说，作出开放义乌小商品市场的决定，并非只因为冯爱倩找我"对话"，而是千万个像她（他）这样的义乌人需要"谋生"、需要摆脱贫困。

早期经商户何海美也说，1982年10月的一天，她和冯爱倩、黄昌根等商户也在县前街当面拦下谢高华书记并与之对话。黄昌根也多次说，他也曾找过谢高华反映问题，其中，最具有了小说般离奇的情节就是冯爱倩的故事。

说起开放义乌市场，农妇冯爱倩与县委书记争论的故事多年来有多个版本在演绎,曾有人怀疑这场"对话"的存在。笔者多次采访当事人,努力还原小商品市场初创时的这段风云。

如今80岁高龄的冯爱倩,虽身材瘦小,但精神矍铄,非常健谈,不时拿出"中华"牌香烟吸着。回忆起与谢高华第一次见面的趣事仿佛如同昨天,她曾是央视播放的电视剧《鸡毛飞上天》中拦截谢书记汽车冯姐的原型之一。

谢高华(右)和冯爱倩(中)拉家常

"别看我现在算是有点小名气,但当年我这个妇道人家,没有什么地位。到如今,谢书记还一直在关心着我。""我当时不像个女人,敢说敢干,还笑称我当年那番话给他上了'生动的一课'。"让她更没有想到的是,这迫于生计的"对话",为揭开义乌的辉煌传奇起到了积极的作用。

冯爱倩是义乌佛堂镇和平村人,一岁的时候父亲就去世了,生活一直窘迫。为了实现做"城里人"的梦,敢作敢为的她不顾别人在后面指指点点,一个大姑娘和男人们一起参加了"生产合作社"。为了养活五个儿女,仅靠在供销社工作的丈夫杨兴桂那几个死工资,连一家人的嘴都填不了。有一次,为了给孩子做一顿饭吃,她竟然连跨了

6条门槛也没借到一粒米，跑了第7户人家，才总算借到2斤米。她不得不携子拖女在义乌饭店当临时工，并且一干就是7年。

冯爱倩最初的生意很简单，先到百货公司那儿进点便宜的纽扣、鞋带、别针什么的，然后卖给"鸡毛换糖"的义乌人。第一天摆摊，除去成本、开支外，净赚了6元多。

冯爱倩的心里别提有多高兴！她过去当了十几年的临时工，一天工钱不过几毛钱。第二天摆摊比第一天还多赚了几元。第三天，冯爱倩回家一盘点当天的生意，呀，赚了整整22元！

尝到甜头的冯爱倩从此一发而不可收。当时义乌有两个像样的集市，一是稠城镇集市，另一个便是"鸡毛换糖"的发源地廿三里集市。为了赶这两个集市，冯爱倩头天早晨在这个集市摆完摊后，下午就得立马乘车赶到外地进货，当天夜里必须赶回并配好货，这样才能赶上第二天的另一个集市。她在供销社工作的丈夫除了帮自己以外，也收购农民换来的鸡毛，负责加工和销售，不过这些工作是为供销社做的。即便如此，杨兴桂依然要面对周围的责难："你老婆搞资本主义，你搞什么社会主义。"在当时的意识形态里，冯爱倩的这种生意，就是"资本主义尾巴"。

"刚开始全在'打游击'，哪像现在当个体户是'光彩的事业'呀，稍不注意是要被抓的，那是在搞资本主义。"

当时的义乌，做小商品买卖的商业氛围并不好。由于政府部门经常抓小商贩，冯爱倩只好东躲西藏，整天担惊受怕，于是便有了弄个合法证件，光明正大地做生意的想法。可要取得一个经商许可证在那时可谓困难重重，打报告、提要求、开证明、托人情……跑破了鞋子，磨破了嘴皮，历时近一年，有关部门终于同意了她的要求。

1980年12月1日，冯爱倩从义乌县稠城镇工商所领取了营业许可证，但无经营场地的冯爱倩生意做起来依旧辛苦，依旧遭到执法人员的刁难。比如说进货，就十分艰难，但凡是大包小包，每每都被火车站的工作人员拒之门外，理由是这是"搞资本主义"。

"当时铁路线上的'打击投机倒把'比抓小偷还严。为了躲避一道又一道的检查，我们全得等火车出站或到站放慢车那段时间扒窗户上下车，有一次，带着货跳车稍稍慢了一个眼神，差点摔断双腿。有时则跑到相邻的小站上下车，负重来回起码走二三十里路。"

冯爱倩说。

"我们女人进货时挤火车，腰间系着进货款，白天晚上根本都不敢睡觉，就担心有闪失。车上要方便又挤不出去，只能让几个女同志围成一圈挡住身体就地解决。至于在车上挨饿受冻的事，都是家常便饭。"

"我们这么玩命从外面运回些百姓生活日常用品，到市场上摆摊换那么几个辛苦钱，可偏被说成是'资本主义的尾巴'，硬要砍断不可。"

"我被人家赶来赶去，又要罚款，实在没办法，就想找政府反映反映。听说县里刚来了个新县委书记，思想很开放，经常深入基层，喜欢听老百姓的呼声，我想要找就找最大的官，也是壮了胆子。当时，没有电视，书记、县长对于普通老百姓而言，简直就是见皇上一样难，根本不像现在电视新闻中几乎天天露面，人人认识。"

"1982年5月下旬的一天，有人悄悄告诉说，新来的县委谢书记个头不高、衣着朴实，现在正利用中午休息时间在县府大院对面南门街小弄堂的'菊芬理发店'理发，于是我就等在当时的弄堂口。"

冯爱倩看见谢书记理好发从店里走出来，便壮着胆迎上去问道：

"你就是谢书记吗？"

"是，找我有事吗？"谢书记对于一个陌生的妇女突然拦住去路，有些疑惑。

"我是经商的，做点小买卖养家糊口，可政府的人为啥赶着我们天天无处落脚，或是拿高得吓人的收费来逼我们干不下去呢？"

"在街上摆摊，政策不允许！"谢高华说。

冯爱倩急了："我没工作，没田种，不摆摊儿吃什么！"冯爱倩说完这几句话，谢书记用不同寻常的眼光打量了她一番，又见她身后站了一大群围观者，便把头一甩，说："你到我办公室去谈。"

一听县委书记这句话，冯爱倩身后的那些围观者吓坏了，心想你这下完啦，不是被抓起来，也要狠狠地被批一通。那时"文革"结束没几年，大家受阶级斗争的影响太深了。

冯爱倩当时心里确实紧张，人家是一县之长官，我小小老百姓一个，他一句话说不定够自己坐不完的牢呢！可又一想，事已到此，即便是坐牢入狱，也要从共产党的书记嘴里弄个明白：到底做买卖错在哪里。就这样，冯爱倩跟着进了书记办公室。

"我们义乌人祖辈穷，穷就穷在人多地少田又薄。可为什么还能在此生活繁衍至今呢？那就是义乌人会经商，会'鸡毛换糖'呀！要能把经商积极性发挥出来，我就不信义乌人不如外县人。"谢书记认真耐心听取冯爱倩意见并频频点头，又不停地在办公室里来回走动起来。就这样，两个人在办公室里相互敬烟谈了近两个小时，抽的烟头装了满满一烟缸。

最后，谢书记大声说道："你先回去，让我好好想想。"

冯爱倩一听很高兴，刚出门又想起一件重要事，便转身问谢书记："那我们能不能在街上摆摊呀？"谢书记一挥手，说"可以，你们有许可证的先干干再说。"

冯爱倩又担心地说道："可市场管理人员天天赶我们呀！"

谢书记双手往腰里一叉，说："放心，我会打电话给他们的。"

跟县委书记见面会有这么好的结局，冯爱倩做梦也没有想到，竟然拿到了"县令"的"尚方宝剑"。

"当时，冯爱倩肚里有股气，语气是带责问的，后来我们谈得比较平和，我也了解了她家里的情况，知道她靠做点小生意维持生活。我说了两句话，一是我理解你，同意你经商；二是会告诉有关部门，不来赶你们。"谢高华后来回忆说。

与冯爱倩的对话，引起了谢高华的深思：到底应不应该开放集贸市场？开放市场能够解决相当一部分人的生活出路，又能解决人多地少的矛盾，何乐而不为呢？

"实践是检验真理的唯一标准""解放思想、实事求是、团结一致向前看"的隆隆春雷，在谢高华耳边回响。

三、"包袱"还是优势

冯爱倩满意地走了，但谢高华却无法轻松。除了冯爱倩，已有上百个小摊摆在了仅有 2.8 平方公里的县城里，这些"资本主义尾巴"，割都割不过来。

谢高华开始认真地思索起了这个摆在自己面前的普遍存在的事实。

义乌人多地少工业基础差，靠什么发展？

改革开放初期，商品经济在我国一些地方逐步解冻，手工制品、农产品摆上了集市，1981 年 3 月，中共中央、国务院转发国家农委《关于积极发展农村多种经营的报告》，"积极鼓励和支持社员个人或合伙经营服务业、手工业、养殖业、运销业等"。但是在义乌，长途贩卖、"弃农经商"摆摊做小生意并没有得到鼓励和支持，反而还要被当作投机倒把行为加以打击。

到任后一段时间，农民脱贫致富的渴望，小商品自发市场的蓬勃发展，时时促动谢高华每根神经，一双双期待的眼睛、一句句疑惑的问话常常让他彻夜难眠，义乌发展对策何去何从？

镜头一：猫与老鼠的游戏

进入 20 世纪 80 年代，神州大地的改革春风和本土上涌动的叫卖声，正剧烈地撞击着千万个行程途中的拨浪鼓手，义乌的小商品市场已由地下转入半公开状态。

义乌城内的县前街、北门街乃至整个县城失去了往日的宁静。小商贩的摊位数直线上升，一发而不可收，这些摊主的装备简单，有的放着一副货郎担，有的是提篮小卖，有的干脆一张塑料纸在地上一铺，就做起了生意，灵活机动，万一被抓获、没收，损失也不太大，每当他们在大街上吆喝售卖着各种日用产品时，总能吸引里三层外三层的围观者，以致影响市容。

"劝阻、罚款、围堵、驱赶，办惩罚性的学习班没有尽头。"工商管理部门奉命执行成本不堪忍受，也不能奏效。严抓、严赶根本无法消灭摊主经商的积极性，主管部门既无法驱赶摊主，也无法进行有效管理，按照正常的市场管理办法收取市管费和税收，双方玩起了"市长"与"市场"无穷尽的"猫捉老鼠"的游戏。

多年来，小商贩肩挑手提、走街串巷，背负着生活的巨大艰辛；工商部门则东奔西跑、疲于奔命，肩负着管理城市、维护秩序的职责。由于当时特殊的国情，"工商"与"商贩"似乎结下了"死仇"，被人们称之为"猫"和"老鼠"。于是，"猫"和"老鼠"之间的恩怨屡屡上演，成为社会沉重的话题。

整不断，治还乱。当时，"鸡毛换糖"、搞自由商业经营是政治敏感区域，时不时便被视为"盲目外流、弃农经商、投机倒把、资本主义尾巴"加以批判，有关部门一如继往地对此采取禁、打、关、赶的政策和措施，可是，又怎么也禁不住、打不倒、关不掉、赶不跑。

直面流动商贩的工商人员最早发现，若正确引导，这种自发形成的小百货批发市场将是不错的流通渠道。无数次交锋拉锯后，义乌县工商局在调研报告中向县政府提出开放小商品市场的要求。

义乌的百姓鸡毛换糖、从事小商品经营，为什么会有这么强的生命力？怎么来看待、解决义乌的个体从商问题？谢高华在深入调研，了解情况后，决定转变以往"赶尽杀绝"的策略，采取因势利导，建设适合小商贩经营的场地，以供小商贩营生发展空间，既使令人头痛的商贩流窜问题迎刃而解，又给义乌经济注入强劲的活力。

事实上，社会上许多对立双方矛盾并不是完全不可调和的，关键就看管理者如何更新观念，转变职能，提高素质，提升服务，多一些宽容，少一些粗暴，而服务对象又如何将心比心，多一些理解，多一些冲顶。从"穷追猛打"到"立法保护"，表面上是实现了从"管理"到"服务"的根本性转变，实质上是彰显了"以人为本"的执政理念，意义非凡。

鸡毛换糖走四方

镜头二：县委大院门口都是小商品

"允许农民经商，可以说是困扰义乌多年的一个问题，因为义乌人多地少，我来的时候已经联产承包，分田到户，实际上田是不够种的，大量的劳力闲置出来，如果允许经商，老百姓就一定放开手来干了。"谢高华介绍说。

有关部门划出一条从城里通往火车站、约一公里长北门街让百姓设摊经商。很快，北门街的小市场人山人海，逢到赶市高潮更是无法行车走人，随后这种小摊小铺就摆满全城大街小巷，周边的农民也都进城来了，摊位一直摆到了县委大院门口，有上千种产品在市场销售，车子进也进不来，出也出不去，大大影响了市容和交通。

面对这突如其来的现象，多数人包括干部不知所措。那时人们的思想里通常把经商与"搞资本主义"连在一起看待。

开始，政府有关部门对农民的经商热情睁只眼闭只眼，不支持不反对，然而已经冲出堤坝的潮头怎有回逆之理？套在脖子上的缰绳被解开了，群众创业热情和致富冲动如同闸水般倾泻而出。

没有"路"的街，挤满了重重叠叠的摊贩。

"说是开放一条路，可事实上，所有地下的摊子都摆上来了，一条凳子两块木板，从城外摆到城内，一直摆到县委门口，我们车子要出去必须在早上7点之前。有时到金华或杭州开会，车子老是给堵住……"谢高华也觉得进出政府大门十分的不便。于是，有时上面领导来义乌，只能动用市容管理和公安人员驱逐摊贩。

货郎们急了，在县委门口论理："县委、县府为什么不让我们做小商品生意？你们还让不让我生活。县委的通道重要，还是老百姓的活路重要？你们路好走了，可我们却没活路了，这是共产党吗？"

这一问把谢高华书记给问住了。这一问不仅把街路问通了，并问出了一个惊世骇俗的小商品大世界。

镜头三：省委领导的车堵住了

有一次，中共浙江省委常委、常务副省长沈祖伦一行来义乌调研，早就打电话说，人已到了义乌，可谢高华左等右等就是没见到调研组一行。

每次听到汽车喇叭声以为到了，谢高华都冲出去迎接，可是每次都失望而归。

过了正午12点，也不见有小车进来，多次叫办公室同志前往察看，还是无踪影。

"怎么回事，难道没来义乌？"谢高华坐立不安，香烟猛吸了几口说。

刚说完，沈祖伦兴致勃勃地走进了县委大院，笑着对谢高华说："谢高华，你这个地方我进不来啊！"

谢高华一脸纳闷。

沈祖伦高兴解释道，我早上就从金华到义乌了，可小车怎么也进不来，走这条路不行，走那条路也不行。后来，我们就干脆把车停在县城外，一路走过来了。

原来，他们到义乌后，交通堵塞，好半天，车子进不了城，索性下车沿着马路边在用砖头垒起来的商铺前，一边挨个问长问短、了解民情，一边朝着县政府方向慢慢寻来。

"你卖的东西是从哪里进货的啊？"

老板告诉说，一些是从上海城隍庙进的货，好东西再转卖到广州；还有一些从广州进货，销路好的大批量仿制后再卖到上海。原来义乌是上海、广州的中转站，真是"小商品、大市场"。

"你们的价钱怎么定呢？"

在一个卖条纹花裙子的摊位前，沈祖伦指着最时髦的一条裙子问到，老板爽快地回答，"我们随行就市而定，现在15块钱一条，可是半个月以后就不到5块钱一条了，款式更新很快。"

摆在马路上的五彩斑斓商品吸引着他们，不知不觉过了中午，意犹未尽。

谢高华听后，十分兴奋，这是省领导对市场的肯定和默认，马上汇报说，能不能索性就将这条路办市场，把市场继续做大，在城外另开一条新路？

沈祖伦笑着说，回去商量一下。

政府设立马路市场这一举动，等于默许了义乌农民的市场经济行为，但国家政策还是抓得比较紧，销售相片、童装、尼龙袜等仍被视为"投机倒把"。

调研组有一位高官说，"义乌搞第三产业，既不产生价值，光是消费产品"。

谢高华当场就怼了回去：没有我这第三产业，无论是第一产业、第二产业生产的产品都是库存产品，都是废品。

谢高华在走访中察觉到，义乌人很勤奋，头脑也很活跃，迫于生计，一大批农村的富余劳动力还偷偷地做一些小摊小贩的针头线脑生意，不仅赚了钱，而且还造起了房子。

"义乌的优势，就是这支上万人的'鸡毛换糖'队伍。这支队伍了不起啊！我们就以这支队伍作为义乌经济发展的优势，提出'兴商建县'的发展战略。商业资本积累了，可以搞工业，可以搞城市建设，可以促进农业现代化，一切都可以做了。"

谢高华欣喜若狂找到了破题之钥匙，悦耳的鼓声回荡在他的耳边……

一个人，一句话，一个行动，使义乌从第一代马路市场发展到第二代的棚架市场、第三代的大厦商城、第四代的专业市场、第五代高规格、高档次的世界一流国际商贸城，一路走来，扎扎实实，稳健如风，迅速崛起。

那时，与义乌比邻的东阳、诸暨等几个县也出现过马路市场，但由于当地"打击投机倒把"的力度大，摆摊的小商贩要么偃旗息鼓，要么跑到义乌重新开张。如今，尽管这几个县市经济发展也不错，但隔着田垄坐望义乌的繁华，不少人只能一声叹息。

前途是光明的，道路依然曲折。历史发展常常以人类意想不到的方式展开。30多年前，濒于崩溃边缘的中国社会，当管理者还在踌躇犹疑如何抉择之际，正是从农村、农民自身为求生存率先的奋力一搏，展开了一段波澜壮阔的历史画卷。农民的积极性创造性被极大地激发出来，成为中国改革开放和经济社会发展的巨大动力。

四、没有调查就没有发言权

1981年年底，浙江中部的金华地区基本完成了包产到户改革，农村生产力获得极大解放，各级领导和广大农民都在积极寻找新的增长点。义乌农民历史上就时兴农余做小生意，搞"鸡毛换糖"，因而很自然地做起了游走四方的小商小贩。

那个年代，从事自由商业经营，被视为"投机倒把""走资本主义道路"，是明令禁止的。可义乌的小摊贩却屡禁不止，这成为当时最令义乌政府部门头疼的问题。而此时，廿三里区里的干部又接连反映对小摊小贩"打又打不掉，赶又赶不跑"的烦恼，稠城公社保联村干部孙荣福还冒险从东北购进大量瓜子贩卖，结果一到义乌就被抢购一空。

没有调查就没有发言权。刚上任"县官"谢高华苦思良方，开始了走基层听民声的微服私访大调研。

对义乌人和义乌市场来说，廿三里是一个特殊而又不可抹去的里程碑，它不仅缔造了拨浪鼓和"鸡毛换糖"，更重要的是它在新的历史时期为形成义乌中国小商品城奠定了基础。如果我们把义乌农民在20世纪80年代所进行的伟大实践看作是中国农民运用邓小平理论，在我国社会主义初级阶段所进行的市场经济的成功实践的话，那么，廿三里走过的路则是这种伟大实践的缩影。

如今的廿三里那条百米老街，虽然没有了往日的熙熙攘攘的人流，更找不到被人看不起的鸡毛换糖的货郎，但我们曾无数次漫步其中，清晰地感受义乌人几百年来向命运奋争所付出的血与泪，分

20世纪80年代，位于县前街的"电影宣传窗"前一景

明意识到义乌人在脱贫致富奔小康过程中所肩负的沉重，仿佛听到千千万万个货郎在向苦难的历史告别发出的铿锵步履声和向往新生活的怦怦心跳声。义乌，为中国市场经济的发育作出了超强性的贡献。

"廿三里对义乌市场发展功不可没，'拨浪鼓'是一种经商附用乐器，它的每一声旋律都用来为'鸡毛换糖'服务，它的全部魅力也在于鼓手的摇力上。"谢高华在走访中读懂了几乎每个义乌经商者用艰难困苦走过的心酸史。

廿三里历史悠久，自古是块经商宝地，由于它同周围三个集镇的距离在旧时均为23里路，故而得名。早在20世纪70年代中期，廿三里镇就是过去"敲糖帮"的大本营，已存在一个混迹于定期集贸市场的地下小百货批发市场。

那时，每逢市日，廿三里镇集贸市场上就会出现众多提篮叫卖的小商品专业商贩。这些人以竹篮、箩筐、旅行袋、塑料布为工具，随地设摊，沿街叫卖。日出设摊，日中收摊。在当时，专门从事小百货交易还是十分危险的，因此，商贩们必须保持高度警惕性，还要装备简单，便于逃跑。

后来，廿三里镇的集市已很难满足交易的需要，而且离县城较远，对外地的客人来说，交通、住宿都不方便。于是，义乌县城稠城镇的中心区——县前街也出现了几十个专卖小商品的摊贩。稠城镇虽然不是"敲糖帮"的发源地，但由于其特殊的地理位置和县域政治经济中心的地位，是小商品交易较为理想之地。尽管当时经商环境不好，条条框框很多，但仍挡不住小商品经营者的热情，县城中心小商品地摊买卖越来越多。

"鸡毛换糖"为什么有生命力？几十年来批也批不倒，赶也赶不跑，打也打不掉。为什么老百姓一定要搞？

一切，缘于生存的艰难。

谢高华问那到底是啥原因，他们只告诉了一句话：穷到头了自然就得想法求活命！

改革开放前，义乌人均可耕地不足半亩，经济主要以农业为主。

"鸡毛换糖"是义乌货郎们传统的谋生手段。农闲时，义乌货郎们便摇起拨浪鼓，挑着装满敲糖的箩筐，行走在浙江及其周边省份的城乡，在延绵几百年的"鸡毛换糖"活动中，流传下来的不畏艰难、不弃微利的"拨浪鼓"文化，一直长久而潜在地影响着义乌人。而这些极其可贵的商业因子，一旦遇到适合的环境，便会在石缝里顽强地生根发芽。

谢高华到义乌后的感觉是，这儿的农民思想很活跃，外出经商，上街摆摊的不少。一代又一代的积累，也使义乌的农民们在农田知识之外，掌握了丰富的经商知识和实战经验，从而为未来的商业之城积累了数量巨大的潜在商人群体。比如，义乌人信奉"货多成市"的理念，不怕货多卖不掉，旧时每当山花梨成熟上市，义乌人便将装满山花梨的箩筐和麻袋排遍城内的大街小巷，戏称"叠长城"，往往很快就被外地客商采购一空。这种具有"批发效应"的"叠长城"，与后来义乌小商品市场的摊位模式本质上没有什么不同。

"发展社会主义经济的根本目的，是要提高人民的物质文化生活水平，这是我们一切工作的出发点。毛泽东同志讲得很明白：一切空话都是无用的，必须给人民以看得见的物质利益。农村中出现了这样几种看法：一是'富'等于'资'，把积极参加集体生产和发展正当家庭副业而富裕起来的社员看作是搞资本主义；二是'钱'等于'资'，不加区别地把挣'钱'统统看作是资本主义；三是'私'等于'资'，把大集体下的小自由，都当作牟取私利的资本主义。一段时间内，农村中干部和群众的思想都被搞乱了。实践是检验真理的唯一标准。只有切实关心农民的物质利益，使他们的收入逐年增加，生活逐步提高，把他们的积极性充分调动起来，才能真正建设好社会主义；现在，农村工作的重心正转到现代化建设上来，要做的事千头万绪，但时刻不可忘记要努力增进农民的物质利益这一点。"

当谢高华把自己的想法放到县委领导班子会议上讨论时，没想到大多数人沉默不言。为什么？

十一届三中全会以前，阶级斗争为纲的理论和实践笼罩着中国大地。从粮食统购统销开始,农民就吃尽了批判资本主义自发势力的苦头。有的农民为抵制不等价交换的粮食统购,把粮食投售于"黑市"或从中购粮充饥,被指责为破坏国家计划,扰乱经济秩序;有的农民自产自销副产品或开展建筑、运输活动,被打成"地下工厂""地下包工队""非法运输队";有的农民为建房者砍运木材,被诬为"投机倒把"。他们之中,有的被批斗,有的被罚款,有的被判刑劳改,导致妻离子散,家破人亡。

后来才知道,正是因为义乌自古以来有鸡毛换糖做些小买卖的传统,"文革"中的历任领导,甚至包括公社、大队、生产队的干部都一直遭上级的批评,原因是即便批资本主义最激烈的岁月,许多人摇着拨浪鼓偷偷外出鸡毛换糖搞经营的历史,义乌始终没断过。而且一些大队、生产队甚至公社干部带队外出。这在"文革"年代当然是严重的政治问题,被抓住肯定没好结果。人民群众的这一愿望与当时把计划经济作为社会主义的本质特征,而把商品经济视为资本主义,以及农民"以农为主",不能涉足工业品批发等政策和理论不相符。但鸡毛换糖就像野火春风,你怎么打、怎么禁、怎么赶,它就是断不了根,并不断重生壮大。

1981年,义乌农村全面实施了包产到户的重大变革,广大农民摆脱了"一大二公"组织的束缚,大胆地从事能使自己增收的各种副业。义北农民大办服装厂,引来各路客商的竞相采购,崭露头角的大陈衬衫挤进了大城市的商场;义东农民更多地挑货郎担出远门,不但用糖换鸡毛,而且将鞋帽、围巾、玩具、镜框和化妆品等价值高于针线的日用百货,远销到没有商业网点的偏僻地区,大受当地群众的欢迎;义南农民从事皮件加工,新手套、新皮包层出不穷;义西农民重拾穿棕弹棉花的营生,穿村走巷,服务于民。山区的农民,利用就近的薪柴制作豆腐皮,畅销于大城市的菜市场;产糖区的农民,用自产的糖蔗到机制糖厂换取批量的白砂糖,带着技工,运到北方青枣产区,就地切枣烘枣,加工金丝蜜枣,结束了北方青枣只晒红枣、黑枣和制作蜜饯的历史,使青枣的产值大增,实现了南北技术大交流。当时的经济领域，真可谓八仙过海，各显神通，多种经营，万紫千红。

据现存义乌市档案馆1982年城阳工商所和县工商局资料记载："1979年初，义东区和福田公社的十几副货郎担在县前街歇担摆摊，出售小玩具和针头线脑等小百货，以及家庭工副业产品掸帚毛刷，一天营业收入远比走村串巷合算，随着党的三中全会以来方针政策不断深入、社队企业和家庭工副业的发展，仅半年多时间就发展到200多户，商品品种也越来越多，经营方式由零售渐转为批量销售。由于受'左'的影响比较深，我们'利'字看得少，'弊'字看得多，于是采取劝、堵、赶的措施。"理由很简单：农民经商问题上面没有开口，个体批量购销不符合规定，工业品进入农贸市场违反政策——计划经济谁敢破坏？

1981年六七月间，工商部门同志先后组织三批人员深入农村进行调查研究，以获得是否对市场实行规范管理的第一手资料。一个多月时间，调查组广泛听取了区乡领导、生产队干部、社员群众以及集市经营者的意见。通过调查分析研究，工商局同志了解到，义乌上万个合法的货郎担，80%以上的商品是从农贸市场进货的，"敲糖换鸡毛"作为几百年历史的传统，他们边串门走巷换鸡毛什肥，边出卖点小商品，方便了农村群众的需要。随着经济形势的发展，他们歇担摆摊，积极推销社队企业和家庭工副业产品，同时还从外地搞进来一批批小商品，开始批量销售，这样既促进了小商品的生产，又满足了群众的多种需要，不应该"赶"和"堵"。

"对于这类摆摊的行为，政府没有明确的态度，有关部门对这些现象一般都是采取'批、打、管、刹'，百姓为此怨言很多。但老百姓要摆摊，打也打不掉，赶也赶不跑，批也批不倒，这也让我思索，既然义乌有善经商的传统，百姓能从中改善生活，为什么我们不好好因势利导，网开一面呢？我决心要把义乌一直受压制的'鸡毛换糖'经商风，作个彻底的调查，看到底是该刹还是该放。为此我发动县机关的一批干部，到下面进行全面调查，听取各方面的意见，我亲自到了稠城、义东、苏溪、佛堂、义亭等许多村镇实地了解，因为我新来

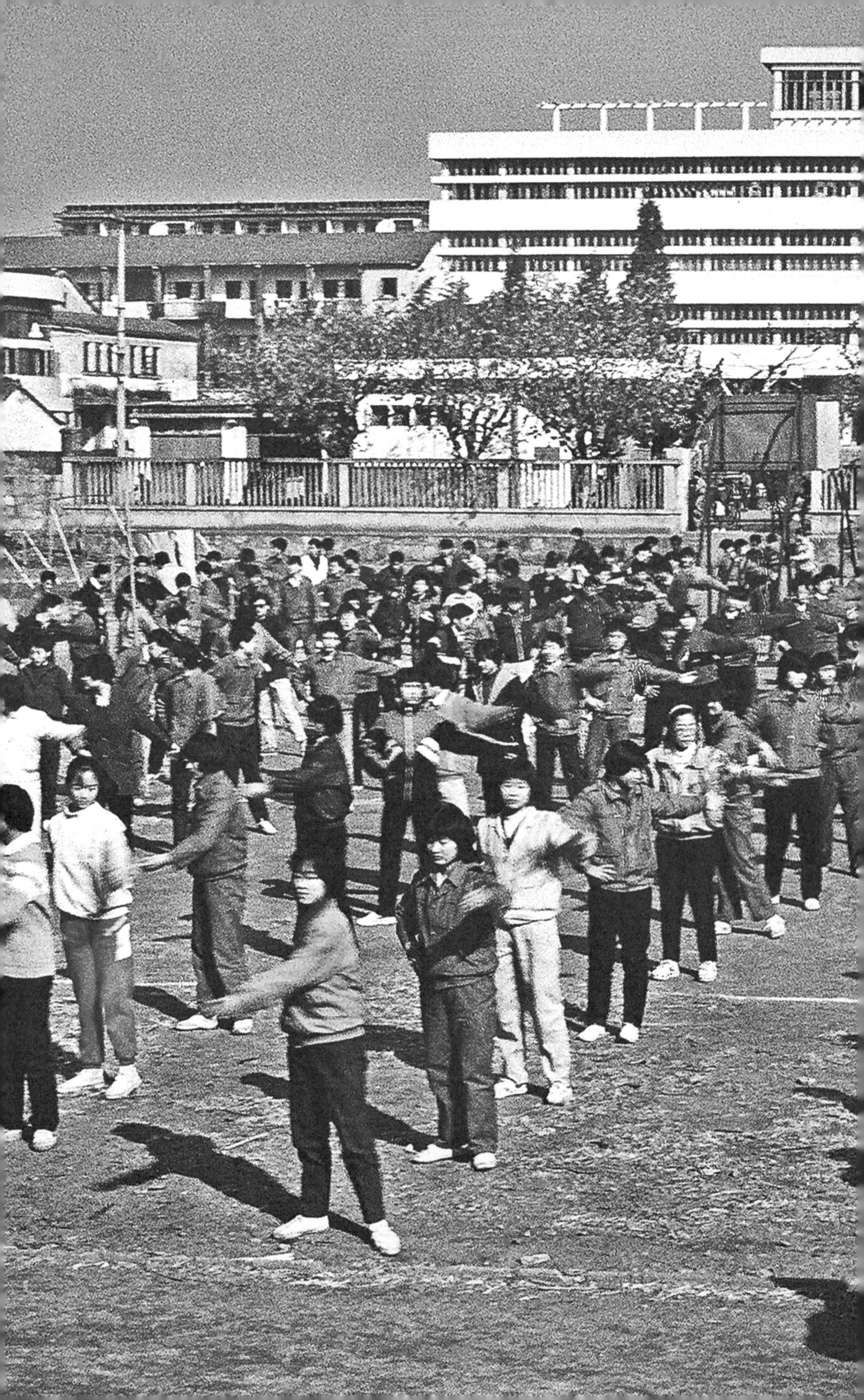

20世纪80年代的义乌中学操场

乍到，那时不像现在县里市里都有报纸、电视，我当县委书记的也没多少百姓认识，所以下去很容易获得第一手材料。"谢高华说。这是他第一次亲身感受了商品经济、市场经济。

"调查过程是一个受教育的过程，也是一个统一思想的过程。在下乡调查的过程中，发现这是老百姓为了生存找出路，是一个好现象。有不同意见的机关干部也开始统一了认识，没什么危害，还可以让义乌人赚点钱，觉得这是一件利国利民的事。"

谢高华做事雷厉风行，带领干部下基层进企业了解具体情况，多次找工商部门一些同志座谈，大家就老百姓摆地摊达成共识：一是义乌土地少，水利差，农村不少地方是高产穷队，老百姓靠种田还是很穷，他们必须找出路；二是人民生活需要，市场需要，他们的担子里面都是生活用品；三是义乌人特别有经济头脑，精明，商品观念强，胆子大，特别能吃苦。

义乌的"鸡毛换糖"以前就一直是当资本主义来批的。党的十一届三中全会以前有一句流行语："堵不住资本主义的路，迈不开社会主义的步。"党的十一届三中全会后要搞经济建设，方向是定了，但怎么搞仍不明朗。此时，一些义乌人开始不满足仅仅在本地"鸡毛换糖"解决生计问题，农闲时便摇起拨浪鼓，挑着装满敲糖的箩筐，行走在浙江及其周边省份的城乡换取鸡毛和牙膏皮等废品。回家后再把换来的鸡毛等东西分三个档次，第一个档次用来做工艺品、装饰品，制成掸子卖给供销社；第二个档次做药品，鸡肫皮可以入药，当时浙江医药公司的鸡肫皮主要是从义乌进的货；第三个档次就是做肥料，当时化肥不多，鸡毛、鸭毛可以做农家肥，牙膏皮等则卖给废品回收站。

"鸡毛换糖"积累到一定程度以后，义乌农民的箩筐里就出现了小商品，如针线、发夹、雪花膏等。这些都是农村需要的日用品，或者卖钱，或者换鸡毛，经过这样滚动，义乌做"鸡毛换糖"的农民的本钱就越滚越多了。他们过年一般都不在家里，因为这时候"鸡毛换糖"的生意最好，一个年过下来，往往能赚到百来块钱。要知道，当时农民辛辛苦苦种一年田，弄得不好不但赚不到现钱反而还要倒欠公家。所以，虽然政府一直在打击"鸡毛换糖"，这里赶那里罚，但义乌在周边做"鸡毛换糖"的农民仍然有上万人。

汇总的结果是：55%的人认为开放经商市场没问题，觉得义乌的"鸡毛换糖"是一个很好的经济苗头，应当大力提倡；40%的人认为问题不大，可以试着办；只有5%的人反对。

谢高华结合这一实际向马克思的《资本论》讨教，从中得到巨大的启发：产品向商品的转化是惊险的跳跃。于是，他组织县委理论学习小组，讨论什么是社会主义，什么是资本主义。其实当时中央的政策也不明朗。

要冒天下之大不韪，难！难！难！但谢高华竟然敢！一条迈向未来的方针思路在谢高华脑海里越来越明晰起来，他就向当时的金华地委书记厉德馨汇报。

"给'鸡毛换糖'正名，开放小商品市场！"

厉德馨称赞他对义乌的现状汇报很务实，高瞻远瞩地说道："你先去大胆干，希望你干出成绩来。有什么问题，出了什么状况，由我来一起扛！"

"尊重群众的首创精神。允许看，允许试，不轻易下否定的结论。"

"尊重经济发展的规律和基层实践。不唯书、不唯上，只唯实。"

谢高华听后非常激动，上级的认同支持给予他无限的力量，于是决定采取"明管暗放"的办法，有选择地发一部分许可证，派出部分干部维护市场秩序，收点市场管理费，同时抓一下税务管理。

义东区的廿三里镇，是当时商贩最集中的地方，也是打击的重点。谢高华回忆，过去县里开会，义东区委书记吴金泉总是坐最后面，一说到投机倒把，首先挨批的就是他。

一次，谢高华去廿三里镇看市场，让义乌县工商局长郑松青也陪着一块去，当时郑还兼着"打击投机倒把办公室主任"。当地那些参与经商的人过去被工商局的打击投机倒把办公室的人打怕了，一见他们下车就好像山头的"消息树"倒了，商贩们撤摊拎筐一下子就跑个没影，一些加工生产小日用品、小食品的人家，也马上关门打烊。谢高华说，想找个摊主问问情况都找不到了。晚上在镇政府食堂吃饭，谢高华对郑松青说，我不要你陪了，人家都怕你。又半开玩笑地说："你待在家里喝茶看报纸，义乌经济发展或许更快。"

通过两三个月的调查，谢高华心里有了底。为什么"鸡毛换糖"存在这么多年了，批也批不倒，打也打不散，赶也赶不跑，生命力这么顽强？谢高华得出两点结论：一是人民生活需要。农民要过好日子，联产承包的那点田，一个星期就种完了，种完了你还让他在家窝着？二是社会需要。货郎担里的东西，都是群众需要的必需品，在商品经济不是很发达的当时，"鸡毛换糖"的形式，起到了城镇和农村商品流通的重要作用。

五、给"鸡毛换糖"正名

"鸡毛换糖"是用小商品进行易货交易，是义乌经济的一大特色传统。如果将义乌这种民间自发的经商活动看作是源，那么从这个源头流出的水100多年来从未曾干涸。

谢高华在一次600多人参加的干部大会上提出："我们义乌需要发展，可我们既没有沿海地区的地理优势，又连个侨胞侨眷都找不出来。发展经济靠什么？人民群众已经给我们指出来了，那就是我们义乌有不怕吃苦、不断进取，以小本滚雪球的看家本领——'鸡毛换糖'呀！"

"敲糖人不但换鸡毛，而且收购废铜、烂铁、龟底、鳖壳、鸡内金、破碎布和旧棕衣，这些废旧物资，经过他们的转手投售，成为有用之物。他们以节约为荣，以浪费为耻，处处精打细算，集腋成裘。义乌人做生意，不怕件头小，不嫌利润薄，善于薄利多销，快进快销。他们出门在外，风餐露宿，跋涉在山道溪涧，穿行在杂树丛林，走遍了偏僻山村，不换回整担鸡毛，决不含羞回家门。他们从不在困难面前轻易退却，总是付出艰辛，排难而进。长期的磨炼，造就了敲糖人不怕苦、不怕累的坚强性格。"

"义乌的小商品经营不是一大'包袱'，而是一大优势，义乌人'鸡毛换糖'的传统是逼出来的，应当大力提倡和鼓励……"

这话刚落音，会场上顿时议论纷纷，看得出大多数人是喜形于色，但也有人立即反问："可上面要严厉打击各种投机倒把活动，像鸡毛换糖这样的经商活动，分明是投机倒把，是资本主义的尾巴，我们应当给予坚决的打击，应当毫不留情地割其尾巴！"这是一个敏感的问题，但又是不可回避的。

当时谢高华内心也很激动，但还是强压着自己的情绪，用通俗的语言坦诚地对大家说："过去我在衢县也干过'割资本主义尾巴'的事，结果事与愿违，影响了当地生产力发展，百姓怨声载道。我到义乌虽然时间不长，但从百姓的话里，我觉得'割资本主义尾巴'没道理。就拿我们义乌人'鸡毛换糖'的传统来说，人家过大年欢天喜地，咱义乌货郎却在冰天雪地里走南闯北，没日没夜，一脚滑一脚地翻山越岭，挨家挨户去用糖换鸡毛、换鸡内金。回来后将上等的鸡毛出售给国家，支援出口，把鸡内金卖给医药公司，差的直接用来做地里的肥料，靠辛劳赚回一点利，这样利国又利民的经营，好还好不过来，怎么可以说当资本主义的尾巴割呢？"

谢高华越说越激动：干工作要实事求是，党中央已发出改革开放的号召。我在这里向大家表态，从今开始，我们要为义乌人鸡毛换糖正名，不但不批、不抓、不割，还要大力提倡，积极鼓励！就是撤我的职，我也要支持农民进城光明正大地干……

一石激起千层浪，县委书记的表态让那些"蠢蠢欲动"的小商贩们挺直了腰杆，就是在此次会后，最先开办的稠城、廿三里小商品市场便名正言顺地由"地下"走到了"地上"。

"当时的鸡毛换糖是一壶温吞水，需要一个敢干的人加把火，而谢高华正好这个时候来，正是这个敢干的人。"原义乌政协副主席冯志来说。

笔者在采访时任县委办副主任邵唯一时，他多次强调，谢高华为

"一大优势"开绿灯的一系列举措，创造了众所周知的业绩，在义乌商史上留下浓墨重彩的一笔。

他曾专门撰写文章，阐述"一大优势"之说在义乌商史中的地位。

谢高华初来乍到的几个月，凭着丰富的工作经验，集中抓了计划生育、制止破坏山林、处理违章建房和解决学校危房这四项工作，十分忙碌，成绩显著。在开创工作新局面的基础上，在地委书记厉德馨的支持下，谢高华带领县委一班人，对农村的"两户一体"（专业户、重点户和联合体）开展广泛调查，到了廿三里和稠城两地，感受到小商品市场的繁荣和前景，惊呼这是"义乌的一大优势"。他在各种会议上讲解"一大优势"，也向外来参观者宣传"一大优势"，我们县委办公室的工作人员是多次听到过。1984年1月，我将"一大优势"写进谢高华在全省农村工作会议的发言当中，其中说道："在稠城镇和廿三里出现了小商品市场，县委对小商品市场进行了调查研究，明确指出：这两个市场是义乌发展商品生产的一大优势。"可以这样讲，"一大优势"之说，是谢高华尊重群众首创精神，繁荣义乌小商品市场最原始的，也是最起作用的论点，曾经被有的新闻报道所发掘，但是对它的研究和宣传很少。

"一大优势"之说是比较而来的。第一，谢高华将自己的家乡衢县与义乌作了对比：衢县耕地多，水利好，产粮丰富，但经济收入很少，农民相对贫困；而义乌拥有敲糖换鸡毛的群体，以及与之相关的小商品市场，农民不但可以用换回的鸡毛肥田，而且可在小商品买卖中大赚钞票，生活比衢县农民好过。第二，听了他的讲话以后，有的同志还在行业之间进行对比：农村副业门路很多，但都有它的局限性和时效性，运白砂糖、带技工到北方加工金丝蜜枣，效果很好，而当北方人学会切枣、烘枣的技术以后，义乌人就不得不打道回府了。山区农民利用薪柴烧灶制作豆腐皮，收入也不错，但是县委为保护山林，下达了封山育林的文件以后，山农不能无度砍柴，豆腐皮的加工就受到很大制约。与制作蜜枣和豆腐皮不同，小百货虽小，却是人民生活必需品，家家都不能缺少。小百货品种繁多，货源广泛，生意的空间大得无边无际，到处都有买主，都可赚钱。小百货买卖潜力无穷，是最有前途的一种行当。从对比中提炼出来的"一大优势"之说，很快为全县各级干部所理解，并使其含义得到充实。于是，为"一大优势"开绿灯，成为全县经济工作重要的指导思想。

"一大优势"之说，符合唯物史观的基本原理，其前提是承认农民群众的伟大创造。谢高华书记下基层调查，发现和肯定了已经出现的小商品市场，通过对比品味出市场的优势所在，然后筹划为大开绿灯的具体措施。这就是尊重群众首创精神，因势利导，有为而治，群策群力，繁荣经济的正确道路，也是义乌奇迹的精华所在。在这条道路上，群众推动领导，领导带动群众，朝着一个目标奋勇前进那车轮滚滚，脚步声声，至今犹在耳际回响。

为"一大优势"开绿灯，首先着眼于发展商品生产，向市场提供货源，并从中增加农民的收入。当时，发现并支持、扶植小商品生产专业户和小厂家的发展，成为县委县府的重要工作。谢高华以实际行动，冲破县委文件中关于专业户经过批准，允许雇请三至五名学徒和帮手的框框，带领全县区乡党委书记参观学习福田瓶盖厂的经验。这个厂为农民赵章苏所办，雇工二三十人，两条生产线不间断地运转，产品供应省内外的瓶装啤酒厂。这次参观，对全县的改革开放是有力的推动。同时，根据县委领导的意图，县委办公室组织力量，总结推广基层涌现的先进经验，如大陈陈云扁服装厂、陈爱巧缝纫培训班、苏溪龙华尼龙袋专业村、廿三里如甫小塑料专业村、杨村朱明忠照相器材厂、徐村西陈糖果生产联合体，还有九联村龚景暎、龚其云、龚关洪三位农民分别创办的电器厂和服装厂。办厂先进经验的传播，推动了方兴未艾的办厂热潮，使小商品生产为主体的农村工业得到长足的发展。

为"一大优势"开绿灯，必然要加强市场建设，给小商品经营者扩大做生意的平台，于是1982年建立了湖清门市场，1984年建立了新马路市场。这两个市场的建设，都是为"一大优势"开绿灯的重大举措。不吃透市场的优势，怎会有建市场的具体行动。

义乌不能忘记 谢高华

谢高华（中）和有关部门负责人交流义乌"鸡毛换糖"的优势

邵唯一说，谢高华提出"鸡毛换糖"一大优势论，就足以让他名垂千古，但宣传千万不要过度，不能忘记前后任书记也做过大量工作。前任书记王明新，冲破重重阻力纠正了暴动假案，并根据地委部署，在全县迅速实施包产到户，对发放敲糖换鸡毛许可证和廿三里、北门街两市的兴起，也未加阻拦，这就为日后的进一步发展和繁荣提供了不可缺少的条件。后任书记赵仲光，承接谢高华的指导思想，坚持了"兴商建县"战略思路，发展小商品经济，决策并建成了占地4.4万多平方米的城中路市场，使市场年成交额首次突破亿元大关。

谢高华给"鸡毛换糖"正名的意义，在于最大限度释放了民间的活力或者力量，既看到群众的伟大创造，又可对领导干部作出正确的评价。

社会是在不断克服"禁区"、迈出"禁区"中前行的。我们说的"要敢于打第一枪""敢为天下先"，就是敢于不畏"禁区"，敢于冲破"禁区"。

义乌现象告诉我们：尊重百姓首创精神，务实胜过高谈阔论；群众才是真正的英雄，没有量变就等不来质变。

翻番的因素是很多的，其中很主要的一条是把执行国家经济计划同运用价值规律结合起来，积极发展商品生产。

有人说，义乌人是一群赚钱的机器，全身上下没有一个细胞不适合赚钱。因为他们明白，在市场经济体制下，价值规律是硬道理，企业所从事的一切经营活动，本质上就是听钱的话。同样，要想在市场中制胜，就是要一切按经济价值规律办事。正是由于义乌人受到经济利益的直接驱动，因而他们的决策都是围绕着经济价值目标而进行的一种强烈逐利行为，他们的合作都是以经济纽带为基础而形成的一种利益共同体。也惟因如此，义乌的崛起是自然规律形成的，是在经济竞争中获得生存和发展的。所以，"一有雨水就发芽，一有阳光就灿烂"，拥有顽强的生命力和强大的竞争力。

记者采访义乌市场经营户

第三章 "一代市场"横空出世

改革，就是从没有路的地方走出一条路来，极有可能是一个不断试错的过程。

邓小平同志曾说过："没有一点闯的精神，没有一点'冒'的精神，没有一股子气呀、劲呀，就走不出一条好路，走不出一条新路，就干不出新的事业。"

古人说："利在一身勿谋也，利在天下者谋之；利在一时勿谋也，利在万世者谋之。"

义乌今天的历史，正是由一个个昨天领航人缔造的，在特殊的时代背景下，义乌市场的发展确实是逢"天时地利人和"之便，才奏出一曲又一曲的改革强音，成为了中国改革开放的一个坐标，它不仅是现代经济发展历史中的一个耀眼的文化符号，而是新丝绸之路的起点，如同一艘航母正驰向五洲四海。

义乌崛起，抒写了一个激荡人心的"春天的故事"；义乌变迁，浓缩了一个波澜壮阔的改革的时代；义乌"神话"，折射出了中国开放奇迹。

毫无疑问，义乌，的确是一个"传奇"，但"传奇"不会无缘无故地出现，它代表了一种象征，一种历史的玄秘，一种对改革精神的颂扬。

一、专题决策办公会议

许多人说，谢高华到义乌任职时，小商品市场已经在廿三里、稠城等地自发形成，不存在创办或开放市场之说，而应该说是规范和整顿市场。

可事实上，当时社会上争议较大，政府部门内部意见不一致，如何看待农民经商问题关系到自身的政治前途。

鸡毛换糖、搞自由商业经营是政治敏感问题，时不时便被视为"盲目外流、弃农经商、投机倒把、走资本主义道路"加以批判，政府对此采取的是禁、阻、限、关的政策和措施。其实，关于稠城市场摊贩整顿的方案，曾专门召开过三次县长办公会议和一次县委常委会议。

聚焦一：第一次县长办公会议

1982年3月9日下午，受范华福县长委托，常务副县长吴璀桃主持县长办公会议，就工商部门提交的稠城镇集市市场整顿、猪市牛市摆布问题作了第一次研究。这也就是日后"正史杂说"流传颇广、义乌小商品市场开放前的"第一次县长办公会议"，出席会议的有副县长陈金奶、赵仲光、陈炫亮，办公室主任鲍增虎，列席者有政府办公室副主任张志芳、统计局长陈建文、公安局副局长吴厚兴。

工商部门同志汇报：稠城镇个体商贩近几年发展很快，到1982年2月15日已达758户，其中小百货459户，饮食业、干鲜果、杂货、各种手工业、特种行业及其他299户。比1964年的64户增10.8倍。758户中非农业人口占49户，其余都是农村社员，发过执照的141户，80%是无执照的。小百货成为大百货，零售转为批发，有必要进行整顿。

按照工商部门的意见，市场整顿第一步，宣传政策规定；第二步进行规划，选择稠城镇附近一部分社员、下放人员、历史上经营过小商品的、老弱残社员，再放宽安排300户左右，3月中旬先安排175户把证发掉，农业户的发三至六个月或一年的临时许可证；第三步，加强管理教育，取缔无证商贩。年底前把个体商贩组织起来，规定经营地点。

由于情况复杂，一时不好拍板，最后吴璀桃作了小结："听了报告，工商局最近做了许多工作。市场整顿、市场摆布，都是需要解决的。汇报对市场情况的调查、整顿的步骤、措施等基本上是好的。我以为，为了慎重起见，工商局再作研究分析，特别是批准营业的摊贩，与公社取得一致意见是好的；要进一步补充后形成一个正式报告，报告县委、人大常委会、县府，再转发下去。文件形成后再开个政府全体会议，作出统一部署。工商部门要拟出一个符合上级规定的市场管理条例，报批后公布。工商局在十天内作准备，科局长会议后再研究。"

"关于市场摆布，事情确实很重要。市场场地一定要扩大，这是一致的。放在哪里，需要研究。工商局再作勘察解决。"

在此后十多天的一次常委会上，县领导通报了这次办公会的情况：工商部门提了方案，县长办公会研究了政策，摊贩保持在300个左右。

聚焦二：第二次县长办公会议

1982年3月26日上午，县政府就稠城市场整顿问题再次召开，会议依然由常务副县长吴璀桃主持。副县长陈金奶、赵仲光、陈炫亮出席会议，财贸办公室主任韩涛、政府办公室副主任张志芳、工商局副局长叶荣贵、城阳区工商所副所长王廷腊、经济技术协作办公室蔡松和也列席了这次会议。

会议首先讨论稠城集市整顿有关的猪市、牛市摆布问题，基本同意征用东风大队约6亩土地，征用费为每平方米12元。

紧接着对稠城小商品市场的问题进行了研究。叶荣贵代表工商局汇报整顿意见，一个是个体商贩问题，一个是市场建设，一个是服务态度。由于当时政策滞后，问题敏感且涉及方方面面，敞开观点的讨论持续了一整个上午。主要是农民经商，文件上是没有的，这个市场敏感问题，认识不尽相同，你一言，我一句，讨论非常剧烈，其他需要研究的六项议题不得不放在下午进行。

对市场整顿，会议形成初步意见：小百货作为自由市场，建立一个成交组织，全面登记，（颁发）临时执照，自己建账，税收按营业额征收，发现投机要打击，运用这个办法来整顿。县政府要建立市场整顿组织，由工商局，工商所，派出所，镇、社爱卫会成员组成。县政府确定一名副县长分管。

由于当时政策滞后，农民经商、农民进城、批发购销、自由市场等许多敏感问题，需要领导决策研究。

聚焦三：县委常委会专题会议

1982年6月23日下午，到任一个多月的县委书记谢高华主持召开了研究财贸工作的县委常委会，出席者有吴璀桃、虞秀洪、范华福、严智满、刘秉生、仲济仁，列席者有韩涛、陈金奶。

会议专门听取了县财贸办公室主任韩涛关于1—5月份财贸工作情况的全面汇报，把市场管理列为财贸七个问题之一。汇报中提出了市场问题存在三多：一是经营工业品的单位多，除商业外，工交、二轻、社企都设了店；二是农民经商多，758个摊位没有许可证，待业青年只有49个，其余都是农民；三是小百货摊位多，459户是小百货，都是农民，大部分是义东区，还搞批发，与国家竞争。随后一场激烈的争论爆发了。

"应不应开放集市贸易市场""允不允许农民进城经商"等议题摆到县委领导班子面前。

比较"正统"的观点是，这闸门开不得。一旦允许农民进城经商，意味着资本主义尾巴不仅割不了、割不完，而且会泛滥成灾。大量的农民转向经商务工，荒地增多，农作物也没人管理，粮食生产必定会受到影响。

另一种观点：允许农民进城经商有啥不好？以义乌的自然条件，正是因为养不活农民，农民才会在几百年前就挑起货郎担"鸡毛换糖"。现在许多地方出现了耕地转包现象，可以总结推广，这样既能专心经商，又能使粮食生产不荒废。

讨论会上也有观望派建议：虽然十一届三中全会已强调农民除农业外还可以经营农副产品加工业和商业，但毕竟要正视现实，既然政策还没有具体明确，那还是不要去冒风险。即使真想干，也只能悄悄地干。

还有一位常委提出了一个敏感但在义乌又是无法回避的问题："福田瓶盖厂，一个老板雇佣了二三十名工人，流水线不间断作业，这是雇佣工人剥削。如果不准雇工，这个厂就只得关门。"

这真是难以找到答案的问题，文件规定，个体户雇工不得超过5人，否则就是资本家了。

会议开到这会儿，常委们你一言，我一句，争论不休，大多数人都发了言，表了态，也有一些人惜话如金，一声不吭，一时难以达成共识。

此时，一根接一根抽烟、一杯又一杯喝茶的谢高华认为有些事是扯不清的，他没有过多地牵扯理论、政策等敏感问题，而是启发大家如何大干快上，实现翻两番的目标，旗帜鲜明地发表了自己的看法。

"我们国家执行'以计划经济为主，市场经济为辅'的方针，实际上是有竞争的，义乌的市场是个很好的市场，很有发展前途。"

此时，有人插话道："农民弃农经商太多！"

谢高华果断还击："你这个看法我还不敢赞同。义乌做生意比衢县强，我很感兴趣。从我们义乌实际出发，考虑商业、农业都可以搞，光搞粮食不够，义东等一带敲糖换鸡毛，解决了几万人就业，我们要发挥我们的优势，商业是个很好的优势。"

"市场管理问题，我的看法是一大优势，要想法发挥，也有投机倒把，允许他什么？反对他什么？要搞清楚，不能把搞活的经济重新搞死。前几天我在义东，我听到这个东西，就宣传这个观点。义东农业并不错，也搞好农业，也搞好商业。"

"义乌财贸，大有前途。"

以上这一番话，谢高华在市场问题上的态度袒露无遗，把小商品市场合法化，可谓一针见血、痛快淋漓，但在上报下达的行文中要把握好分寸，因为这在当时还是有一定政治风险的。这不是在推卸责任，而是一种迂回战术。

"我是农民出身，知道农民的困处，人穷到了头就自然要想办法活命啊！难道让他们继续回到农业圈，过着贫穷的生活，分工分业是社会的进步。"

相比之下，义乌同样有"三看"：

一看：文件是否说"不可以"？没说"不可以"，就"可以"。

二看：是否有利于长远？有利于，就"可以"，不利于就"不可以"。

三看：老百姓有没有积极性？有，就"可以"，没有就"不可以"。只要有利于发展生产力，有利于区域经济社会发展，有利于人民生活水平提高，我们可以先试先干。

因为，当时要谢书记在会议上当场提出开放市场，与上级政策完全对立，各种压力还是比较大的——在最初的改革，毫无例外地要冲破各种政策上的束缚，对集贸市场的存在只要能够取一种默许的态度，就已足够谢高华和他的同志们名垂青史了。

谢高华告诉笔者，从重农抑商到兴商建县，他的思想有一个转变的过程。没有调查就没有发言权，群众的呼声使他对开放义乌小商品市场这个决定越来越清晰，越来越明确。然而在当时计划经济思想还牢牢占据人们头脑的政治环境中，他用自己的政治生命来赌义乌民众的未来，成功了则梦想成真，失败了则身败名裂。这对共产党人来说，无疑是需要胆识、勇气和魄力。

"共产党员死都不怕，还怕风险？我时刻准备'戴帽子'，最坏打算就是回家种田。"谢高华曾说。

聚焦四：第三次县长办公会议

1982年7月13日上午，县长范华福就稠城市场整顿问题再次召开专题会议，常务副县长吴璀桃，副县长陈炫亮、赵仲光、陈金奶出席会议，政府办公室副主任张志芳等列席。

义乌不能忘记 谢高华

谢高华退休后陪客人参观自己在阳台上种的大冬瓜

工商部门同志汇报了小商品市场管理情况调查结果：稠城镇市场共有摊位743户，其中小百货459户，发证67户，未发证392户，都是农民。经营范围：日用化妆品、塑料制品、小五金、小针织品、小玩具、纽扣等；多以批量经营为主，零售极少数，价格不一，利润有大有小。工商局意见：暂时维持现状。

会议形成允许市场存在决定，提出了六条意见：一、建立小百货市场管理机构，税务、工商、商业三部门参加，三、五、七人均可，工商行政管理部门领导；二、所有上市经营户要清理登记，发放经营卡；三、建立交易手续；四、按营业额收税；五、场外交易非法可以罚款；六、经营范围要限制。

关掉红灯开绿灯。于是，义乌县委做出了一个当时被人认为是冒天下之大不韪的举动——开放了老汽车站旁约一公里的湖清门路段作为小商品市场，也正是这一小段的开放，促成了义乌的另一次"火山大爆发"。

中国改革没有范本，只能摸着石头过河，做改革的实验，做第一个吃螃蟹的人很难，要随时准备"丢乌纱帽"。谢高华当然明白，在中国历史上，改革家没几个有好下场，从商鞅变法到康梁维新，都是例子。

正是这群无畏的前行者，因为他们的付出和担当，义乌才得以从贫穷走向富裕，义乌人的命运才能发生历史性的改变。

二、开放湖清门市场

历史不能假设，但常常被人假设。

假如没有谢高华书记的"一锤定音"和整顿办的"一纸通告"，或许现在的义乌和中国绝大多数的县城一样不为人所知。

回眸义乌市场的发展史，这个日子永远铭刻在义乌人的心中。

1982年8月25日，一个普普通通的夏日。义乌县稠城镇市场整顿领导小组，在县委、县政府大力支持下，发布《关于加强小百货市场管理的通告（第一号）》，宣布9月5日正式开放"稠城镇小商品市场"，地址在湖清门，由城阳区商企所管理。这是一个充满中国式政治智慧的通告，落款是市场整顿领导小组，但正文却是放开管理，自由交易。由此，确定了小商品市场的合法地位，致使小商品市场规模日趋扩大。

通告发出后，整个义乌沸腾起来了，这一冒着巨大政治风险的果断决策，打开了义乌市场经济的决口，辉煌的历史画面，就这样被轻轻地揭开，它像冬天里的一把火燃烧了全球，书写了一曲灿烂的春天故事。

义乌湖清门小百货市场的"开放"，当时称加强管理，实质是大幅度放宽发证对象，虽然迟于1979年中国率先恢复发展个体私营经济，被誉为"天下第一街"汉正街小商品市场，以及建于1982年6月，已经红红火火的浙江省第一个小商品市场——台州路桥小商品批发市场，但由于经营主体等方面的特殊性，更彻底、更全面地冲击了滞后的政策，其风险、其曲折却有过之而无不及。

据说，当时"一号通告"发布后，各类告状信就源源不断地从义乌向四面八方散发，有人给谢高华扣帽子，领导也有，群众也有，而来自上级有关部门的指责更是上纲上线到"扰乱社会经济秩序"的地步，说谢高华在义乌乱来，说这样一来田就种不好了。

谢高华回复说："你们可以来看看，义乌的田种得很好！义乌土地少，田根本就不够种，农民是把田种好后才去做买卖的。"

其实他们说什么都不奇怪，因为这场改革一旦起步就再也无法逆转，来自民间的反应是空前的，义乌人经商的热情像火山一样喷发出来，当时已经形成一个巨大的冲击波，市场经济冲击了计划经济。

1982年9月5日，稠城小商品市场在湖清门开业。那天，没有一个县级领导在现场出现，媒体对开放小商品市场也没有任何新闻报道。因为所有当事人心里都很清楚，在当时，开放小商品市场是一个没有政策依据、没有正式文件批准的事件，是一次"做了不说"的改革试验。

"湖清门市场并没有出现在日后多家媒体报道中想当然的锣鼓喧天、彩旗飘飘的隆重场面。因为根据此前的官方条文，搞小商品市场至少违反了三项禁令：农民不能弃农经商；集市贸易不能经销工业品；个体不能批发销售。另外，政府的松口'准生'，很大程度上只是对义乌小商品交易普遍存在这一既定事实的客观'追认'。这种'追认'，在当时要冒极大的风险。"谢高华形象地将之比喻为"先生孩子再取名字"。

笔者曾一次次在朱店街、湖清门市场老址寻找当年的痕迹，但都已变成了高楼大厦，只能从历史照片中依稀可见。

据时任城阳工商所所长的孙樟宝回忆，最初的湖清门市场也不过是一个条件非常简陋的集市，其实就是马路市场，在一条用于排水排污的内城河沟上架起水泥板，在水泥板上方用木板搭成摊位，让他们集中摆摊，一个个货担大小的摊位，一家紧挨着一家；头顶连挡风遮雨的篷子都没有。唯一不同的，每一摊位占用的木板长度相等，固定下来，摊主经工商所登记，领取摊位证，有一个合法的地方，让农民可以每天来兜售一些日用小商品，在那个物资短缺、资讯闭塞的年代，这已足以吸引络绎不绝的人从城镇的四面八方赶来。

市场开放之初，有正式固定摊位100多户，还有600多户流动摊位和"提篮小卖"，共计摊位705个，人称"草帽市场"。每天清晨，湖清门、新马路上就挤满了从"地下"转到"地上"的小商小贩，马路市场卖的东西五花八门，当时小老板大包小包到上海、广州进货，有些还到深圳中英街进货。一开始买东西的以本地人为主，慢慢地来自各地的客商蜂拥而至，拉客声、叫卖声、介绍声、讨价还价声从早到晚此起彼伏从不间断，整条马路就像一口永远沸腾着开水的大锅，一刻不停地散发着滚烫的热情。虽然是两块木板一条凳子，但义乌小商品市场发展却极为迅猛，各类小商品的种类花样也迅速增多，刚开始时他们是从外地进货，慢慢地也开始自己生产，前店后厂，小作坊生产，小商品市场的雏形已在义乌诞生了！

据有关部门不完全统计，当时，义乌经营小百货的个体工商户约达3000户，计6000余人，但大多数未登记。湖清门市场开放之后，谢高华看到了这股经商的热潮，感受到潜伏于这股热潮下的巨大经济动力，在商品极度稀缺的年代，这个"马路市场"给点阳光就灿烂，当年成交额392万元。

当时义乌县委办简报中，有一篇"义乌县工商局供稿"的报道，对小商品市场开业前的准备情况进行了详细的叙述：

县委、县府正式决定开放稠城镇小商品市场，这是对我们工商行政管理部门的很大支持。但需要解决的具体问题很多，主要三个比较突出的问题：一是场地问题，二是服务设施问题，三是组织领导和人员力量问题。我局提出了书面规划，得到了县领导的支持。现在这个小商品市场，原是一条城内河，我们在城建部门的支持下，投资15000元，在河面上铺设了水泥板，使市场总占地面积达到4252平方米。场地虽然小了点，但很快搞起来了。在计委、森工部门的支持

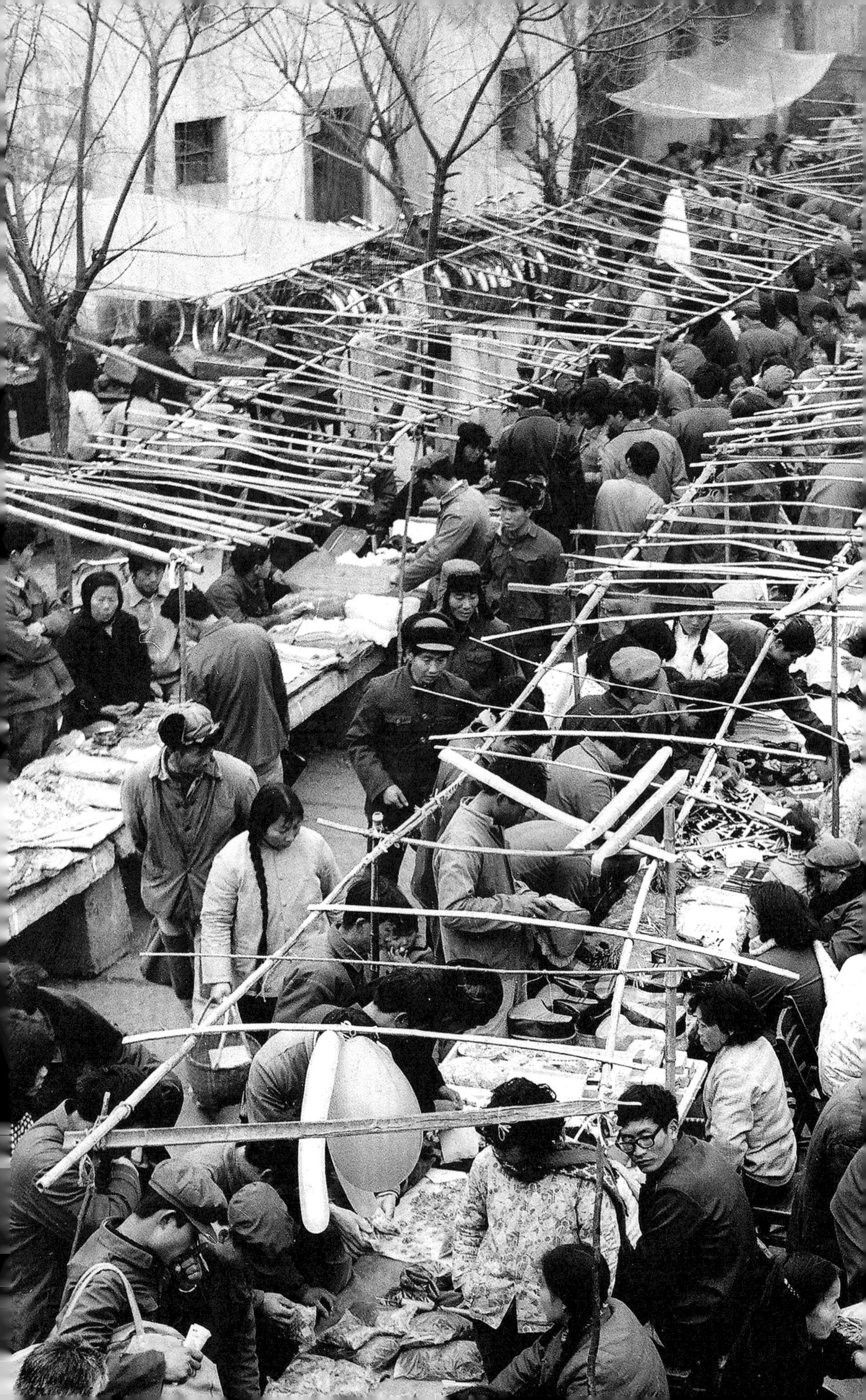

义乌第一代小商品市场

下，我们又投资 5000 多元钱，增添了水泥板货位 291 个，木板架货位 240 个。为了管好市场，由县府办公室下文成立稠城镇整顿市场领导小组，由镇委和工商局领导带头，财税、公安等部门领导参加，并抽调 13 名同志组成小商品市场管理服务站。在调查研究、排队摸底的基础上，进行登记发证（许可证、税务登记证、摊位证），拟定小商品市场管理通知，对市场、税务管理人员分专业、分地段，明确职责。筹备就绪后，正式开放。

为了加强稠城镇整个市场的领导力量，经有关部门会商并经县政府领导批准，1982 年 8 月 7 日，县府办公室发出 60 号文件，公布了稠城镇市场整顿领导小组成员名单，由原稠城镇党委书记杨守信任组长，县工商局副局长叶荣贵任副组长，税务、卫生等部门同志为成员，办公室设在城阳区工商所，由该所负责人孙樟宝（当时任支部书记）兼办公室主任。

"由于当时政策尚不明朗，正式机构宣布市场开放不方便，便由工商部门草拟《关于加强小百货市场管理的通告》，以临时机构市场整顿领导小组（办公室）的名义发布，正式宣布小百货市场'开放'，省了很多不必要的麻烦，把开放的风险降到了最低限度，对上对下都可交待，也表明了政府对此事的态度。"谢高华回忆道。

后来人们才知道，虽然是以市场整顿领导小组的名义发的通告，起草人实际上主要是工商局同志。如今，"一号通告"原件原文，已如"黄鹤"去无踪影，看似简单的开业问题便被演绎成无数个版本，争相传说。有的说是复印张贴，有的说红纸书写，还有的说是广播播报，许多细节其实已经无从追寻。

据杨守信回忆，《通告》抄写在大红纸上，抄写了许多份，张贴在办公室墙上，大街上，市场里。同时，还用其他方法进行宣传。最初几天，围在大红纸前观看的人群，里三层，外三层，热闹非凡。要开放稠城镇小商品市场的新鲜事，很快传遍了义乌城乡，开放市场成为人们议论的中心话题，关注的焦点。

《通告》的主要内容是："为了搞活经济，发展生产，提高人民群众生活水平"；"稠城小商品市场定于9月5日开业"；"市场设在湖清门"；"欢迎广大人民群众踊跃进场从事经营活动"；"经营者要有'三证'"（营业许可证、税务证、摊位证）；"个体经营者是劳动者，合法权益受法律保护"；"经营方式：批零"；"经营者要服从市场管理服务站的管理"；"要按时交纳税款和市场管理费"；"要遵守治安管理，搞好卫生，遵守交通管理"；"不准欺行霸市，哄抬物价，扰乱市场"；"携带有关证件到稠城镇市场整顿领导小组办公室报名登记"。杨守信对于通告内容记忆犹新。

三、报道小商品市场第一文

不管如何，市场开业前后，对个体、小百货的经营，从大政方针到具体政策，出现过戏剧性的变化，市场的"开放"因此更多了一点传奇的色彩。

1982年9月1日，党的十二大在北京开幕，大会报告指出，"要鼓励劳动者个体经济在国家规定的范围内和工商行政管理下适当发展，作为公有制经济的必要的、有益的补充"；9月19日，国务院批转了国家物价局等部门《关于逐步放开小商品价格实行市场调节的报告》，决定将159种小商品价格正式放开，实行市场调节，要求"各地有计划地逐步放开小商品价格，促进小商品生产，搞活小商品流通"，三类工业品中的小商品得以放开。但这个报告又很担心价格问题，怕出现大范围涨价，规定甚至还细致地说道："凡是群众欢迎、市场畅销的新品种、新花色，上市初期的价格可以高一些，以促进多产多销。随着生产成本的下降和供求缓和，有条件的可以逐步降价。花色式样过时的，要及时降价削价，促使企业转产适销产品。"

9月25日，县领导批准同意报道小百货市场。

"开放和加强管理小商品市场，在当时被认为是贯彻落实十二大精神的一项具体行动。"谢高华回忆当时市场开放的情景感慨万千。

义乌市档案馆的县府办档案里，仍然保存着一则县广播站记者陈泽银撰写、经县领导认真修改，堪称"报道小百货市场第一文"的消息稿，这也是离市场"开放"最近的存档文字。报道中写道："义乌县工商行政管理部门组织职工认真学习胡耀邦同志的报告，贯彻十二大精神，积极工作，加强市场管理，鼓励个体工商户放开手脚干，为繁荣城乡经济、方便人民生活服务。""湖清门小百货市场……经营着国营和集体商店不经营的小五金、小百货、小塑料、小针织、小玩具等二三十个种类、两千多种花色品种的小商品。经营方式是批量销售为主，兼营零售。党的十二大胜利召开，像春风吹开了这个小百货市场个体商贩的张张笑脸。城阳工商所干部通过学习认为，有党中央撑腰，湖清门市场应该让它存在和发展……十二大期间，他们在县工商局的直接领导和有关部门的配合下……发出了关于加强小百货市场管理的第一号通告，装起高音喇叭大力反复宣传，小百货市场的经营范围是国家规定的三类小商品和家庭工副业产品。同时，对符合条件经商的人员均发给营业许可证。按经营商品的范围分别编制了十五个小组……整顿后的湖清门小百货市场，秩序井然，面貌一新。

"工商行政管理部门在市场设立了专门管理服务机构，在具体措施上，一抓管理机构的组织建设，做好市场组织工作；二抓有关政策法规的教育；三抓'三证'（许可证、税务登记证，摊位证）的管理，保护合法经营；四抓经营范围；五抓市场秩序；六抓税务管理；七抓市场建设；八抓文明经商教育，维护市场声誉，因实施了从'活'字着手的有效管理机制，致使小商品市场规模日趋扩大。"

"市场正式认可之后，发展的速度也超出了任何人的意料。开业初，就有甘肃、宁夏、黑龙江、陕西、湖北、湖南、山东、安徽、江西等省客商前来采购，商品货源除本地外，来自河北、江苏、福建、上海、天津、广东等十多个省市，摊位迅速爆满，一时间，三面环山的义乌市场交易额迅速膨胀，从1980年的39万元增长到1983年的1444万元，而全省的平均水平只有121万。"

我们从陈泽银的报道中解到，至9月23日，市场内有营业许可证的个体商贩有 200 户整，加上持临时许可证和拎篮卖工副业品的共有 600 多人。

据城阳区工商所当年总结，至年底湖清门小百货市场每市日有 700 多个商贩货位，800 多个小商贩，每市参加购销交易人数一般 3000 余人，多时达 5000 余人，成交额较上一年增加 221%。第二年底，市场商贩货位达到 1050 个，每市参加购销人数少则五六千，多则近万，4000 多平方米的湖清门，犹如"螺蛳壳里做道场"，已经无法容纳。许多经营者自带门板、搭起棚架，摊位自动向杭金线的必经之道——新马路两端延伸。随着马路摊位越来越多，每逢集市过往车辆被迫改道行驶。

《浙江日报》记者洪加祥当年是《金华报》的记者，参与写作《生活里的一条彩色河流——义乌小商品市场访问记》，该文于 1983 年 5 月 25 日以一个整版的篇幅刊发，分"关掉红灯开绿灯""渠道的闸门打开后""生活中的答案"三个小标题，正面报道了义乌小商品市场。

"当时我还是 20 多岁的小伙子，转眼 30 多年过去了。"洪加祥认为义乌小商品市场有今天，时任金华地委书记厉德馨功不可没，在出现市场的苗头后，相关谢高华"乱来"的状子满天飞。厉德馨专门指派《金华报》四位记者前往义乌调查并发表肯定报道以正视听，为义乌建设小商品市场创造舆论氛围，增添"义乌阅历履历"。

1983 年 2 月 5 日，国务院颁发《城乡集市贸易管理办法》。

"一踏进义乌县境内，给人一个突出的印象：个体户做买卖的人特别多，在城乡市场上熙熙攘攘，一派繁荣兴旺的景象。这是义乌县重视恢复和发展个体工商业后，农村市场出现的好势头。近两年，全县已发展个体工商户 6079 户，从业人员万人以上，分别比 1981 年增加 6 倍和 10 倍。他们遍布全县城镇乡村，通过他们的购销活动搞活了市场，繁荣了农村经济，方便了群众，促进了生产，补充了国营经济的不足。"

这是当时义乌报道组张年忠采写的《拾遗补缺——浙江省义乌县农村市场散记》报道内容，发表在 1983 年 12 月 8 日《中国农民报》，他从调剂余缺、灵活经营、走村串户三部分进行了详尽剖析。

义乌县是有名的产糖区，1982年全县糖蔗总产达400多万担，产糖40多万担，比1978年总产量增产近50%。国营商业共收购了红糖、食糖24.8万担，农户除完成了向国家交售的任务和自食外，仍有20%左右的红糖积存在家里，应购的生产资料和生活用品无钱购置，广大糖农心情焦急。而本省衢州、常山、江山一带市场上却缺糖，形成了产区无人要，销区买不到的怪现象。个体长途运销户楼智宝、楼国平得知这一信息后，就在生产糖的畈田朱、王阡乡，向糖农购进红糖几百担，运到本省缺糖地区和江西省南昌等地销售，换回了400多担石灰和农民生产急需的100多担尿素。个体户长途运销，既解决了糖的销路，又解决了糖农生产的急需，解除了糖农的后顾之忧。糖农们高兴地说："多亏了这些长途运销户，要不，我们这些红糖价格还得下跌呢！"

义乌县个体工商户在乡村城镇开设的商业、饮食业、服务业、修理业等小店铺，人手少、店面小、资金少、商品少，但他们有一个共同点：经营灵活。

在经营中，义乌县大多数个体工商户讲究文明经商，礼貌待客，从而赢得了广大顾客的好评。义乌县稠城南街上的居民傅肃海，1982年4月开设了一家饮食店，专营馄饨、拉面、粉干、饺子等面食。夏天，给顾客准备了凉开水、面盆和毛巾，冬天，备有热茶水，做到了夏天一杯凉，冬天一杯热。顾客进店后，他笑脸相迎，问寒问暖，遇外地顾客夜间来用餐，他还热心地帮助找旅馆，使顾客高兴而来，满意而归。1983年6月，义乌县福田乡的一位妇女患了急性肠胃炎，由丈夫推车到县城治疗。病人想吃点馄饨，但又吃不了多少，正在发愁，老傅见了就说："这好办！你要吃多少，就烧多少，吃不了一碗就烧半碗。"他按病人的要求烧了5分钱一碗的馄饨，并走出店门，把热乎乎的馄饨端到病人面前。病人的丈夫握着老傅的手说："你们这些个体户就是比'官'字号的买卖做得灵活，方便群众，态度也好。"傅肃海文明经商、礼貌待客，结果生意十分兴隆，有许多顾客成了他的"回头客"。

个体工商户在经营时间上，早开门、晚闭店，与国营商店经营时间错开，方便了顾客。夏演乡夏演村的小街上，在一家大商店的对面，有一家杂货商店，是夏演村个体户楼洪财开设的。这家不显眼的小店里每天顾客熙熙攘攘，络绎不绝，生意兴隆，群众都说它是"便民店"。因为他在营业时间上跟国营商店不一样，国营商店每天早上7点开门，下午4点半关门；而他呢？早上5点开门，晚上九十点钟才关门。农忙时，早上开门更早，晚上关门更晚。他不仅每天营业时间比国营店多七八个小时，而且深夜有人敲门他也起床卖货。7月间的一个晚上，已经12点多钟了，一个过路的顾客敲门想买一包香烟，楼洪财立即起床，卖给了顾客。群众说，还是这些小店的买卖做得灵活，方便顾客。

零售起点低，善于做小生意，也是个体工商户经营的特点之一。上溪乡上溪村的街上，个体户陈报根开设的一家石灰零售店就是这样做的。经营中，群众买整车或整包的石灰，他热情主动接待，对那些只买2分钱一斤石灰的顾客，他也同样热情对待。因此，群众都愿意到他的店买石灰。1983年5月开店，半年就已接待顾客3000人次，半数以上是购买10斤、8斤，甚至有的买几分钱的。尽管这家小店零售起点低，生意小，但赢利还是很可观的。店主说："小生意虽然利小，但薄利多销，赚头就大了。"

有人曾形象地说："如果把国营商业供销社看作人身上的大动脉，那么，这些走村串户的货郎，就像无数根毛细血管，它紧密地和国营供销社商业联系起来，补充了国营供销社商业的不足。"义乌县有近万个货郎，他们除了在全县各个集镇做买卖以外，还肩挑担子走村串户，一担去，一担回，把农民需要的各种日用工业品，从城镇销往乡村，把农户要出售的多余的农副产品收集起来运往城市，沟通了城乡物资交流。平畴乡货郎吴章春，1982年他带着儿子吴厚忠在春节前后肩挑小商品，走村串户80多天，换回了8担鸡毛。他一家五口人，在正月里从中拣出了300多斤好毛，卖给了国家，赢利1100元。货郎们不仅在本地区走村串户，他们还和全国各地的小商品市场挂起钩来，沟通了义乌和全国各地的商品流通渠道。下骆宅乡九如塘村的一户货郎世家，户主名叫骆华良，他的大儿子骆万里带着弟弟到千里之外的海南岛，在海口市小商品市场上占了一席之地，开了商店。骆华良和妻子专为两个儿子采购小商品，他们通过电报、邮局传送信息和运送小商品，把义乌和海口市联系在了一起。义乌县县长说，这些货郎如此神通，国营商业很难办到。看来，要把农村市场搞活，个体户这条渠道不能小视。

1984年《实践》第12期刊登朱恒兴文章，题为《办好小商品市场，搞活经济——义乌小商品市场情况调查》。文章中说，县委、县府提出"兴商建县"的方针，放宽企业审批政策，简化登记手续后，全县掀起了经商办厂的热潮，年底个体户突破1万户，达14259户。

"市场"，这个一度相当敏感的字眼，成了当年最时髦的词汇。

其实在当时的形势下，政府放松管制，放开小商品批发经营，就等于给了广大经商户以有力的支持。批发生意与四处游走的零售生意有很大的不同。零售的品种要求多样化，而批发经营要求更高的专业化，必须将有限的流动资金集中在少数几个畅销品种上。不过，在市场规模还不太大的时候，批发商的流动资本有限，还不足以大进大出，所以都带有批零兼营的色彩。正是把握住了这样的大好时机，传统的"鸡毛换糖"迎来了历史性的时刻，迅速完成了经营业态从流动摊贩向坐商批发的更替。

现在，人们仍习惯于把开放宣布之前，视为小商品市场发育的"自发形成"阶段。其实，稠城小商品市场发展，从县前街"劝、堵、赶"提篮叫卖，到移北门街"明管暗放"部分发证，最后下"第一号通告"迁址湖清门，至少经历了合理不合法、合理半合法、合理又合法这么几个有序渐进的阶段。

义乌今天出现令世人瞩目的庞大市场，正是当初有了一批依靠自己的聪明与勤劳，又不断根据当时形势的需要与可能，做着一样又一样小而实用的百姓日用品，才慢慢形成与构筑起现在"中国小商品市场"的根基和它的商业定位。

邓小平是中国改革开放的伟大设计师，而谢高华是一个智慧担当的践行者。当年全国的经济改革开放是一场自下而上的改革，而不是自上而下的改革，而最早发起中国最重大改革和试验的经济事件并不

从这一枚义乌第一代市场管理服务机构印模上看，湖清门市场是合理又合法的

发生在城市里，而是在一个个偏僻、贫穷的小乡村。

义乌市场的开放，真正的意义，经济上的成就和利益是九牛一毛，最大的意义是它的开放与改革，一种精神，一种理念，一种创举，一种制度的形成！

义乌市场刚刚启航，开辟一条前人从未驶过的航线时，并非一帆风顺，而是"逆风千里"。

改革开放初期，北门街是自发小商品市场的集中交易地点，并初具规模，"货郎担"的生意非常兴隆，因此小百货批发业的基础十分雄厚。当时的政策跟不上形势的发展，小商品市场的发展和有序管理的冲突十分激烈。也许有的读者会形成一种错觉，以为当时开放小商品市场一定是一件轰轰烈烈的事情，造成了很大的社会反响。

1980年以来，各地兴办的交易市场由盛转衰不计其数，其中有的地方无节制地乱罚款、乱收费、乱摊派，往往是造成市场衰竭的主因。严格地说，1982年开放的湖清门市场只是小商品市场的雏形，市场十分简陋。当时开放小商品市场的理由，不是因为市场规模和社会影响力，而是因为部分农民"弃农经商"在义乌已经是一个既成事实，大量农村剩余劳动力要转移也是一个客观事实。

"猫捉老鼠"的游戏长期玩下去总不是解决的办法，逼迫市场主管部门必须迅速拿出有效的解决措施。既然禁止的做法不能奏效，小商品市场本身也不会对社会造成危害，与其用强硬的手段关闭，还不如顺其自然有序开放。

义乌自第一代小商品市场诞生起，"市长"就主动缚住了可能的政府"掠夺之手"。谢高华在多次会议上强调，开放小商品市场，关键在于正确的引导、加强管理和服务。

当时，廿三里小商品市场的交易品种和规模与稠城小商品市场非常类似。但经过一段时间的发展后，市场的集聚效应逐步显示出来，这表明在有限的地域空间和市场辐射范围内，只能有一个中心，均衡的分布只能扼杀市场的集聚作用。从理论上讲，成为非均衡发展的中心，对于义乌小商品市场起源的两个地方来讲，机遇是同等的，但发展的结果却是前者合并到稠城小商品市场。这说明市场集聚的是带有自然垄断性质的资源，如培育市场的投入、集聚的信息、为商品运输服务的铁路和公路交通，更重要的是不可复制的稀缺资源——经商户。在这些资源的聚集上，作为义乌县域政治、经济、文化中心的稠城显然具有更大的优势。

《金华日报》副总编吴海鸥回忆说，他曾受总编辑赵杰委派跟随金华地委调查组采访义乌市场，当时由董朝才书记、地委秘书长丁民（后任金华市政协主席）、地委办公室秘书顾北亭等人组成，还有一位驾驶员邵师傅。后来，地委调查组的报告发表在1984年2月9日《金华日报》上。标题是一个结论，更像一个宣言：《农村经济正处在历史性转变之中——义乌县调查》。

报告指出，义乌县商品生产的发展，逐渐在稠城、廿三里形成了两个专业市场，共有固定摊位1280个，每市流动摊贩和顾客上万人，经营品种2100多种；通过3000人的货郎担和4000人的购销专业户，将小商品运销省内外……

报告肯定地说："专业市场的兴起……开始形成具有区域性经济文化中心的特征，它既成为合作经济的依托点、城乡经济网络的联结点，又成为加强农村政治思想工作、文化教育工作的重要阵地，有利于加强社会主义新农村的建设。"

义乌市场的每一步都是艰难的，而谢高华总是无畏地一路前行。

1984年2月9日，《金华日报》头版头条刊发《农村经济正处在历史性转变之中——义乌县调查》一文

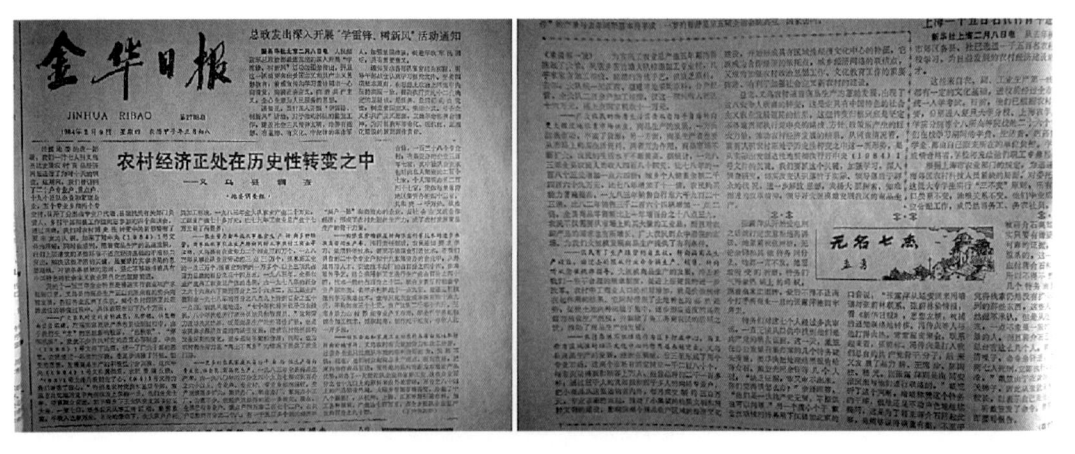

1984年3月,谢高华(右二)和身边工作人员在义乌县机关大院合影

第三章 "一代市场"横空出世

第四章 "四个允许"的争议

"允许农民经商,允许从事长途贩运,允许开放城乡市场,允许多渠道竞争。"

"四个允许"不仅激活了义乌人经商的传统,也大大地解放了长期禁锢人们的思想,有力地促进了义乌市场的发展。

可是,有的人却说,谢高华没有提出过"四个允许"这回事。

新华社、《浙江日报》等媒体记者来义乌采访谢高华部分老同事时,笔者曾多次参与其间,他们要求提供书面材料证据。听到这个要求,义乌市委办公室原主任吴唐生、原义东区委书记吴金泉等老人都非常激动:"如果可以名正言顺地发文件,那禁区就早不存在了,'四个允许',是谢高华书记根据他的领悟,在不同场合讲话时重复出现的内容,现在的内容是后来不断完善提炼的结晶。"

"四个允许",谢高华究竟说过吗?笔者不敢妄自评论,但根据有关文件发展脉络分析,确是有据可循的。

一、振臂于"劳模表彰大会"

义乌县委虽然作出了开放义乌小商品市场的决定,但在当时,社会上还流传着小商品经营是搞"假、冒、骗",是"投机倒把"的说法,老百姓们普遍存在着既想干又怕干的心理。

义乌第一个小百货市场在廿三里应运而生。场址首先设在公路边的一个晒场里,后来又搭建了专门市场,有货源的农民,放下货郎担，在市场里从事小百货批发经营。义东区工商所和税务所入场进行管理，并按章收取管理费和税款，有关部门在金融、运输、邮电等方面，对市场进行配套服务。到市场进货的客商，主要是换鸡毛的货郎担，也有包括来自贵州、湖北汉正街的采购商，这个市场有场地，有买卖，有管理，有服务。

在宽松的经济环境里，长途运销的批发贸易迅速繁荣起来。

廿三里市场不够用了，生意人迅速向交通便捷的、城阳区所属的稠城镇转移，县城的北门街（还有县前街、朱店街的部分地段）摊点遍布，人头拥挤。在市场发展史中，湖清门市场的建立，是一个阶段性的进步，虽然它还没有脱离"草帽"市场、马路市场的原始状态，但是它有了相对固定的摊位，有了初步的"三证"管理，有了较好的经营秩序。

1982年7月11日，谢高华在区、镇书记会议上，提出要进一步解放思想，放宽政策，开展"敢不敢富、能不能富、让不让富、会不会富"的让农民劳动致富的大讨论。

谢高华说，农民要富裕就是要经商，脱离土地，政府里谁红眼，不支持，不行。

1982年11月25日至26日，义乌县委在工人影剧院召开了专业村、重点户代表大会，全县干部和部分个体户600余人参加了会议。在会上，县委、县府对那些勤劳致富的经商能人颁发"劳动致富光荣证"的奖状，大张旗鼓地表彰和鼓励，使"斜眼看能人""致富怕露富"的风气为之一扫。

谢高华在大会上说，这是一次劳动致富者的会师，大家来相互交流学习。义乌这块地方是发展农业的宝地，也是发展工业的宝地，更是发展商业的宝地。面对专业户、重点户"怕挨批斗、怕露富、怕政策变"的"三怕"心理，他指出："要引导农民进城经商，不是违法的商品不能没收，政府要支持老百姓致富。要富起来，光搞农不行，还要搞工，搞商。"他还在会上说，县级机关部门，对专业户、重点户要大力开绿灯；工商部门要给经商者发放营业执照，准予登记，给大家吃"定心丸";银行要改变只给生产企业贷款的惯例,放宽信贷政策,给予开户;财税部门要对小商品摊位实行"定额计征",实行蓄水养鱼的税收政策。

谢书记的话犹如一颗"定心丸",坚定了个体户们的信心。

参加会议的市场经营户代表何海美聆听了谢高华书记报告后心情格外激动,原想放弃小商品经营的她不禁泪流满面:多年的委屈化为欢喜,"投机倒把嫌疑"成了勤劳致富的光荣代表。

何海美在市场上经营服装

"从现在的眼光回头看,义乌在全国率先打破城乡界线,早已允许农民田地流转,并同意农民进城经商。"谢高华回忆说,围绕农民进城引起的激烈交锋一直延续到1984年。

政府通过一系列政策、决定的贯彻实施,义乌百姓克服了"怕"字,换上了"敢"字。

1983年3月9日,义乌县召开"1982年度劳模、先进表彰大会",出席大会的除了政府各部门工作人员,大部分都是义乌各地的"能人"。谢高华在会上作了"全县人民放下心来,放开双手劳动致富,为国家为人民作出新贡献"的报告,报告中表彰的第一批万元户有养蜂专业户骆关生,收入1.8万元;吴李芳万把元;金序龙1万多点；朱志清 8000 多元……

谢高华对笔者说，一些干部怕出问题，说实在的，我也有点担心。不过我们想，老百姓不偷不抢，群众劳动致富总不会有什么错吧，再说想请示也没地方，不如放开手让群众搞。

"我在会上发了言，你们是先进的生产力，若要富，农工商上下功夫，户户有承包田，户户有工副业，户户做生意。做生意形式可以多种多样，可以自产自销，可以外出经商，可以当流通专业户、购销专业户，也可以经营个体商业。"

"农村出现大量的重点户、专业户是大包干责任制发展的必然趋势，是商品生产的必然发展，要解决思想问题，保持清醒的头脑，把农村经济搞上去，走具有中国特色社会主义的道路。"

"我们义乌不愁富不起来！你们自己看看，除了我这个外地来的和少数同志，你们都曾摇过拨浪鼓，都干过'鸡毛换糖'嘛！义乌以商兴县一定能成，这是我们最大的也是别人无法与之可比的优势！"

"谢书记，是不是我们可以从现在开始放开经商这个口子了？"有人问。

"这还用问？而且明年再开县委扩大会议，第一议程我就要让诸位讲一讲谁发动群众经商最好，谁就是第一个受表彰的干部！"

谢高华书记的话刚一落，台下顿时"哄"地热闹起来。

台上的谢高华书记一边重新点上一支烟——他的烟瘾使他的嘴上基本不断"燃烧"，特别是在异常兴奋之际。

"那么私人开厂也是可以了？"

"这也还用问吗？不开厂就干不了大事。义乌人的厂开得越大，我这个县委书记就当得越踏实！"谢高华答道。

"哈哈哈……"谢高华的回话引得一片欢笑。

"再想问个问题：我们干部家属能不能也去经商？"

"可以。干部家属也是群众，也是义乌人民的一分子嘛！"

"那我们当干部的能不能参与经商呢？"

这可是个尖锐而敏感的问题。喧哗一片的台下顿时安静下来，几乎所有的目光都集中到了谢高华的脸上。

谢高华每次开会习惯无稿发表演讲，善于现场发挥。他将各种细节先印在脑海里，把自己的调研思路理清后，然后向大家阐述，只有党代会例外。

只见谢高华再次接上一支烟，然后把话筒往嘴边挪一下，振臂一挥，大声说道："只要干好本职工作，不搞特权，我看可以利用业余时间去经商做买卖！就像你们当年偷偷外出'鸡毛换糖'一样！"

"好，好——！"干部们说这是最令人振奋的一次会。

"专业户、重点户是新生事物，是农村新兴的生产力，具有强大的生命力。县委要求各级党委要把发展专业户、重点户作为振兴农村经济的大事来抓，从政治上继续给以鼓励和帮助，发展生产，推销产品，加强指导；积极帮助他们提高科技水平；在坚持自力更生的前提下，积极帮助他们解决资金困难；在自愿的基础上，对他们开展保险业务；发挥各人专长，促进分工分业；积极创造条件，发展带有地方特色的专业村；专业户、重点户的正当利益受法律保护，任何单位和个人不得任意侵犯。"

随后，县委、县政府又发出《关于大力发展社队企业若干问题的决定》。决定指出：必须大胆放手地发展社队企业，各级党委和政府都要把发展社队企业列为重要议事日程，切实加强领导。大力发展社队企业是一个事关全局的战略性任务，它对振兴义乌经济，实现"小康"，缩小城乡差别有着深远的意义。

1984年1月6日至8日，县委、县政府再次召开重点户、专业户代表大会，会议表彰了一批重点户和专业户，并就发展重点户、专业户、新的经济联合体等问题，提出继续解放思想，搞活经济，大规模发展商品生产，要敢于勤劳致富、善于勤劳致富、放下心来勤劳致富、放开手脚勤劳致富的新要求。

"重点户、专业户是勤劳致富的模范，是科学技术的追求者、示范者、传播者，是农村建设社会主义的先进积极分子。"谢高华对于重点户、专业户给予了高度评价，他们具有"四高一大"的共同特点：资源利用率高、劳动生产率高、商品率高、收入高，对国家、集体贡献大。

谢高华一挥手:"你们要克服怕露富、怕增加税收、怕政策变、怕生意做大的心理顾虑,要继续解放思想、搞活经济,大规模发展商品经济。"

仿佛就在不经意间,一场思想解放的洪流开始酝酿、奔突,最后席卷义乌,全县人民的斗志再次统一到勤劳致富的改革开放和社会主义现代化建设上来,所有人为之惊喜。

谢高华这一挥手,竟成了义乌儿女驰骋商海、叱咤风云的无声的命令;这一挥手,是引领义乌65万人民一起走向改革开放,搞活市场,奔向小康的一个具有历史意义的动作。

二、"四个允许"的演变

1984年4月30日,谢高华(第二排中)和义乌县"五一"劳动模范、先进人物代表合影

1982年11月26日,谢高华在全县专业户、重点户代表大会上明确提出"四允许":"一是允许专业户、重点户(包括干部、教师、职

工家属）在生产队同意下将承包的口粮田、责任田自愿转包给劳力强的户；二是允许专业户、重点户在生产需要的时候经过批准雇用三至五个学徒或帮手；三是允许专业户、重点户在完成国家征购、派购任务按合同交足集体以后，将自己生产的农副产品继续卖给国家，也可以向市场出售；四是允许专业户、重点户在国家计划指导下，完成国家征购、派购任务后，把自己的产品长途运销（除粮食及制品外）。"

为落实谢高华讲话要求，1982年12月4日，义乌县委172号文件下发《关于大力支持专业户、重点户的几点意见》，重申"四个允许"，但文字上稍有改动。《意见》对当前涌现出来的一大批专业户、重点户作了充分肯定，要求全县各级党组织必须继续解放思想，统一认识，以积极的态度、满腔的热情，加以正确的引导，大力地扶持。《意见》要求大家确定"长期不变"的思想，充分发挥本地优势，广开致富门路，促进多种形式、多层次的联合合作经济的发展；充分发掘人力资源，做到人尽其才，鼓励专业户、重点户既要艰苦奋斗，又要钻研技术。《意见》还提出农村党员、干部要带头劳动致富，带头当专业户、重点户；各级党政组织要把发展专业户、重点户作为农村工作的重点之一。

1983年1月14日，义乌县政府下发义政〔1983〕6号《关于对农村专业户和各种经济联合体工商登记发证和银行开户的通知》，对"四个允许"作进一步补充：对外出以鸡毛换糖、经营小百货的个体户，准予登记发证；对集资联营的工商业户，城乡个体商业户，应予以发证；农民个人或合伙进行长途贩运，有利于农副产品销售，应允许其经营；农业专业户、手工业和家庭副业户，需要向外地推销产品或采购原料的，工商部门应开具购销证明；过去设立的（对个体运销）封锁的关卡一律撤销。

1983年3月3日，谢高华在全县农村工作会议上提出要形成"国营商业、供销社、其他合作商业、购销专业户、社队企业经销公司、工厂计划外自销、贸易公司、集贸市场、农民进城开店、自产自销等十大流通渠道"。这是对"四个允许"的延伸和完善。

1983年11月21日，新华社《内部参考》刊登关于义乌改革的三篇调查材料：《值得重视的新势头》反映农民集资办厂情况；《共产党员的动向》介绍徐村乡西陈大队党支部和九联大队三名党员牵头集资办厂情况；《一个有争议的工厂》介绍福田乡瓶盖厂的情况。

1984年1月17日，县委从机关抽调干部到徐村乡进行贯彻中共中央1号文件的试点工作，初步摸索出一些经验。2月9日，县委又抽调机关干部，分赴大陈、苏溪、楂林、徐村等四个乡进一步开展试点工作。2月26日上午，县委召开"贯彻落实中央〔1984〕1号文件，大规模发展商品生产广播大会"，全县有2万多人分55个分会场收听了广播。2月29日至3月6日，县委召开全县农村工作会议，传达全国、全省农村工作会议精神，落实中共中央〔1984〕1号文件，进一步肃清"左"的思想影响，找出发展商品生产的主要障碍，深入各项改革，推进商品生产的发展。

谢高华代表县委要求各级党组织认真学习文件，解放思想，立志改革，推动商品生产发展。党员要做到三带头：带头学习中央1号文件；带头向群众宣传中央1号文件；带头勤劳致富，领导群众勤劳致富。3月10日，县委又抽调机关干部分赴各区、镇开展为期一个月的宣讲文件和调查研究工作。中央1号文件的贯彻，使农村出现了"富"字风、集资办厂热，种田能手有了用武之地，各级机关部门也提高了为商品生产做好服务工作的自觉性。

谢高华在题为《解放思想，勇于改革，敢于创新，大规模地发展商品生产，尽快地使农民富裕起来》的讲话中指出：要统一思想，自觉执行中央1号文件，把一切束缚商品生产的"清规戒律"统统破掉，大规模地发展农村商品生产；要发挥共产党员在新的历史条件下的先锋模范作用，依靠群众、帮助群众，搞好经济工作。

1984年3月12日至25日，县委组织区、乡党委成员参观先进单位和专业户、重点户，参观形式以乡为单位进行，要求乡脱产干部、工作员，大队党支部书记，社队企业、各种经济联合体负责人及一部分专业户、重点户代表一同参加。

1984年10月5日，全县区、乡党委书记会上，谢高华再次强调："各种流通渠道都要放开，国营、供销、二轻、小百货、乡镇企业、开发公司、贸易中心、个体经销户、集市、工厂自销等，多渠道统统放开。"这些举措有利于市场的发展，搞活整个农村经济。

在当时的历史背景下，义乌的这一做法体现出强烈的改革创新精神。

当时的背景，按传统的社会主义计划经济思维，除了农民不许经商外，国营、乡镇工业亦强调"禁"字当头。允许多渠道竞争，自然而然触动了一些人的利益，他们纷纷向上级写信反映，"谢高华在义乌搞资本主义"，但也有不少国营企业，从商品市场中受益。

义乌糖厂生产的味精，虽然品质很好，由于销售不畅，导致产品积压严重。开放小商品市场后，由于个体商贩灵活经营，库存商品很快被销售一空。后来，不少像味精这类的小商品，纷纷找到了发展的新路子，袜子、各类农副产品等更是远销全国。

上述是"四个允许"第一个版本的相关内容及演变过程。第一个版本主要针对农村、农业、农民，但同样惠及义乌市场。

"四个允许"的第二个版本，出自1985年2月的全省农村工作会议。此时，谢高华已调离义乌。在这次会议上，时任义乌县委书记的赵仲光在总结义乌农村发展经验时提到，义乌早在1982年就实行了"四个允许"，即"允许农民经商，允许从事长途贩运，允许放开城乡市场，允许多渠道竞争"，同时义乌还提出和完善了政治上鼓励、资金上照顾、技术上指导、税收上优惠、法律上保护五项扶持政策。

由于人事变迁，现在很多人不清楚"四个允许"的出炉过程，一些媒体在报道中也经常混淆两个版本的具体内容。事实上，当年义乌市场经营主体是农民，两个版本的四个允许主要内容一脉相承，针对对象也是一致的。

1993年，当小商品市场已经具备自我发展、自我管理的能力之时，义乌市政府及时作出决策，果断实行"管办分离"，全面退出竞争性领域。此后，从实施"以商促工、贸工联动"战略到按照"一体两翼"构想整合工业园区，从实行"以工哺农、以商强农"到推进城乡一体化，从建设中等城市到建设国际性商贸城市，义乌历届党委、政府都善于抓住每一次重要机遇，把握好发展方向和大局，承担起作出战略性决策的重大责任，赢得一次次改革和发展的先机。

三、为"两户一体"站台

"两户一体"是专业户、重点户和新经济联合体的简称，在当时是一个新事物，它的崛起，大大推动了我国农村由传统农业向现代化农业、半自给农业向商品化农业转化的进程。

某些同志尽管口头上赞成一部分农民先富裕起来，实际上却把在家庭联产承包责任制基础上迅速富裕的专业户、重点户看作社会主义的"异端"。社会上则有的人害怕"两极分化"，有的人抱怨"苦乐不均"，有的人指责"不务正业"，有的人讥讽"不三不四"。虽然持以上看法的不乏好心人，然而"人言可畏"，不少专业户也怀疑党的

义乌小商品市场税务人员送税收政策资料到摊位

政策的稳定性、连续性和勤劳致富的合理性、合法性，怕露富，不敢富上加富，个别的甚至怕"升阶级""坐班房"。有少数干部则患上了"红眼病"，任意侵占专业户的正当利益。

毛泽东同志曾经指出："我们的法律，是劳动人民自己制定的。它是维护革命秩序、保护劳动人民利益、保护社会主义经济基础，保护生产力的。"如果法律失去对生产力的保护作用，也就失去它存在的全部意义。劳动者是生产力中最活跃的因素，法律对农村生产力的保护，首先是对农村劳动者的保护。

谢高华说，对农村劳动者的保护，当前最重要最迫切的是要对农村"两户一体"进行保护。党的十一届三中全会以后，农村生产责任制的建立，克服了集体经济中长期存在的"吃大锅饭"的弊端，带动了农村生产关系的部分调整，纠正了过去那种管理过于集中、经营方式过于单一的缺点，促进了农村生产力前所未有的发展，使我国农村经济基础发生了深刻的变化。而与此同时，在家庭经营的基础上发展起来的专业户和重点户，也仍是集体经济的补充和组成部分。从根本上来说，家庭承包经营是农村集体经济的一个经营层次，承包户、专业户和重点户所进行的生产劳动及其成果，应该看成是集体经济的活动和成果。同时，按照生产专业分工的要求，建立专业户与专业户之间，专业户与集体和国营企业之间在产、供、运、销、技术、信息、借贷等各个方面的联合，这是建设社会主义现代化农业的必由之路。

谢高华一直在沉思，在数以万计的农民中，发展经济靠谁来带头？于是，他身披军大衣，脚踩解放鞋，跑遍义乌大街小巷。柑橘专业户、花卉养殖专业户、养猪大户，还有徐村九联的养鸭大户、华溪的"黑包头"、福田瓶盖加工厂等，一个个鲜活的勤劳致富典型，催他问人问己，他们不正是"一心为老百姓过上好日子的共产党"所需要依靠的力量吗？

"农村的专业户和重点户，有权在国家计划指导下，安排自己的生产经营活动，任何单位和个人不得干预。"为了解除专业户、重点户的疑虑和困惑，谢高华频频为他们说话、站台。

样本一：凤凰山传奇

孙荣福的名字，对当时义乌人来说并不陌生。早在1981年，他就承包了凤凰山上的100多亩荒坡地，成为义乌首家农业开发的典型。

凤凰山，名字好听，其实只是个杂草丛生之地，1969年建有凤凰山果牧场，共有果园面积117亩，经营项目有苹果、柑橘、桃子、梨子，还养猪、养兔，并兼营粮食和糖蔗，由于"吃大锅饭"，建场12年共亏损5万多元。

"我一人承包果牧场。承包人要有经营决策权，场员选用权，产品销售权，收益分配权，5年内上交利润7万元。"孙荣福说。

想当年，孙荣福提出要承包义乌凤凰山养鱼，便遭到许多人的嘲笑："山上也能养鱼？大头天话！"

承包以后，银行贷款3万多元，帮助该场新挖鱼池26亩，放养3万尾草、鳊、鲢、青四大家鱼和鲤鱼，2.6万尾日本鲫鱼与非洲鲫鱼。还新建了鸡舍12间、饲养杂交鸡3000只。1982年完成粮食征购任务1.21万斤，总产值可达4.7万元，比上年增长三倍多，实现利润1万元，一年就扭亏为盈。

凤凰山的活鱼上市，结束了当地市民没有活鱼供应的历史。

谢高华说："造反派和承包土地有什么关系？"

第二年，谢高华来到义乌，听说孙荣福立体农业开发项目后觉得挺新鲜，多次到现场调研。当时有人认为他在"文革"期间曾担任过大队党支部副书记，又因带领农民外出打工被定为"黑包工头"而开除党籍，是造反派，不能承包。

谢高华问孙荣福道："今年有几位数存款了？"

孙荣福回答："5位数。"

谢高华笑着说："5位数就是万元户了，你5年承包期还是太短了，承包延长30年好了。"

为了保证该场饲料、肥料的供应和产品的及时销售，谢高华还帮助牵线搭桥，联结产、供、销。如该场饲料不足是发展生产的一大障碍，他便帮助出主意，由果牧场发出邀请，把公社、商业、供销、粮食、土产、工商行政等各部门负责人请来参观座谈。在座谈会上食品、供销、粮食部门表示愿意提供猪血、肠衣下脚、米糠为养鱼饲料，解决了一大问题。

当年，孙荣福被评为浙江省乡镇企业优秀厂长、办厂能人。

谢高华介绍说，《金华报》对凤凰山承包进行了报道，写了短评。地委书记看了以后评价很高。新华社杭州分社副社长、《人民日报》社一位主任来看了也认为很好。

1983年除夕，谢高华忙完工作后冒雨回衢州过年。车子刚出义乌县城，司机临时停车，并下车走到车后。之后，谢高华看见孙荣福打着雨伞，到车窗前打招呼。

车子重新启动后，谢高华问司机："刚才孙荣福来做啥？"

司机回答："拎了一桶鲫鱼送你过年。"

谢高华当即让司机掉头，将鲫鱼如数奉还。

样本二："学徒不好听，就叫学生嘛"

大陈乡服装技术培训专业户陈爱巧收学徒的事，最初触动谢高华的神经。

政策规定个体经济雇工不能超过5人，但义乌的个体户相当多，雇工十几个、二十几个，甚至几百个都有。这个问题到底怎么办？这个难题令谢高华很苦恼，不断寻找依据。

大陈村曾是农业学大寨典型，围着土地苦干，生活却很穷。当时陈爱巧在家里办了个班，专门培训缝纫工，把周围一些老百姓的缝纫机集中在一起，然后招了一些学徒并收取培训费，改变了以前师傅带徒弟的方式，很快培养大批急需的缝纫工，结果在很短的时间里，盖起了一幢小洋楼房，别具一格是楼房前还有一个圆门。

陈爱巧"发财"的消息传得满城风雨。许多人告诉谢高华，老裁缝招学徒，那不是资本家的剥削吗？

一次，谢高华去大陈乡调研，找到陈爱巧，她苦恼地对谢高华说，自己月收入达到800多元，但依照当时的政策，招徒5人以上，就要被划为"小业主"成分，万一以后有个"运动"来，这可是被批斗的对象，有些怕。

"学徒不好听，那就改个名字嘛，叫学生好了，这样就没事了，就没有人说你搞资本主义了。"谢高华觉得致富没什么不好，便帮她出了这个主意。

回来后，谢高华主张实行特殊政策、灵活措施，搞活经济。他对信访部门说："陈爱巧几年来已为当地服装厂培训500多学员。致富有什么不好？以后不要再争论这些问题。"他还安排人员采访宣传。采访中有这样一段描写："地委负责同志重读了文件中有关雇工问题的规定，对她说：'你一不是雇工，二没有剥削，你给她们传授缝纫技术，这是职业学校的性质。你的学生都进了工厂，这是你对国家和集体作出的贡献。'陈爱巧不好意思地笑道：'这一下我就不怕了。昨天，乡干部通知我参加座谈会，我还问不去可不可以呢！'大家都笑了起来。"

谢高华说："现在对个体经济，只能扶持不能压制，但要扶持个体经济，首先就要给个体经济正名。我们要制定一个政策，给它取个私营经济的正式名字，让它发展，让它壮大。"

样本三："你要带领全村致富！"

毛店乡后金宅大队柑橘专业户朱志清是义乌第一批农村科技型专业户之一，共承包了23亩集体柑橘。他和妻女吃住在橘山上，深挖土，勤除草，施好肥，防病虫，产量每年递增。每当橙黄橘绿时节，一批批橘贩踏进朱志清家的大门，愿出高价收购他的橘子，码子加到四五十元一担。但是，朱志清说："我的橘是卖给国家的，出再多的钱我也不卖！"

1982年，朱志清被评为义乌县劳动模范。谢高华来到他家走访时，朱志清提出要根据山的地形土质，在山顶、山腰栽橘子、蜜桃，

义乌不能忘记 谢高华

"这里有我们生活必需的小商品"

在山底背阴地、路边地，种枇杷、红心李、葡萄等。有人对他说："在承包地上种这么多树，何苦呢？"朱志清笑笑说："党的政策不会变，即使合同期满了以后，让别人承包，只要果树长得好，让大伙四时八节有水果吃，我心里也高兴。"

谢高华对他说："你不仅要自己致富，还要带领全村致富。"1984年，朱志清承包了1000多亩山地，栽下了更多果树。

当地群众说："一年不变吃饱饭，二年不变有余钱，三年不变屋顶加天线，长期不变农民乐无边。"

样本四："蛇全身是宝"

王春海是王宅乡后力山村远近闻名的养蛇专业户，在"大锅饭"的时候，一家四兄弟收入很少，甚至吃饭都有困难，王春海无奈到江西去拉双轮车。实行生产责任制以后，他在自家办了一个规模较大的蛇场，进行蛇类养殖、综合加工，取得了可观的经济效益。谢高华怀着浓厚的兴趣走访了他的蛇场。

"我过去以捕蛇为业,每年捉一些蛇,卖给医药部门,顶多自己再加工一些蛇皮、蛇胆之类的东西。我想,蛇越捕越少,将来怎么办呢?于是从1981年起,我利用天井和一间屋子养了些蛇。因为养得太少,收益不好。后来,我筹备了两年,终于建起目前这个规模较大的养蛇场。一个偶然机会,我从报纸上了解到蛇毒的药用价值很高,便开始试着加工蛇毒。"

谢高华听了王春海介绍后,提出了许多可行性建议。

"你不仅要购置有关书籍资料,边学边干,还要利用各种外出机会,不断地向一些省市医药部门、科研单位讨教,生产出蛇干、蛇胆、蛇油、蛇酒、蛇皮、蛇毒等系列产品,利用蛇文章做大做强蛇品牌,让更多的人了解蛇,爱护蛇,饲养蛇。"

"他是从怕蛇到抓蛇,现转到养蛇,发展到加工蛇干、蛇皮、蛇胆,提取蛇毒。其中,蛇的毒汁最贵,一般几十元一克。一种叫银环蛇的毒汁200元一克,500克就是一万元,1983年,他与国家有关进出口公司签订的合同都完成了,提供蛇产品的毛收入44900元,净收入6000元,他家现在四口人,人均1500元,家里造了新房屋,买了一套提取蛇毒的2000元左右的设备,买了'幸福'牌摩托车,烧饭用电锅。看他家的变化多大?"

后来,王春海创办了义乌县稠城蛇类养殖场,又创办了义乌市蛇类研究所。

样本五:养猪大户贡献大

吴李芳,第六届全国人大代表,吴店公社荷市大队人,他家四个人,养了四头大公猪,最大的一头有500公斤重。夫妻两个一人一辆自行车,上门搞人工配种,负责义乌、金华两个县(市)的17个乡母猪的交配,全年配种5000多窝,可产仔猪4万头,经济收入9000多元,加上承包土地、粮食、糖蔗等收入,全年总收入达10300元。

"你看,他一个户作用大不大?这多好,全县有这样几户养猪配种就够了。"谢高华对于勤劳致富的专业户总是赞不绝口。

样本六："立体生态养殖值得推介"

合作乡起鸣村的专业户金序龙，是谢高华在各种会议上介绍他们立体生态养殖发家致富最多的案例。《浙江日报》登了《满园春色关不住》的报道，《金华报》又登了《金序龙和他的立体农业》。

"我听到有人评头品足，横加指责，一是说他是公社兽医，又在家里干，拿双份工资，二是说他老婆干油漆带着两个学徒；三是说他买了辆摩托车出洋相。"谢高华听到这些议论后多次带队前往考察。

谢高华曾在一次专业户大会上举例说，金序龙虽然是初中文化，但在公社当兽医，在学遗传学，用遗传学的原理研究动物和花卉养殖。他家承包了二亩田，五分种糖梗，一亩五分种粮食，今年粮食可能收3500斤。种了花1300盆，国内的和世界上一些国家的名贵花也有一些，兰花中的"宋梅"是四大花王之一，他家有，据说一枝花价值百元以上。他家的花，价值4000多元。养金鱼五六万尾，每年收入可达1000多元；养水貂23只，一般值100元一只，好的值100多元一只。今年生了小水貂7只；养兔4只，西德进口的，几十元一只；养猪，今年出售国家大肥猪6头；种葡萄5株。

金序龙家7个人，劳动力怎样安排呢？他本人在公社兽医站，是负责计划、技术指挥的；妻子和大女儿搞油漆；老二读书，搞饲料、金鱼；老三读书，负责养水貂；老四只有12岁，读书、养兔子；他的老母亲负责管家务、喂猪、招待客人。全家的收入，一年在万元以上。这一家7个人就是劳动加科学，没有一个空闲的，用农村的宅基地开发了花木生态，利润十分可观。

至今，空运鱼苗的故事还烙印在谢高华的脑海里。

一次，金序龙在报上得知广东省有从国外引进的优良鱼种，就写了十几封信求助，想购买鱼苗。顺德县水产局给他回信，介绍了广东淡水鱼养殖场有从埃及、泰国引进的"塘虱"等鱼种，亩产可达四五千斤。

金序龙夫妻连忙起程去广东。顺德县水产局热心地把他们介绍到养殖场，场里答应卖给他们"塘虱"4000尾、"异育银鲫"1万尾、"福寿"1万尾、"夜菱"10万尾。第二天，金序龙就叫妻子乘火车回义乌做好接运准备。但是如何运送这批鱼苗？3000多里路，坐"特快"也起码要三天，而这批鱼苗必须在24小时内抵达才能成活。

金序龙把困难向顺德县水产局领导作了汇报，局领导十分重视，派人到广东民航局联系，得到民航的支持，他发了加急电报给妻子，告知第二天启运。

第二天下午3时半，这批鱼苗搭上了飞往杭州的客机，下午6时半抵达杭州。当这批鱼苗连夜运回义乌放养下塘时，东方刚刚透出一丝晨曦。在场指导的技术员傅宾书见只有16尾鱼苗死亡，说："这是一个奇迹。"

样本七：野马变骏马

杨村乡照相器材厂朱明忠，是永康人。当年四十多岁，家庭出身地主，父母早亡，过去流落异乡做五金手艺，也会演戏，自称"野马"。他懂得照相器材的生产技术和供销业务，曾被社办工厂所聘用。但是，由于计较他的出身，每每无法长期留用。在这种情况下，杨村乡留雅大队党支部把他请来创办照相器材厂，不但给他优厚的报酬，而且让他在留雅大队造了房子成了家。从此，朱明忠一心扑在工作上，担负起全厂工艺设计、技术指导、原料采购和产品销售的主要责任，使留雅大队这个原来单一经营农业的穷村，在1983年实现了工业产值34万元。大队利用工业利润，装了自来水，挖了灌溉井，做了水泥路，造了新房子，实现了沼气化，面貌焕然一新。在朱明忠的院子里，第一道门匾上是"振兴中华"，第二道门匾是"花刀之墅"，家具摆设很气派，可以说是20世纪80年代新型农民代表。

有一次，谢高华在召开的农村重点专业户座谈会上，专门点名叫他发言，意在引导大胆致富的风气。朱明忠上台后，只说了一句话，

"来来来，大家一起来义乌发财。"满屋子掌声。

……

"市场竞争实质上是人才竞争，发展商品生产，搞活农村经济，离不开人才。只有冲破用人问题上的陈旧观念，大胆启用有专长、会经营的人才，才会促进经济发展。"谢高华认为。

一个企业会不会用人，往往关系到事业的成败。

谢高华介绍，县委当时曾对农村人才情况作过专门调查，并且下达了《关于在农村大胆起用各种人才的通知》，要求各级党委打破使用人才上的老框框，树立新时期的用人观点：抓紧纠正错案，落实党的政策；从多方面创造条件，使各种人才充分发挥作用。

这个《通知》，对于解放各级干部的思想、调动各种人才的积极因素，都起了重要作用。为了加强对经济建设、科学技术的领导，县委决定成立一个经济研究中心，大胆开展智力开发和投资。

谢高华说，福田乡党委起用了一个赵章苏办起了一家瓶盖厂，效益很好，我们就组织人员到他厂里开了现场会，鼓励他更好发展企业。后来，他要办啤酒厂，许多人写信告状，议论纷纷。我就对一些不明真相的人说，他办厂不仅仅三级书记同意，连我都是同意的。办企业只要合规合法，就要大力支持。

义乌第一座村办公园——稠州公园

第四章 「四个允许」的争议

第五章　对话"国营"企业

　　小商品市场如雨后春笋般疯长之时，各种问题也接踵而来。

　　"谢高华不关心国营和合作集体经济，只关心个体经济，把整个义乌搞乱搞烂了。"个体私营经济的发展对国营企业的影响最大，因此那些国营和集体商业的干部与职工大呼其苦，质疑声也随之而来。

　　对于各种不同的声音，谢高华均持包容态度，认为这是由历史原因造成的。

　　"你得罪这么多人，难道不怕丢了乌纱帽吗？"笔者问。

　　"大不了回老家，当个农民也能活。"谢高华非常坦然回答。

　　"看准了，就下决心，不能举棋不定。这样干也可能有错误，错了不要紧，改过来就是了。改革哪会不出一点问题？对的要坚持，错的就改嘛！要立党为公，要从党的利益出发，不能有个人主义，坚持实事求是。现在有'等、看、难、怕'，归纳起来就是一个个人主义，就是没有跳出个人主义圈子，无非就是怕犯错误，怕丢'乌纱帽'嘛！如果我们从党的利益出发，从实际出发，就不怕丢'乌纱帽'。工业、商业、供销社、二轻搞经济承包，层层承包是一条经验，'包'字进城进厂。改革只能把经济搞活，这一条坚定不移。我们要加快改革的步伐，冲破旧的习惯势力束缚，跟上当代中国改革的步伐，当改革的促进派，不能当阻挡派。"

　　再度面临巨大压力，但此时的谢高华已经荣辱不惊，在这个改革陷入低潮的时刻，他比以往任何时候都清楚自己该做些什么。

一、市场不相信眼泪

"谢高华是个有深度的人，正直的、可靠的、信得过的人，他不怕得罪人。"当时的一位副县长坦诚地说。

"没有谢高华，义乌的市场发展也会进行、会成功，但是有了谢高华，还是有区别的，是他加快了市场开放的进程。"

当时的国有企业，特别是百货公司、供销合作企业对小商品市场很反感，反对声音最强烈，因为市场冲击了他们的利益。

一时间，各种告状信四处传扬，省委、地委领导也很关注，县里收到的告状信就多达两麻袋。

谢高华力排众议，毅然支持"饭馆门前摆粥摊"。小商品市场的兴起，显然对国营和集体商业的冲击很大：同样一只纽扣，百货公司卖一角六分，而市场直销仅需几分钱。

于是，百货公司的经理向他埋怨道："谢书记，我们现在的生意没以前好做，都让这些小摊小贩冲光了，我们'公家人'还怎么活？你要给我们想想办法。"

谢高华坚定地回答："相互竞争，百姓得益，有何不好？有本事就生存，没本事就关门！"他讲的是"硬道理"，就是社会化服务，制度是"治人"，当时听起来不免有些严酷，因为"市场经济不相信眼泪"这样的流行语当时还没有出现。

谢高华的"硬道理"来自邓小平的思想。当时邓小平同志关于"只要有利于发展"的观点成为他的口头禅，并强调："对发展有利的事，即使原先没有规定的也要大胆支持干；反之，即使有明确规定的事也不能干！一切工作都要以邓小平同志的'三个有利于'为标准。"当时的背景是，按传统的社会主义计划经济思维，除了农民不许经商外，乡镇工业亦强调"禁"字当头，即姓米的（粮食加工为食品）、姓木的（木材加工为木器家具等）、姓棉的（棉纱布料加工为服装、手套等）均属禁止之列，可谓"独此一家，别无分店"。

当时，办公室主任买个热水瓶都没权，需要经过财政局审批。

在中国改革开放的历史上，1978年是一个绕不过去的关键词。那场影响一代人的浩劫刚刚结束，留下的伤痛仍然紧紧揪住每个人的心口。人才短缺、物资短缺、商业萎缩、思想保守成为这一时段的典型特征。

谢高华却从身边一件件小事中悟出，老百姓为什么喜欢小摊小贩，主要原因是当时的国有、集体商业远远不能满足老百姓的需要，东西少、网点少、服务态度差，这种"独此一家"经营方式的弊端到了非改不可的时候。

片断一：三张票排三个队

谢高华刚来义乌时，每天早上都会拿着三张票去国营饮食店——东风饭店吃早点，这三张票分别是买油条、烧饼和豆浆需要的凭证。

"妈呀，好长的队。"

日复一日，年复一年。每个队伍排队长的像条龙，谢高华不好意思去插队，一排就是近半个多小时，有时遇到急事，来不及吃就匆匆离去。

谢高华到商业局等部门调研时，往往拿出三张票给干部们看，在这个时候不说一句话。

沉浸几分钟后，突然大声问大家一句："三张票三个队，一顿早点得吃一个早上，你们说怎么办？"

片断二：在弄堂理发

午饭过后，谢高华习惯地又踱进了朱店街的小弄堂内。

"师傅，帮我剪个发。"

"好的。"

剪发师傅连忙放下手中的碗筷，麻利地给谢高华洗头掏耳剪发。

虽然剪发摊设施简陋，但他总是乐意去找这里的理发师。

谢高华笑着说："我基本上是在小弄堂的摊位上理发，他们态度好，手艺精。到国营理发店，我下班去时他们关门休息。这种体制不改，哪来饭吃，还是越早解散越好。"

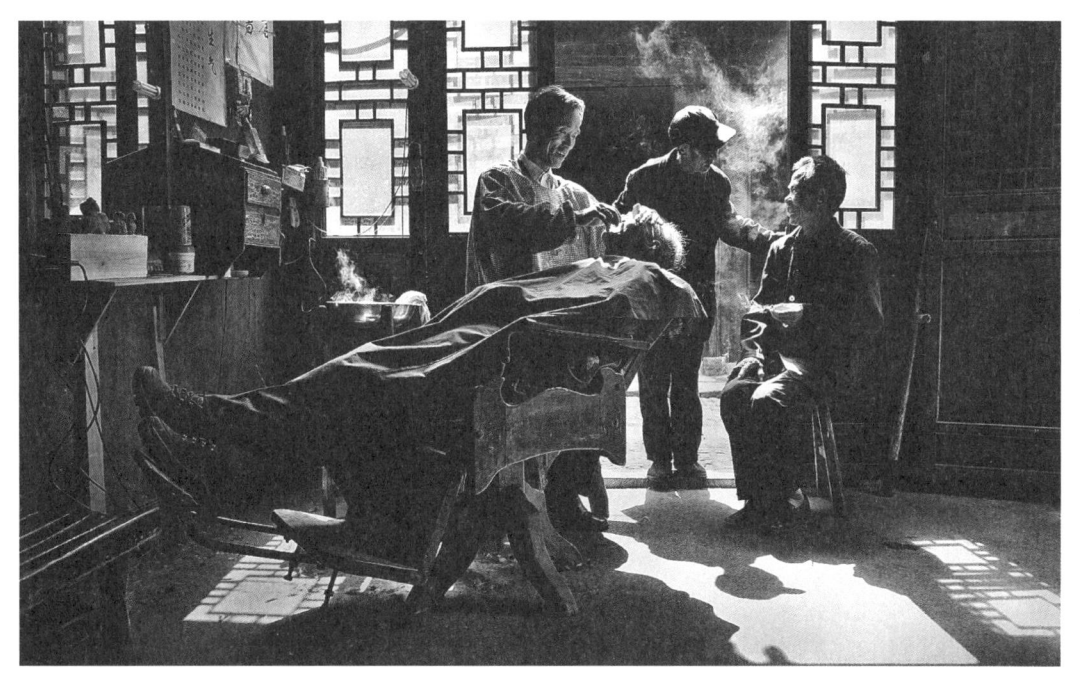

弄堂理发店

片断三：肉刀长眼睛

谢高华的女儿谢凤在义乌农行上班，起初几次，她排队买来的肉里多半是骨头。

后来时间长了，知道这是县委书记的女儿，身份一暴露，买回来的肉就变好了。

谢高华说："你看，肉刀也长眼睛！"

"现在大家都喜欢吃骨头多一点的肉，以前可不一样，没有肉吃，大家都争选肥肉了呀！"谢高华对笔者说。

片断四：一村三家店

有一次，谢高华带着义乌县工商局局长到佛堂镇乡村调研。

工商局局长看到一个村庄开有三家小小的代销点，很不高兴地对村干部说："你们这样做是违规的。"

按照当时的规定，一个行政村只能开一家代销店，就责令村干部要关掉两家。

"为什么要关掉？"一旁的谢高华听了，十分不解，当即对县工商局局长说："老百姓怎么方便就怎么开！村民有需要，就可以经营，允许竞争。"

"我们再也不能同价值规律对着干了。"谢高华曾在全县农村干部大会上讲了这句话。县委权再大，也无力改变市场供求规律；计划再周密，也无法应付万花筒般的市场变化。

片断五：一支笔风波

有一次，城内几家国营商业单位的职工来到县委大门，要求县委撤回"一号《通告》"。

"你们是不是文具用品商店的？"谢高华扫了一眼，见人群中有几位是商业局下属商店的职工，便问。

"是的。"对方不明其意。

"我先给你们讲件几天前发生的事，那是我的亲身经历。那天我批文件用的铅笔用完了，便走出县委大院到你们那儿买笔。当时我见一位营业员正在埋头看小说，正看得很起劲，我问她有没有铅笔卖，她头也不抬地说'没有'。我低头往玻璃柜内一看，里面明明放着很多我想要的那种笔嘛。我就说：'同志，这儿不是有笔吗？'这营业员很不耐烦地站起身，懒得搭理，从柜台内拿出一支笔往柜台上一扔，也不说价，只管低头看她的小说。同志们，我说这件事可不是胡编的呀，你们自己承认不承认有这样的事？可以回去查问一下。你们这样的经营态度和服务水平，人家小商品市场上的经营者怎么可能不把你们冲垮？你们不解决自己的问题，不改变自己的经营思路和服务水平，堂堂国有、集体单位竟然被小商小贩冲垮挤掉，也是活该！"谢高华开玩笑说，"你看，这就是吃大锅饭的结果，这种体制不改不行啊。"

书记的一番话，说得这些刚才还理直气壮的人一个个面红耳赤地低下了头。

……

谢高华说："计划经济并非什么都好，养鸡人吃不到新鲜活鸡，只能吃冻鸡，不可思议，行业垄断必然导致服务质量下降和社会不公！"

谢高华介绍道，价值规律是一所大学校，指导着人们的经济活动，也强烈地影响着人们的思想。谢高华坚决打破那种"别无分店"的垄断模式，坚持走优胜劣汰、适者生存之路。

价值规律是公正的，谁尊重它，它就为谁服务。就讲粮食吧，县里不再"统"了，粮一多，市价下跌，农民马上敏感地缩减了部分种粮面积，扩种了近两万亩市场上供应偏紧的瓜果、青枣、柑橘、药材等作物。农民手里有余粮，但不再抛向市场了，而是用来发展市价高的肉、禽、蛋、奶。还有的农民更"灵"，他们趁粮价低，大量"吃"进粮食，发展食品加工业。农村食品厂一下发展到400家，年产值达到了4700万元。

徐村乡盛产粮食、糖蔗，历来有糖果糕点加工习惯，生产葱管糖、寸金糖、饴糖、牛皮糖等传统产品。1979年，西陈大队以集体和"私下"集资，开办了义乌县第一家村、户集资联办企业。1980年，12人"私下"集资联合承包，1982年改名西城糖果厂，生产的葱管糖、寸金糖、花生芝麻糖等传统产品和牛轧、奶油乳脂糖等19种新产品，在杭州、上海等地销售深受欢迎。当时上海有20多家店卖他们的产品，销售额占全厂年产值的四分之一。

1983年起，西城糖果厂增资扩股到171.5股，集资34.3万元，购置糖果机械设备代替传统的手工操作，完成产值52万元，利润8万元，上交大队2万元，股金分红5.2万元，分红率一度高到140%，有人认为"红利"太多，如果任其扩散影响，县里会出现合股办厂热，那么后果就难以设想。

对这样的事情，过去的处理办法简单得很，下一个行政命令"停"就完了。可这次，县委不再一"停"了事，而是深入下去调查研究，弄清了分红率高的主要原因是糖果紧俏、市价偏高。于是，谢高华亲自为这家厂"平反"，鼓励农民走西陈之路。

从此，农民不再觉得"矮人一等"，他们照样敢于拿起价值规律这个"武器",不仅同工人老大哥打"商战",还把眼光转向国际市场。据县里可以查到的资料,当时全县农村就有价值370万元的17种产品销往国际市场。

二、打破"铁饭碗"

"万里长城永不倒,千里黄河水滔滔,江山秀丽,叠彩峰岭,问我国家哪像染病?"

1983年香港电视剧《霍元甲》主题歌红遍全国之际,义乌的国企也兴起了风波。谢高华手拿一把救命扶伤的手术刀,细腻地把一家家"五脏俱全"的国有企业存在的病灶进行了全盘解剖。

"一定要公平,按劳分配。长期低工资、没有奖金激励的制度最终限制了人们的创造力,员工的生产积极性较之以前很难激发。"谢高华深切体会到国营企业"大锅饭"的弊端,坚定了激活国企、乡镇企业等参与市场竞争的决心。

1983年1月16日,县委印发《全县商业工作会议纪要》提出清除"左"的思想,开创商业工作新局面。3月,全县供销社实行体制改革,主要内容是改全民为集体,打破"铁饭碗",不再吃"大锅饭"。

谢高华在国营商业改革座谈会上指出,国营商业存在着"官商"作风、"铁饭碗"和"吃大锅饭"现象,已严重地不适应新形势,改革势在必行。

一位哲人曾经说过:"当某种新东西出现时,也许会引起惊异,但决不会受到普遍欢迎。"谢高华的做法,就处于毁誉交加的漩涡中。

搞奖金制度,打破"铁饭碗"和"大锅饭",提出"上不封顶,下不保底",对于那些对工作松松垮垮,长期安于现状,做一天和尚撞一天钟的企业职工来讲,应当是一剂治病的良药。

可是,这也让一些人不满意,时不时有一些告状信写到县里和省里,让谢高华日子很不好过。

"你砸我饭碗,我砸你位置!"有人火药味十足,发出狠话。

任何伟大的改革经验都不是根据上面的指令做出来，都是从基层先搞起来，已经用了很多时间思考、交流，对问题的看法已更加周全的谢高华，以其敏锐的才智、犀利果断的言辞以及直率高调的个性，沉稳地处理了各种不和谐的关系。

有的同志在讨论中提出来："可不可以搞浮动工资？""如果搞得不好，完不成任务，拿到基本工资，可以不可以？"

谢高华肯定回答："我看可以搞。这有什么危险？企业经营的目标和对国家承担的经济责任，按照责、权、利结合的原则，要层层了解、层层落实，落实到每个工人。现在奖金并不是太少，而是搞平均主义，工人平均分分掉，干部也平均分分掉，那怎么行！搞经济责任制，首先是对国家的责任，把责、权、利结合起来，要把国家多得、企业多留、个人利益三者结合起来。有的人很担心怕搞浮动工资拿不到基本工资，什么技术不行，这个不行，那个不行，无穷的忧虑。有什么忧虑的？搞得不好就拿不到，这与马克思主义的多劳多得、少劳少得、不劳动不得食的按劳分配原则是不违背的。我的看法，平均主义、大锅饭再搞下去，工人越没有积极性。农民搞平均主义，腐败了农民；工人搞平均主义，腐败了工人。我到义乌国营农场看了一下，大锅饭真是不能再吃下去了。80个工人，10来个干部，1980年亏4800元，1981年亏5.6万元，1982年5万元，从办场起共亏本50万。城北农场，58亩田种了那么多年，也是每年亏本，基本上是荒废现象。"

谢高华像一位勇敢冷静的外科医生，毅然挥刀切掉国有企业身上固有的顽疾，推动国企走上康健之路。

城阳供销社试行了"利润包干，超额分成，工资浮动"的经营责任制，土特产公司也试行了"利润包干，超额分成，工资大固定、小浮动、完不成罚，计分算奖，奖赔结合"的经营责任制，一家家国有企业都开始实行了经营责任制。

义乌县联益饭店的变化可以说是成功改革的亮点，是打破"大锅饭"的成果。

联益饭店原来是一家门面狭小、单一经营的集体小饭店，由于长期吃"大锅饭",这个经营了几十年的饭店,到 1978 年仅积累 8000 元。1978 年 11 月,杨德和被主管公司任命为经理,成为了这家饭店的第七任经理,当时年仅 23 岁,店里的职工议论纷纷。杨德和说:"既然担子压上了,就得挑下去。"

联益饭店职工劳动纪律松懈,服务质量低,偷拿公物、滥吃"公饭"的现象比较严重。面对这种情况,杨德和上任后第一项工作就是

20 世纪 80 年代初的集体单位"义乌群丰饭店"门前排队买早餐的人群

抓劳动纪律，制定规章制度。他对大伙说，"以后大家照章办事，谁犯错误谁倒霉！"

话这么说，执行起来并不容易。刚刚宣布了规章制度，一位老职工就迟到早退。这位职工当过经理，杨德和还是他一手领进店的。怎么办？杨德和毫不犹豫地决定：按规章办事，扣罚他4.5元工资。有人替那位职工说情，杨德和说，这个先例不能开！还有一次，在本店工作的他的岳母向熟人出售豆腐时，少收了一斤半豆腐款。杨德和知道后，照章扣了岳母的当月奖金15元，并罚款4.5元。在分配上，他不搞平均主义，贡献大、劳动态度好的，每月可拿奖金18元，差的分文不得，有特殊贡献的还给予特殊奖励，半年时间，有4位职工每人得特殊奖100元。

联益饭店地处火车站旁，过路投宿的旅客特别多，火车站的几家旅社已处于饱和状态，杨德和动脑筋租了4间房子，办起了联益旅社。旅社收费低廉，每张床铺每晚6角，开业后旅客盈门，当月就赢利1000元。随后，饭店盖起了新的营业大楼，办起了棒冰厂，增设了一家新旅馆，还添置了一辆汽车，营业网点已发展到6个，经营项目从原来的饮食一项扩大到旅馆、冷饮、运输服务、小百货、副食等，企业一派兴旺，两年时间，固定资产达到12万余元，比1978年增长14倍；营业额达到46.4万元，比1978年增长5倍多；利润2万元，比1978年增长4倍多；上缴国家税金10800元，比1978年增长1.5倍；职工奖金平均每人每年300多元。

1982年10月，县百货公司所属的6家小型零售商店改按"国家所有，集体经营，照章纳税，自负盈亏"的办法管理。12月29日，《人民日报》头版头条刊登了义乌县城阳供销社推行经营责任制、打破铁饭碗、变坐商为行商的报道后，谢高华为此专门作了批示，强调了经济改革的重要性和必要性，要求推动经营责任制的全面展开。是年，中共浙江省委授予城阳供销社党支部"先进党支部"称号。

1983年1月，县府成立供销社体制改革办公室和试点工作组，办公室由县府财办和县社领导任正副主任，试点工作组除有关领导成员外，还有县工商局、农行、农委、县社等负责人，各区副区长、基层社主任、经理共65人。在城阳供销社取得试点经验的基础上，结合本县农村商业点多面广，行业多的特点，县府又组织区、社领导小组和350名干部参加的工作组，分赴各地全面实施改革。

首先，充分发动群众，认真搞好清股分红、增金扩股工作。清股分红，关键在于落实股权。随着时迁日久，部分农户社员证遗失，有的父亡子继，户口迁移，股权拆并等变动很大，对此，供销社通过内部账务清理和登门访问老社员核对股权，张榜公布，认真核实。第二，恢复了民主管理制度。1983年，全县9个基层社选举产生了社员代表1151名，先后召开了第三届社员代表大会，选举产生了基层供销社理事51名、监事81名，选出县联社代表186名，于7月10日召开了县供销社三届社员代表大会，成立县联社，选举了县联社理事7名、监事9名。此后，各基层社基本上每年如期召开一次社员代表大会和监事会，汇报供销社工作，听取代表意见和建议，处理社员代表提案，改进工作，密切社群关系，健全民主管理制度。第三，搞活经营，打破传统的"买卖人"的观念，树立为农村商品生产服务的观念。在组织物资供应上，改变经营方式，由分配式的封闭型转向市场开放型，变坐商为行商，广开资源渠道，在国家计划价格指导下，参与市场调节，采用议购议销、价格浮动、薄利多销、让利于民等多种灵活方式，取得经营主动权，做活生意。

1984年1月，中共中央发出《关于一九八四年农村工作的通知》中指出："供销合作社体制改革要深入进行下去，真正办成农民群众集体所有的合作商业，这是农民的要求，也是供销社本身发展的需要。"2月17日，在全国经济工作会议上提到改革供销社要从五个方面突破：一是在劳动人事制度上要有所突破。基层干部真正由农民产生，能上能下，农民有罢免权，供销社的职工要能进能出。二是要突破农民入股的限制。三是要打破现有经营范围和服务领域的限制，使供销社急农民之所急，办农民想办的事。四是必须解决按劳分配的问题，真正体现多劳多得，打破分配上的平均主义。五是价格上要让供销社有一定灵活性。

谢高华说，"五个突破"最根本的是要突破"官办"或变相"官办"这个框框。要解决这个问题，义乌县联社进行如下改革：一是改革劳动人事制度，实行干部选举制，职工合同制。从1984年7月1日起，一律实行劳动合同制。二是突破农民入股金额的限制，增加供销社民办因素。三是扩大经营范围和服务领域，大力发展横向经济联系。四是不断完善经营承包责任制和按劳分配制度，力求充分体现多劳多得、按劳取酬的原则。五是改革物价管理制度。

三、"一把刀"改为"多把刀"

金华火腿、"义乌青"（红糖）、南枣、蜜枣、豆腐皮是义乌县的传统名特产品，历史悠久，闻名国内外。1958年后购销只限于国营商业独家经营，与进入工、商领域的农民急剧增加的情况正好相反，养猪的农民在大量减少，生猪饲料量随之下降。当时义乌的生猪、红糖收不起来，直接冲击了计划经济。

那时的义乌繁荣是繁荣，可确实也存在一些问题，向来敢说敢干、敢冒风险的谢高华此时也常常紧锁双眉，沉默不语，缓缓踱步，狠狠抽烟，承受着不小的压力。

有人埋怨县里不该取消生猪派购任务，也有人责怪义乌农民去金华卖猪，要求县里"干涉"。谢高华在一次会上回答了这个问题：

"现在要改'一把刀杀猪'为'多把刀'，不要怕杀猪的人发财，农民有权利养猪，为什么没权利杀猪，没权利卖猪肉？供销社、农民可以干，食品公司、外贸部门也可以参加竞争。要打破行政区域限制，我们的猪出去，人家的猪可以进来，同样是供应市场。要学会用价值法则、经济规律管理经济，要运用银行、税务、物价等经济杠杆。这样，猪肯定会多起来……"这个突破杀猪垄断权的说法一出来，省里就来了急电，要求顾全大局，防止全省"中心开花"。

"我一定要把它放开，否则老百姓没有养猪的积极性，猪没人养了，猪肉就少了，就得凭肉票排队买肉。所以说，核心问题是提高农民的积极性。"对此，谢高华心中自有分寸。这段话讲后70天，生猪生产果然上去了。到年末，生猪存栏数比两个月前增加了上万头，火腿加工量比去年同期增加了近十分之一。过去对取消生猪派购任务有想法的人服了。

这只是一个小小的例子，然而它却显示出一代懂得并会运用价值规律的领导人才，一代具有新素质的生产者、经营者，在价值规律这所"伟大的学校"里成长起来了。

1983年，谢高华放手让农民搞经营和市场后，佛堂镇几个农民办了义乌县第一家乡镇火腿厂——"田心火腿厂"。消息传出，省、地、县食品公司议论纷纷，找到县委坚决要求关闭佛堂镇农民办的火腿厂。

"谢书记，金华火腿在过去几十年里一直是由国营食品公司独家经营的，农民无权参与经营！"国营食品公司领导向谢高华告状。

谢高华一听很生气，说："火腿是金华人民、义乌人民创造的，又不是你食品公司创造的。农民创造了火腿，哪有没有加工火腿权利

"金华火腿"加工厂一角

的道理？至于私人火腿加工的质量和产品出口的问题，只要保证达到有关要求，服从上面的计划安排就行！"

"谢书记，你这么说，就等于放纵农民破坏国家政策。如果你不下令他们关停，我们就到省里、中央去告你！"来者不善，且针锋相对，但他们碰上了一个为了人民利益从不畏惧的县委书记。

"告随你的便，但让我下令关农民的加工厂，就是撤职我也不会去关！"谢高华毫不妥协，斩钉截铁回答道。

当年，田心火腿厂腌制火腿4613只及风腿、香肠等，总产值31.7万元，利润4.3万元。

1984年1月22日，《金华日报》头版头条报道，在浙江省15个县80多个生产"金华火腿"的火腿厂中，乡镇火腿厂就占71个。其中在清朝道光年间火腿加工业就名扬苏杭的"田心火腿厂"，成为了率先可以使用"金华火腿"注册商标的浙江省第一家"社办企业"。时任中共金华地委书记董朝才，还为这篇报道亲笔写了这样一篇编者按："田心火腿名扬四海，供不应求。近年来加工数量有所增长，但仍没有达到历史最高水平，一条重要的教训是独家经营。田心火腿的恢复生产，开创了多渠道加工生产火腿的新局面，是十分可喜的。它的逐步发展，必将使我区的传统产品'金华火腿'真正成为优势产品而占领市场，满足人民生活的需要。"这篇报道与这篇编者按见报后，在浙江省又掀起了一场"金华火腿"注册商标使用权的大波动。

大家或许曾在《舌尖上的中国》感受到了独具人文情怀的金华火腿，其实"金华火腿"的真正发源地是义乌。

有些人会问，火腿冠名金华，何以称作"义乌三宝"之一呢？

这里流传着一个悠久动人的故事。相传，抗金名臣宗泽从家乡义乌带腌制的猪腿肉回到抗金前线，犒劳将士，将士们不但称赞其味道鲜美，而且发现吃过这种腌猪腿肉后，身上的伤口愈合得特别快。有一次，宗泽进京后将其献于高宗品尝，高宗大赞，见肉色鲜红似火，赐名为"火腿"，从而名闻天下。因当时义乌隶属金华府，遂称为"金华火腿"。后人为了纪念宗泽，把他奉为火腿业的"祖师爷"。过去有些火腿店开业，要在堂前挂一幅宗泽公画像，表示崇敬。

火腿在鲁迅心中的形象是"朴实、沉默、落寞"，其实它也有"美人在骨不在皮"的魅力。据冯雪峰回忆，鲁迅曾送一只火腿给远在陕北的毛泽东，表明对毛泽东、对中国共产党的同情与信心。

义乌人经营火腿发迹的故事数不胜数。如今被列为全国重点文物保护单位的上溪镇黄山八面厅古建筑，就是早在清朝乾隆、嘉庆年间，依靠经营"寅"字号火腿发迹建造而成。倍磊村还流传着"九豪脚一蹬，可造一座厅"美谈。20世纪初，义乌廿三里镇金永和商行，以腌制火腿闻名义乌，成为义东一带的首富。

"田心火腿卖苏州，运回钱财造厅堂"是当时田心人最真实的写照。仅仅乾隆、嘉庆年间，田心村内建成各有堂号的厅堂达76座之多，堪称婺州之最，而最著名的当属培德堂。

道光年间，王氏后裔王恒魁继承祖辈技艺，扩大火腿生产，精益求精，不断创新，闻名遐迩。1835年，苏州城区瘟疫四起，危及百姓，染病者既吐又泻，痛苦不堪，官府为无法控制瘟疫着急，全城恐慌。在此开设"慎可火腿行"的王恒魁看在眼里，急在心里，略懂中医的他根据《本草纲目拾遗》和《救生苦海》书中记载金华火腿具有多种药疗功能，遂命人把所有火腿的蹄爪切下，肉煮成汤，骨研成粉，分送给患者服用，这一招果见奇效，顿使病势大减。当时，林则徐正担任江苏巡抚，深为王恒魁济世救民的义举所感动，适逢田心村正在建造新厅，林则徐随即挥毫书写"培德堂"三字，并制成匾额相赠。林则徐赠匾一事不胫而走，在江浙传为佳话，王恒魁的生意也旋即红火起来，几乎供不应求，田心村火腿生产也达到了兴旺时期。

物转星移，培德堂虽已不再是昔日的模样，但许多前来考察瞻仰的专家、学者和游客，都纷纷赞誉王恒魁是金华火腿的有功之臣，为金华火腿赢得无比的荣耀和光彩。

1915年，巴拿马万国博览会上，义乌火腿荣获金奖而名声日隆。陈知庠等生产的火腿生意十分红火，常常出现脱销现象。1929年杭州举办了第一届西湖博览会，陈知庠拿了自己制作的火腿再次捧回了火

培德堂

腿产品优等奖，从而拓展了更大的市场。据记载，到1932年，义乌生产的火腿出口达到了10多万只，同时也促进了农村养殖业的发展。

"市场经济是竞争经济，没有竞争的经济不叫市场经济。垄断行业没有竞争对手的最大弊病，不仅仅是高福利问题，重要的是因为缺乏竞争所产生的市场活力。另外，垄断的低效率给国家造成的损失，也是不可估量的。"谢高华对于垄断经营有着与众不同的见解。

假如当初谢高华下令关闭农民开办的工厂，任国营厂家一直垄断经营下去，也许义乌不会有今天的景象，或者说义乌的发展脚步没有这么快。事实证明，只有打破垄断，放开市场，让国营、民营共同参与市场竞争，才能真正凸显出市场经济的魅力。

历史便是这样一位无情的法官。我们不妨作个假设，如果说，几十年前不是谢高华这样一手为个体经济大开门渠，一手力挽狂澜顶住方方面面的压力，义乌会有今天的"世界小商品之都"美誉吗？能惊当今世界殊吗？

"不能！"义乌人大声地说道。

第六章　艰难抉择开绿灯

古人说："竭泽而渔，岂不获得？而明年无鱼；焚薮而畋，岂不获得？而明年无兽。"不蓄水，何以养鱼？养鱼必先蓄水，这是人人皆知的道理。

鱼和水本是唇齿相依的关系：鱼儿没有水，就失去生命之源；水里没有鱼，不过是一潭死水。这个道理放之四海而皆准，对于商业来说更是如此。

义乌发展的秘密就是简单一句话："百姓增收，政府增税。"

有的人说，谢高华不够民主，喜好"一言堂"，有点家长制作风，其实当时情况下，唯有如此，才能使各项工作有序开展。

"县委、县政府不能当'收发员''广播员'，要从本地实际出发去研究问题，解决问题。改革，大多数部门是好的，县委、县政府已经决定的就执行，思想解放，敢于改革，这是大多数。但也有少数领导干部，脑子里只有条条，没有块块观念。县委、县府已经定了的，他还要请示顶头上司，顶头上司说一句'不行'，他就把县委、县政府决定的推翻掉。县委、县政府决定的你要执行，有问题可以先请示县委、县政府，你对的，有道理的，可以改回来。党组书记对县委负责，局长对县政府负责。你这个书记、局长是县委、县府任命的，你对县委、县政府决定的不执行，老是顶着不办，老是扯皮，脑子里只有条条，只有那个顶头上司，那县委、县政府不任免了。你到省里、地区里去当书记、局长、经理去，我就不管了。没有这一条，改不动！中央一号文件精神不执行，而你那个'二号文件'很厉害。我这样做，有人给我扣上专制的帽子，我就专制吧，我不怕！如果不听县委、县政府指挥，不执行县委、县政府决定，你这个庙我拆不掉，你这个庙里的菩萨我随时可以换掉！"

许多人至今还记得，谢高华曾在不同场合说过这些。

一、税收：定额计征

商业都存在一种趋势：经商者因为资本、精力等各种原因，总梦想着一本万利，"一口吃成大胖子"，这样的经营方式说是"竭泽而渔"真是一点也不过分。然而事实却是，也许一时赚个痛快，从长远效益来看却是一种破坏。

道理很简单，不能做到"薄利"就无法做到"多销"，整个市场也只能在低迷暗淡中徘徊不前。因此，无论是政府、企业还是商家只有真正做到盘活市场，才能盘活商业。"水汪鱼才壮，"因为，有水鱼儿才能肥壮，有水才能把鱼养大，没水鱼自然死亡，鱼儿死亡了，那养鱼者同样会饿死。同理，鱼儿大了，作为养鱼者自然就有了收益。

放水养鱼的内涵特质就是"让民富、盼民富、助民富"，让利于民、藏富于民。

义乌小商品市场的开禁，使几十万本来就善经营、敢干事又肯吃苦的义乌人，解脱了多年束缚在身上的枷锁，一大批农民从田埂走向了城里，上街摆摊、开店，到外地批发进货运回义乌，一些能工巧匠，则亮出了绝活。

大胆的"放"，就要注意有效的"管"，否则就会导致无政府主义。义乌小商品市场初创阶段的特点是"买全国的货，卖给全国的人"。在市场实行定额征税，是为市场开绿灯的又一重大举措。

1982年，义乌小商品市场被政府正式认可初期，县财税、工商部门根据小商品经营薄利多销、个体商贩机动性大的特点，规定批量购销一次成交额在30元以上者，要向小商品市场管理服务站开具发票，交纳税收和市管费，此举一度压抑了经营者的积极性。

"事实上，税务部门查税查得很紧，凡是没有税票的都要补税，有许可证的补4.4%，没有的则要加倍。"

谢高华说，我到义乌的时候税收很少，就是一点可怜巴巴的农业税，对小摊小贩一方面是赶和罚，另一方面计税仍延续着过去对资本主义工商业实行改造时的税制——"八级累进税制"，即经营得越好，税率也就越高。"八级累进税制"税率高且非常复杂，难以操作，还要开发票。

"老太婆卖鸡蛋，上午价格和晚上价格都不一样，这个基数价格怎么制定？她大字不识，又怎么开发票？"谢高华举例说。

税务人员收税难，他们"南征北战"苦不堪言，而经商户也怨声载道：税收干部收税像抓贼一样，搞得"鸡飞狗跳"不得安宁。很多市场经营户直接找谢高华反映这一情况。

小商品市场要开放、发展，"皇粮国税"必不可少，但对于小商品市场这个新事物，怎么征税成了当时一个紧迫的问题。为此，县委、县政府组织力量搞调查，谢高华也找了财税部门的同志多次商讨。当时，他对财税部门的同志讲了自己的观点：政策、法规若有利于调动农民积极性，有利于发展生产力，它就是正确的，否则就是错误的。我们无权改变税法，但我们要从实际出发，制定既有利于小商品市场发展，又有利于国家税收增收的办法。

谢高华说，农村改革一马当先，要把农村经验推广到城镇工作中去。有一次，他对财政局局长发出狠话："是县委领导财税局，不是财税局领导县委，你如果不为发展商品经济开绿灯，不为群众谋福利，不为国家增加税收，那你就走人。"

根据进货渠道不稳定、税费不容易掌握的情况，谢高华回忆说："当时，我多次和财政局同志说，你们要将复杂问题简单化，定额计征。比如一个摊位，一年缴300元税款，多了我也不要，少了也不行。我们把摊位按品种大致分成几类，定额也相应分成几类，一年一定，按月分缴。"

经商户都明白，营业税加所得税，应按6%税率计征，毛利6%

以下的生意，是不好做的。

经济决定税收，税收是经济含量的具体体现，离开了经济发展，税收就成了无源之水，无本之木。故引申到税收工作，就是要在科学发展观的指导下，积极寻求培植涵养税源、扶持壮大税源的途径，促进地方经济可持续发展，为税收收入持续、稳定、快速增长提供源泉。

义乌小商品市场税务人员努力为经营户维权，追回被外地火车站检查站查扣的小商品包裹

财税工作应该如何植税收之树、培税收之林、蓄养鱼之水、盈国家之血呢？要把握财税工作的力度，既要放水养鱼、不竭泽而渔，又要强化税收征管，做到应收尽收。坚持予取并重、有予有取、予取有度，形成良性循环，实现经济发展与财税收入增加的有机统一。

谢高华说，对市场和企业的税收，要养鸡生蛋，不能杀鸡取蛋。

鉴于此，义乌县委、县政府在金华地委书记董朝才同志支持下，本着"发展生产，培植税源，造福于民"的指导思想，"无中生有"地在市场推行了凝聚义乌人民智慧的"定额计征，源泉控管"税收征管办法。这个办法类似农业大包干，经商户除了上缴国家的税收，留足市场的管理费和卫生费，余下的利润都是自己的，只是对超定额20%以上部分，到年终时斟量补缴税款。这种办法，简便易行，大受经商户欢迎，在全国是首创，彰显了谢高华与他瘦削的身躯极不相称的"鲁莽"和惊人的勇气。

政策一出，效果非常明显。原来税率高，经商户千方百计偷税漏税，税收干部跑断腿，一年也收不上多少钱，现在老百姓主动上门缴税，一下子税收超过历史最高纪录。

"当时推出试行的'源泉控管，定额计征'税制做法，当即引起了社会各界的很大争议，麻烦也随之而来。"谢高华记忆犹新。

有人告状到了中央，财政部主要领导批示：税收包干违反税法，要求浙江省严肃查处。

原来，新华社浙江分社一名吴姓记者来义乌采访后，将此创新方法写成内参上报总社，总社将此文印发国家机关部门负责人参阅。当时国家财政部主要领导看到这篇文章后，就把这份材料及批文转到了时任浙江省委书记王芳处，说义乌的定额包干征税是违反税法。王芳同志对义乌工作很支持，对税收问题很慎重，马上请省财政厅的同志到义乌进行调查。谢高华会同分管市场的城阳税务所所长汪荣金接待了省厅调查人员。汪荣金汇报了一个矿烛摊位应税营业额和纳税定额与实际营业额和按税率计算的应缴税款，通过对比，相差不多，说明定额合理，公私两便，不但群众满意，而且税收任务也超额完成。陪同人员还向省厅调查人员反映了上海集贸市场，一名退休人员监管九个摊位，还是管不住场外交易的情况，说明在账据不全的民间市场，无法实施按实计征。

随后，谢高华亲自陪同调查组人员到市场走了一圈，介绍道，义乌市场是民间的小商品批发市场，个体工商户全部采用现金、现货、现场交易，很少有单据凭证，没有健全的账户管理，不像国有企业那样，件件有单据，笔笔有记录，无法按实计征。定额征税是经过调查摸底和自报公议，按照摊位的地段和类别，确定每个经营户的应税营业额，按税率计算出纳税定额，一年一定，按月分缴，盈亏全由摊主自享自负。对少数生意特别好的、群众公认的经商大户，其超额全年定额 20% 以上部分的营业额，按章补收税款。

谢高华回忆道："像义乌这样的小商品市场，以个体经营为主，有几千个摊位，几万名从业人员，几千个货物品种，价格随行就市，有的商品上午卖一元，下午则卖一角，若按国家现行的税收制度，怎么征税？你又有多少税收干部？"

建立义乌小商品市场协税护税组织，实现税收自我管理、自我服务

省财政厅的同志根据实情默许该做法，调查报告的结论是："定额包干"的征税办法，即按摊位地段和商品类别，经自报公议，确定每一摊位的应税营业额，办法可行，但需要在实践中不断地加以完善。这事实上是对义乌小商品市场所推行的税收征收办法的理解和支持。

调查人员离去以后，谢高华仍然毫不动摇地坚持"定额计征，源泉控管"税收征管办法，这既培养了税源，又大大降低了征税成本，国家和老百姓皆大欢喜。这一"点石成金"的举措，不仅解决了小商品市场征税中的难题，公平了税负，稳定了秩序，也为义乌市场可持续发展挖了个"大金矿"，不断吸引着来自全国各地的"淘金者"。"要致富,到义乌!"一时成为南来北往客商的口号,为义乌市场后来成为"全球之最"打下了坚实的基础,也是成就义乌"小商品大世界"的奥秘所在。

事实上,这个当年"违法"的创新,一直延续到今天。后来全国各地专业市场,大多效仿采用这个办法。

"我仅有小学文化,大半辈子也没看懂《资本论》,但我懂得为官之道——为民做主,百姓的脱贫致富需要执政者的胆略、智慧、勇敢乃至一腔热血。"谢高华对笔者说。

谢高华以他特有的超前眼光、过人胆识和灵活变通,一一冲破了旧有框框的许多"管"和"卡",从而一次次化险为夷,变被动为主动,不辱使命地孕育出诸多"首创",诸多"第一"。

义乌工商干部在讲解被查处的市场假冒伪劣产品

二、银行:现金为王

市场是义乌的聚宝盆,资金是市场发展的助燃剂,金融这根大血脉在乌伤大地出生伊始,就在市场里扎根,在商品中延伸,在无数干渴的眼眸里升腾起春天的希望。

在商品经济大潮中，货币成了经济运行的润滑剂。没有它，一国经济就不能运转起来。没有银行就没有现代工业和商业文明，更没有跨国公司的全球贸易。

现代生活中，人们每天都在同各种货币打交道，但货币究竟是个什么东西，并不是人人都很清楚的。

货币是人类劳动的凝结。马克思认为："货币，是生产发展的第一推动力。"

商品的交换价值通过商品的交换过程结晶为货币。

谢高华说："义乌开放现金限额支付为义乌市场发展起到了功不可没的作用。"因此，他每次会议中总是或多或少给予银行扶持个私经济贷款和支持地方经济发展肯定和表扬，极大地鼓舞着银行工作人员的工作积极性。

"市场经济是高度货币化的经济，金融是现代经济的核心。义乌经济的快速发展、工业化进程的加快，是在改革开放政策和政府宏观引导下，主要借助市场机制和私人资本的力量来实现的。在这过程中，无论是政府兴建市场的先期信贷投入，个体经商户最初的信贷支持，还是市场交易结算工具的提供，结算渠道的畅通，现金的供应和机构网点的配套服务，无不与金融的支持密切相关。在整个经济发展、经济要素变动和聚合的过程中，金融起到了积聚、整合与推动的作用。金融部门对市场经济所起的促进、推动、服务作用更是其他机构所不可代替的。"现年83岁、曾任义乌市体改委主任和政协副主席的冯志来兴致勃勃地畅谈了市场长盛不衰的秘密。

蜜蜂战略培养十万经营大军，定额征税稳定摊位，特别是率先打破现金限额支付的惯例，不管取钱多少都可现金支付，这个举措对义乌市场的繁荣意义非常重大。现金交易是小商品市场商品交易中最主要的结算方式。据统计，小商品市场个体工商户商品交易90%以上是现金交易，在"一手交钱，一手交货"的市场，义乌商人到全国各地进货赢得了时间和信任。

1980年，根据人民银行总行《关于放宽农村现金管理的通知》精神，为适应农村商品贸易日益扩大的新形势，搞活商品流通，金融部门放宽了现金管理。乡镇企业和个体商贩大量使用现金交易，城乡市场商品交易日益活跃。

十一届三中全会后，面对日益壮大的"敲糖帮"和自发形成的街头小商品市场，当人们认识不一、有关部门还不知该怎么办的时候，作为金融部门的农行感受到了时代的召唤，拿出了第一个吃螃蟹的勇气，于1981年在福田进行试点，一个月发放"敲糖换毛"贷款134户1.67万元，随后在全县农金系统推广福田信用社支持流通的做法，全年共发放贷款105万元。

1983年，根据农业银行总行颁发的《关于信用社对承包户、专业户贷款的暂行规定》，全县银行和信用社对农户贷款，分（种植业、养殖业、家庭工业、购销业、运输服务业）"五业"进行支持，使信贷资金投放趋向合理。

"我在调研过程中了解到，毛店乡后金宅村朱志清户是全县贷款额度最大的农户，金额达5250元，占全县的1.64%，他承包本村林山和荒地共1051亩，通过贷款支持，种植毛竹50亩，杉木450亩，檫树2500株，是首批万元户代表。"谢高华对于专业户贷款致富每会必讲，希望大家能通过银行信贷资金解决融资难问题。

1983年，徐村信用社向九联村王茂贵、龚景茂等5户贷款1.5万元，试行圈养群鸭5500只。其中龚景兴户所养蛋鸭1298只，当年产蛋13.27吨，平均每只蛋鸭获纯利3.67元，其他4户每只蛋鸭获纯利也在1.75元以上。1984年推广圈养群鸭，全县发展到12.1万只，带动了传统养鸭业的发展。

"一朵花先开，百花皆后香。"政策放宽，农村里各类能工巧匠重操旧业。许多社员有了新的生产门路，各种各样的专业户、重点户如千树万树的梨花齐放，勤劳致富的"冒尖户"不断涌现。

1981年，稠城镇湖清门小商品市场形成了一定的规模，摊主的生意也越做越大。然而，做生意毕竟是资金的运作过程，要扩大经营必须要有大量的资金做后盾。小商品市场发展初期，资金的来源问题便

中国农业银行义乌市支行原工人路营业部

成了制约市场发展的首要问题。

当时，信贷政策并不允许银行向个体工商户贷款。个体户若想做大生意，资金只能从他人身上借贷，这就形成了我市最初的民间金融市场。然而，民间金融市场虽然在一定程度上利用了社会闲散资金，但同时也导致资金"掮客"的出现，引发一系列社会问题。

在义乌数以万计的个体摊主中，冯爱倩被大家称为"小商品王国""第一代臣民"。1982年3月，仅靠360元资本起家、颇懂经商之道冯爱倩，因到绍兴市出口转内销公司进一批电珠，缺少资金，鼓起勇气叩响了稠城信用社的大门，要求贷款1万元，期限半个月。

"1万元，一个不可思议的天文数字。"

1万元，对20世纪80年代初的义乌人来说是一个怎么概念？据当时的县统计局统计，1981年县农民人均收入为229元，1982年也仅在350元上下。由此可见，在人均日收入不足1元的情况下，1万元该是一笔怎样大的数字。

"冯爱倩，真是个狂人。"

稠城信用社由于信贷权限限制，立即把信息反馈到农业银行义乌县支行，义乌农行领导经过反复考虑，通过市场调查，认为冯爱倩曾在农行当过炊事员，为人正直，有多年经商经验，在市场上名气较大，且在新马路有一间店铺，风险可控，决定打破清规戒律，用了三天时间就为冯爱倩办妥了贷款手续，发放了义乌第一笔大额个体工商户贷款，期限一个月。

冯爱倩小心翼翼地抱着万元现金赶往绍兴，借助农行义乌支行的这一笔贷款，当天就把生意成交，把10箱电珠运回义乌，此次净赚了3300元，喜不自禁的冯爱倩兴奋得几天都睡不好觉。

"有借有还，再借不难；有借不还，再借就难。"冯爱倩深感信用是做人的本质，未到期就把贷款归还了农行，这笔贷款的成功，对农行决心一如既往地支持小商品市场发展起到了深远的影响，为金融部门勇敢冲破框框支持个体经济发展作出了榜样。而这时距县委、县府决定开放小商品市场还足有半年！

现年84岁的农行退休干部楼仁耀是义乌市第一个经济师，一直从事金融研究工作，他清晰地记得，谢高华在全县农村工作会议上，明确表态说，没有银行支持，义乌市场经济不可能如此快速发展。谢高华还在大小会议上多次点名表扬农行对地方经济发展所作的贡献。

封闭的堤防一旦冲破，奔腾的洪流便不可阻挡。思想的枷锁一旦砸碎，改革的步伐便义无反顾。

三、物流：三联运输

市场的繁荣兴旺还带来了交通运输业的发展。义乌虽然地处浙赣铁路沿线，但当时却是一个"三等小站"。由于小商品市场发展的需要，当时，一种被称为"天目山"的三轮车成了重要的交通工具。面

义乌小商品市场货运场

对着不断增大的人、货流量，谢高华找到上海金山石化总厂党委副书记、厂长傅一夫，他是义乌人。

谢高华对他说，义乌现在很穷，要他支持家乡的经济建设。

"怎么支持呢？"傅一夫问道。

谢高华说："义乌自从小商品市场开放以来，经济发展很快，但是，交通运输状况一直处于紧张状态，严重制约了经济和社会的进一步发展，希望你能支持义乌的交通建设。此外，义乌有一个斗牛的传统，你能否支持搞个斗牛场……"

傅一夫当即表示："只要家乡需要，我定会全力支持。"于是，义乌县政府出了两辆客车，上海石化总厂出了两辆客车，还有一个单位也出了两辆客车，组成了一个"三联运输公司"。

客车将义乌小商品市场与杭州、上海等地直接联系了起来，大大方便了客商。虽然三联公司本身在发展过程中存在着这样那样的问题，但是，它的成立是小商品市场发展的需要，在某种程度上推动了义乌交通运输业的发展。现在义乌开通了与全国各大中城市的公路交通运输线路，铁路义乌站也由三级站上升为一级站。

谢高华说，义乌市场不仅要立足本地，还要大胆走出去开拓市场。从义乌的实际来看，以小商品市场、第三产业、个体私营经济的发展，带动、促进农业和工业发展的路子是正确的，一是促进了工副业生产的发展，把社队企业、街办企业、家庭手工业和城乡消费者联系起来，活跃了小商品在城乡之间、地区之间的交流；二是弥补了国营商业、集体商业的不足，这个小商品市场有2100多种小商品，而我们国营商业经营的还不到它的40%；三是解决了一部分城镇待业青年和社会闲散劳动力的就业问题；四是增加了国家财政收入，如1982年9月至11月份，一个小百货市场就向国家交税4.9万元，相当于办了一个300人的不冒烟的工厂。

四、城建：改造大构想

市场的发展也带来了城市成长中烦恼。

小小的义乌城人口流量大增，加之当时市容状况相对较差，常给人一个又乱又脏又挤的感觉，连当时县委仅有的一辆小车都开不出去，省委领导来义乌时，小车也无法开进县府，义乌旧的城市建设明显不能适应经济发展的需要。

于是，谢高华就开始着手规划城市建设。

1984年4月23日，谢高华通过实地考察义乌古老的县城后，组织县委办、县经委、乡企局、二轻局、供销社、商业局、财政局、工商局、城建局、稠城镇委等部门参加的座谈会，提出改造老城、扩大城市建设的设想，计划建造义乌贸易中心，地点北门街菊芬理发店；建造农贸市场大楼，地点义乌酒厂旁；拓宽县前街，实行前店后厂；建造政法大楼、科技大楼、义乌宾馆、少年宫、邮政大楼等。为实施完成这些计划，谢高华要求成立义乌县稠城建设指挥部，改变过去那种"见缝插针""修修补补"的城建现状。

有人提出，资金和老城拆迁两大难题如何解决，最头疼的是老城拆迁问题，拓宽县委门口的一条街涉及二三十个单位百多家住户的搬迁位置。

谢高华说，资金困难问题可以通过依靠群众自力更生和各部门分工负责建设得到解决，县委组织力量，努力做好干部群众的思想工作。抓城市建设规划，我们要当"秦始皇"，要敢于碰硬，要反复研究有关拆迁的政策，解决群众的搬迁安置。

虽然，在大大小小的多次会议上，各部门负责人都表态：支持拆迁，赞同所采取的政策和措施，可是，就是怎么也拆不动。

谢高华听取了情况汇报后，发现最大的问题是有的部门领导搞本位主义。于是，他就亲自主持召开各部门领导会议。在会上明确提出："拆这条街是县委、县政府的决定。我们今天不讨论这条街要不要拆的问题，只讨论一个问题，就是哪个部门领导顶牢不拆，县委就撤哪个部门领导的职。"我率先对此表个态。

由于县委、县政府一班人团结一致，齐心协力，领导坐镇指挥，工作扎实，仅仅用了一个多月时间就全面完成了170多户房屋的拆迁任务，为以后义乌更大规模的旧城改造工作提供了非常宝贵的经验。

下图为时任义乌县稠城镇政府主持工作的副镇长何京月（左前一）具体负责实施拆迁工程，并在现场指挥布置拆迁工作

第七章　不拘一格降人才

为政之道，惟在得人。

战国时期思想家荀子曾言："口能言之，身能行之，国宝也；口不能言，身能行之，国器也；口能言之，身不能行，国用也；口言善，身行恶，国妖也。治国者敬其宝，爱其器，任其用，除其妖。"

毛泽东曾说过，领导干部就要做两件事，一是出主意，二是用好干部。

邓小平1979年11月在副部级以上干部会上说，"关于人才问题，要破格选拔，不能按老规矩办事"，谢高华从中读到了不能墨守成规的信息。改革先从人才选拔开始，有了人才，如何管理人才，谢高华有自己的想法。

"干部进入工作岗位以后，也就是进入了大大小小的'权力圈子'，当国家法制不健全的时候，'习俗移人，贤者难免'，有些人就可能滥用权力，以权谋私，这就必须加强人民的民主监督，人民必须有权选举和罢免干部。就我这个小小的头来说，每次到基层，前呼后拥，下面的同志唯恐照顾不周。久而久之，我们的干部就会忘乎所以，不怕群众不怕下级，只怕顶头上司。"在一次干部大会上，谢高华如是说。

根据中央关于领导班子必须精干的原则和革命化、年轻化、知识化、专业化的方针，谢高华为加快县级机关机构改革，大力培养年轻干部，本着"群众推荐、组织考察、文化考试、择优录取、党委审定"的原则，开展了公开招聘干部工作。1983年被招聘的78名干部

中共义乌县第六次代表大会 1984 年 5 月 26—29 日在稠城镇召开，大会选举产生了第六届中共义乌县委员会，常委会组成人员如图。

前排（从左到右）：陈宝花 范华福 谢高华 姜补根 陈秀仙

后排（从左到右）：郑松年 王辉中 虞秀洪 汪振全 杨守春

分别担任副乡长、乡团委书记和乡妇联主任等职务。

"千里马常有，而伯乐不常有。"谢高华提名培养了一批年轻干部，后来担任中共浙江省委副书记的王辉忠，省委组织部常务副部长的郑松年，丽水地委书记的赵仲光，省审计厅厅长、国资委主任的陈正兴，金华市委常委、宣传部部长的杨守春等，当时都是经他力荐进县领导班子的。

一、第一声市场呐喊者

谢高华说："事业要靠年轻人，年轻人的长处很多，而我的长处只有一条，就是经验教训比你们多。改革开放需要大批勇于思考、勇于探索、勇于创新的人，要破格提拔大家公认的坚持改革开放路线并有政绩的人。"

谢高华到义乌的第一个紧迫感，就是对人才的焦虑。他深深懂得，"发展靠人才，重人才就要为其办实事"。当时全县仅有的几个知识分子和能干人才，不是"反革命"，就是有"历史问题"，关的关，管的管。经过一番调查，谢高华与县委其他同志取得共识后，"化消极因素为积极因素"。

最让杨守春终身难忘的，是谢高华对年轻人才的重视和培养。

1983年前后，正是以"干部四化"解决"青黄不接"的特殊时期，谢高华唯品行正、能干事是举，不分亲疏，不论派别，根据干部的能力、业绩、品行等情况公正选拔。

1984年1月的一天，义乌县机关干部开会。时任金华地委书记的董朝才宣布义乌县委新班子成员名单。突然，杨守春听到董朝才宣布："杨守春同志任义乌县委常委、宣传部长……"

杨守春以为自己听错了。此前，他从未想过自己会被提拔，更不敢想到会破格提拔。

"现在回想起来，当时我从未送谢书记一支香烟，也没有请他吃过一餐饭。"杨守春笑着说，谢高华是为我"正名"之人。

1979年3月24日，时任中共义乌县委秘书的杨守春在《浙江日报》第二版发表了《"鸡毛换糖"的拨浪鼓又响了》一文。该文是全国第一篇报道义乌"鸡毛换糖"意义的新闻稿，被称为义乌小商品市场的"第一声呐喊"，第一份"为民请命书"。文章发表对小商品市场的开放和发展产生了积极的影响。

"我出生在农村，我们这一代人可以说是'吃过糠、下过乡、遭过殃、扛过枪'，所以老百姓的喜怒哀乐都是可以切身感受到的。"杨守春老家在上溪贾伯塘村，父母都是普通农民。好学的杨守春从小就是三好学生，成绩优秀。初中毕业后，突如其来的"文革"令他无缘迈入大学之门。

1969年，杨守春参军入伍。当时他所在的部队就是在安徽芜湖造船厂的"红二连"。在整个英雄连队，他的表现格外突出，6年军旅生涯，历任战斗班长、代理司务长等职，还多次和被毛泽东主席接见过的团长作巡回报告。

1975年，杨守春退伍回到老家，先后担任贾伯塘村第六生产队队长、上溪公社电影放映员及团委书记。杨守春说，他虽然算不上聪明，但是"能力不够，态度补凑"。在农村期间，他会在炎炎夏日抢先钻进茅棚，用湿毛巾捂住耳鼻，筛完一年全季稻田所需的石灰；严冬腊月，他会爬到树上，用僵硬的双手剁下最后一枝乌桕籽。

农闲之余，他还喜欢写点东西，开始是在公社写报道，后来又到县武装部，渐渐地写出了名气。1978年，杨守春被选调至县委办做报道兼文秘工作。

随着党的十一届三中全会胜利召开，以及"实践是检验真理的唯一标准"大讨论的深入，人们对中华人民共和国成立以来的工作和生活开始重新审视。在素有经商传统的义乌，曾经被视为"弃农经商""投机倒把"和"资本主义尾巴"的"敲糖换鸡毛"行为，自然成了人们议论的话题。

杨守春回忆说，当时对"鸡毛换糖"行为的态度虽然有了冰雪消融的迹象，但是因为全国性的一些禁令尚未消除，上级部门对此尚无定论，因此农民外出"敲糖换鸡毛"尚处于"犹抱琵琶半遮面"的境地，有所成就也不敢讲。

因为工作关系，杨守春有较多的机会随县委主要领导下乡接触一些敏感的疑难问题。他在乡下曾亲眼看到，当时的义东区部分农民经过审批外出"敲糖换鸡毛"，赚了钱却不愿声张；乡村企业利用红鸡毛加工产品远销国外却没有宣传；乡村干部明明知道"敲糖换鸡毛"利国利民利集体，却不敢理直气壮地支持……

"说实话，要不是因为穷苦，谁会愿意离开家乡走街串巷呢？"回忆过去，杨守春依旧心潮澎湃，"我也是农民出身，很清楚农民们心中的渴望，加上我那时又是报道员，有责任站出来为老百姓说句话。"

实话实说的良知以及对穷苦老百姓的同情，促使这个血气方刚的青年做出了一个惊人的决定，他要为进退两难的乡村干部发声、为穷苦的老百姓呐喊，期望通过新闻媒体给予公正的结论。

1979年3月24日，《浙江日报》用醒目的标题发表了杨守春撰写的《"鸡毛换糖"的拨浪鼓又响了》一文。"一笔账算出来三个利：一利国家，二利集体，三利社员自己。"文中言简意赅的一句话，就像水缸里洒下的明矾，在它的效用下鸡毛换糖的是非功过清清楚楚。

可以说，这一天对于一代又一代的敲糖帮来说，是一个难以忘却的日子，它为敲糖帮撑了腰，鼓了气；对义乌来说，是一个可以载入史册的时刻，"义乌小商品市场的第一声呐喊"就此发出。

这对于杨守春来说，却是又惊又喜。文章见报后，一石激起千层浪，读者纷纷给报社写信。有不少义乌人写感谢信给报社，称此文是"为民请命"的公道文章。但也有来自全省各地工商和供销等部门的批评信，严厉指责报社"用稿轻率""公开为投机倒把分子唱赞歌"等。

时至1982年，谢高华给他正名——"敲糖换鸡毛"不是我们义乌甩不掉的包袱，而是振兴义乌经济的一大优势。

后来，改革的春风吹遍大江南北，"敲糖换鸡毛"从"地下"走到了"地上"，商贩们从肩挑货郎担穿村走户发展到推车进城。

杨守春分别用三句与名人有关的话评价谢高华：一是立志做大

杨守春在义乌

事，不做大官；二是吃的是草，挤出来的是奶；三是一生只有公敌，没有私仇。

谢高华的工作作风一直激励着杨守春在不同岗位前行。请看杨守春的部分履职：

曾经以义乌市委常委、宣传部长的身份，牵头提炼了"勤耕、好学、刚正、勇为"的义乌精神；

曾经以永康市委副书记兼经济技术开发区管委会主任的身份，成为永康五金城主要创办人之一；

曾经担任"四下五上"的金温铁路建设指挥部金华段常务总指挥、杭金衢高速公路建设指挥部金华段总指挥以及金丽温高速公路建设领导小组负责人助推了区域交通大发展；

曾经以东阳市委书记的身份，牵头提出"稳一、攻二、兴三"的经济发展战略，并切实推进"投资环境""回归工程""主攻二产，兴工强市"三项措施；

曾经以分管城建的金华市副市长身份，直接参与了1999年至2003年史无前例的大规模旧城改造和金华市区一环、二环绕城大道建设；

曾以国际茶花协会中国区域主席和大会筹委会常务副主任兼秘书长的身份，直接参与并成功举办了"2003中国（金华）国际茶花大会"和首届艾青诗歌节暨第二届茶花节；

杨守春书法作品

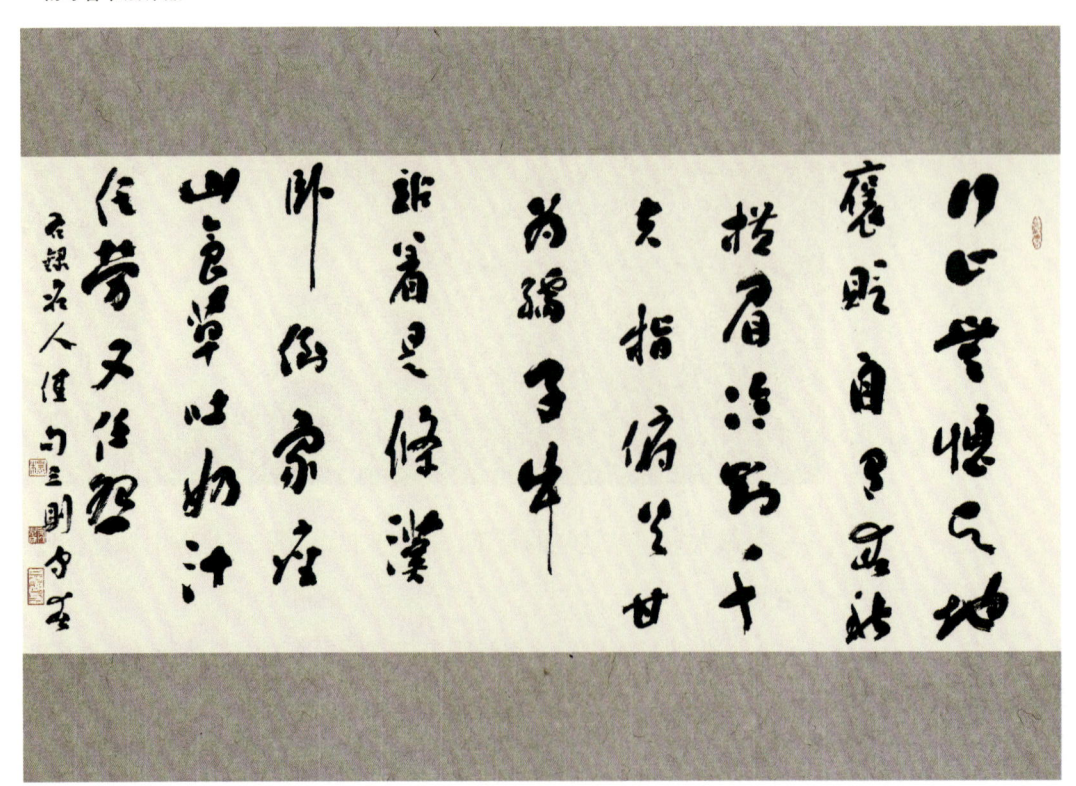

曾以分管旅游和文明创建工作副市长的身份，进京为金华市捧回了第三批"中国优秀旅游城市"的奖杯；

曾经以黄大仙国际文化旅游节筹委会常务副主任兼秘书长的身份，先后两次举办"国际黄大仙文化旅游节"，致力打造继金华火腿之后的又一张国际名片；

曾经以金华市委常委、宣传部长的身份，牵头编撰了《金华新三字经》和《诚信故事一百则》，积极创建以心理咨询为主旨的"情感护理中心"，开全国之先河。

二、从牛棚里牵出千里马

1987年10月，党的十三大召开，大会报告中第一次系统阐述了关于社会主义初级阶段的理论。

而在浙江，在党的十三大召开之前的25年，就曾有人写了与社会主义初级阶段理论相近的《半社会主义论》，还想拿着这万言书和领导对话。

此人是谁？他就是义乌人冯志来，时任浙江省瑞安县湖岭区农技站兽医员。

1955年2月，20岁的冯志来从金华农校毕业后被分配到温州专区的瑞安县农林科从事兽医工作。"正满腔热忱要为国家、为人民做一番事业的时候，就遭到了无情打击。"他在1957年的"反右"中，被划为右派分子，开除团籍，留用察看。次年，冯志来被下放到瑞安县隆山畜牧场监督劳动。1960年，冯志来摘掉了右派分子帽子，调回到瑞安老区湖岭农机站工作。

一天夜间，睡在猪栏里的冯志来听到动静，起来一看，有几个饥饿年轻人正在偷吃猪食。"那个时候很多人被饿死了，如果算不上饿殍遍地，那也是触目惊心。"

冯志来是义乌赤岸镇乔亭村人，笔者曾多次随他走访他的村庄。他讲述了1962年回义乌探亲时见到的惨状。"走进家乡村外的凉亭，有两位乡亲认出我，就哭着告诉说，家乡正经受着大灾难，村里近来就有80人先后饿死。有的忍不住没有饭吃的痛苦，就在凉亭里上吊身亡。"冯志来的一位堂叔就在这里用一根麻绳结束了生命。

巨大的震惊和悲伤让冯志来开始思索：到底是什么原因造成了这场大灾难？生产力水平落后的中国该怎样建设社会主义？出路又在哪里？

"惟有科学的态度和负责的精神，才能够继续引导我们民族到解放之路。""真理只有一个，而究竟谁发现了真理，不依靠主观的夸张，而依靠客观的实践。"这两段名言开始了冯志来洋洋万字的论述。

冯志来在《半社会主义论》中说："中华人民共和国成立以后，我们没收了所有的官僚资本主义企业，废除了帝国主义在中国的经济特权，建立了全民所有的、中国人民自己的国营经济；紧接着又开始逐步实现社会主义国家工业化，实现对农业、手工业和资本主义工商业的社会主义改造，使我国的生产力得到了大大的发展。不过这并没有摆脱我国工业的生产极为落后的状态，更不能说社会主义的社会化生产力已经在我们这里由半封建、半殖民地所诞生的新民主主义生产力旧胎胞里孕育成熟。我们仍旧还是一个经济落后的国家，我们的工业还不可能为农民提供大量现代化农业机器和化学肥料，我们的农业仍旧不得不使用简单的落后的农具进行手工操作，我们的农业产值在国民经济中的比重仍占绝对优势，所以如果我们将旧中国的既有资本主义性质经济又有半封建小农性质经济称为半资本主义经济，那么现在我们也可以说我们目前的经济是半社会主义性质经济。"

他继续论述说："中国不能通过资本主义而后进入社会主义，这是早有人论证过的，但是它也不可能马上进入社会主义。只有通过半社会主义相当长的发展阶段，才能完成社会主义建设。这是由中国的生产力状况决定的，这是中国的客观经济发展规律。"

在当时中国农村，该实行什么样的半社会主义呢？冯志来在文章中作出了十分明确的回答：从高度集体化退一步，实行包产到户。

改革开放后，尘封了十几年的《半社会主义论》以及他另外写的一篇《怎么办》被人从浙江省档案馆找到。

如果说前一篇是作者运用马克思主义唯物论，结合中国国情来论证中国要经过相当长的"半社会主义阶段"才能进入社会主义的精辟的社科论文的话，那么，后一篇《怎么办》就是一篇向"左"倾路线勇敢宣战的战斗檄文。

1986年，《浙江合作化史料》将这两篇文章全文刊登，引起社会上较大反响，有人称冯志来是"大梦先觉者"。他这么个小人物也成为毛泽东所言的"两个半包产到户理论家"之一而载入中国农村社会主义革命和建设的特殊史册。在《中国知识分子的百年乡恋》中，冯志来的大名跟费孝通、茅于轼、温铁军和李昌平等并排印在一起，成为了改革30年三十人之一。

勇于探索，敢于实践，自古就是义乌人的秉性。

谢高华赴义乌担任县委书记，有人就向他提议：你要看一看冯志来的两篇论战文章《半社会主义论》《怎么办》。

冯志来是谁？当时的谢高华并不知道。县委组织部副部长为谢高华找来了这两篇文章。

谢高华看了这两篇文章后，拍案叫绝："这是个人才呀！"他对有关人员说，这样的人才怎么可以让他去做兽医？

此后，冯志来被调进县农业局任畜牧股副股长。

有一次，谢高华见到冯志来时说："你的文章我连续看了三天，写得真好。"

冯志来是一位冷静的旁观者、思想者，后来，他出版了有关对义乌市场思考与发展的专著《兴市边鼓集》，其中一些前瞻性的探索文章，是邓小平南方讲话前为改革开放敲边鼓，为义乌"兴商建市"提供理论支撑，为个私经济鸣锣开道，就像今天被称为"世界小商品之都"的义乌农民市场经济令国人不可思议一样。

冯志来认为，义乌经济发展得益于"养蜂战略"和"兴商建市"的战略决策，得益于创业群体的庞大和对市场的适应性强。

"义乌商人就像蜜蜂。虽然他们块头不大，但创造财富的劲头大，

20世纪90年代初，冯志来（中）率队赴深圳考察

无数只蜜蜂出去采蜜，聚在一起就可以产出一桶桶蜂蜜来。"冯志来把义乌商人比作蜜蜂，把义乌市场比作蜂箱，把义乌政府比作做蜂箱的养蜂人。

蜜蜂具有顽强的生命力，哪里有花，它就会飞到哪里去采蜜。蜜蜂是群居动物，一只蜂箱中到底有多少只蜜蜂，谁也数不过来。蜜蜂采蜜不畏艰辛，可以说，全国各地的花乡都是它们的工作面。蜜蜂的这些特点与义乌商人的特点是何其相像！

从政府的角度来看，要做的工作主要是搞好市场发展、产业发展的规划，也就是把蜂箱做好。蜂箱做好了，蜜蜂如何采蜜，到哪里去采蜜，用不着政府操心，这就是小政府、大社会的体现。从区域的角

度来看，义乌商人可以说是行商，只要哪里有市场、哪里有利润，他们就会在哪里创业。据不完全统计，目前就有 20 多万义乌人在外地经商办实业。当然，他们能在全国各地的市场上经营，是因为背靠着义乌市场这棵大树。从财富的角度来看，作为单个的义乌商人，其资产还没有一个能在全省、全国叫得很响，但如果把义乌商人看成一个群体，那么他们的富有是令人瞠目的。

冯志来退休前曾任义乌市经济研究中心主任、义乌市政协副主席，特别是 20 世纪 80 年代，全国第一家专门从事研究市场的"义乌市场研究会"横空出世，他担任会长。"义乌市场研究会"在国土有偿有期使用制度改革、航空港建设、21 世纪商贸中心建设、举办小商品博览会等方面做了许多探索性的、超前的研究工作。

陈萍书法作品

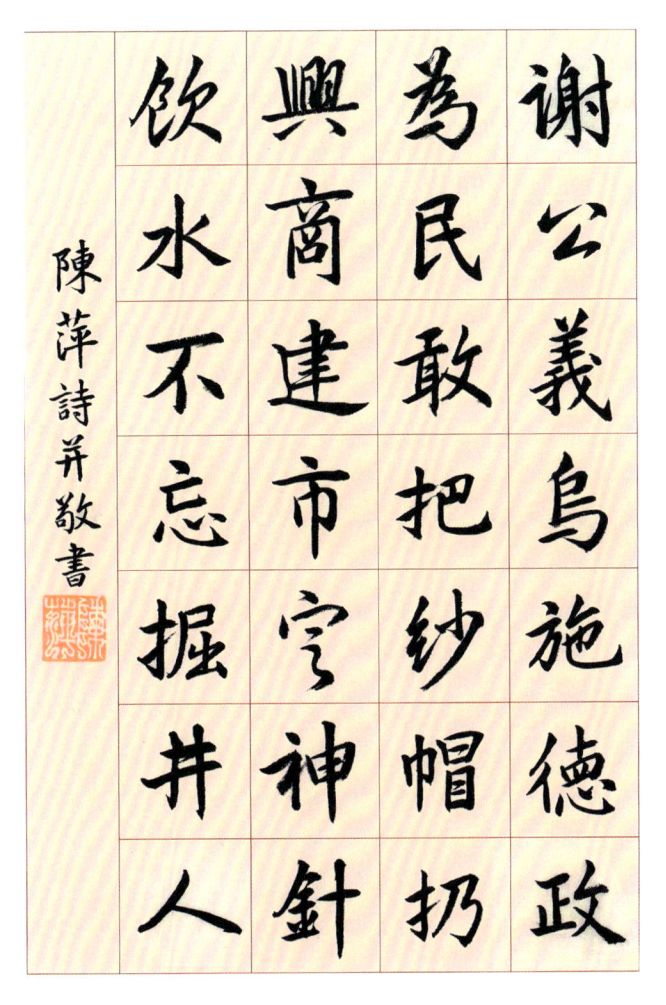

三、"陈萍是个难得人才"

陈萍，是义乌成功商人的代表，世界义乌总商会会长、上海义乌商会会长、上海东银集团董事长，电视剧《鸡毛飞上天》里主角陈江河的原型之一。

"今年是改革发展40周年，其实真正的开放时间应该是1992年邓小平南方讲话后。1982年谢高华来义乌开放市场，使得义乌早了十年时间抢占先机。"在上海东银集团陈萍的办公桌上，至今放着一尊高可盈尺的谢高华书记的铜像，他是在用铜像时时提醒自己饮水不忘掘井人。

陈萍（右一）为谢高华设宴祝寿

谢高华85岁的生日，有人在义乌为他祝寿，但在外经商的义乌人也依然没有忘记谢高华。

2016年5月21日，笔者陪同谢高华到上海走访陈萍，受到了高规格的接待，并入住虹桥国宾馆。当天，陈萍与家人盛情款待，并在

谢高华（左）手书"人才难得"赠予陈萍

第七章 不拘一格降人才

晚宴上特别准备生日蛋糕提前为谢老过生日。

谢高华手书"人才难得"四个大字赠送陈萍会长，并说陈萍是难得的人才。陈萍撰文回赠："肆拾年前，筚路蓝缕，创业艰难；潮涌神州，谢镇乌伤，实业报国。雄心万丈，困中奇遇，同舟好友；事事难忘，沉浮几度，兀自坚强。逾古稀知天命，识归途觅清幽。寻旧梦，拾童心，道感恩，今日归林笑聚，谈过去一片歌扬。"

一位是当时的决策者，一位是实践者，两位都是冒险家，是政商的楷模。

"陈萍是一个传奇人物、公认的商界领袖、企业界的常青树，对于义乌乡镇企业发展起到了领头雁的作用。"谢高华如此评价道。

陈萍是大陈镇金山村人，20世纪60年代初就读于江西省工业劳动大学，在临近毕业时因三年自然灾害，学校停办而回到家乡务农，面朝黄土背朝天地干了十多年。

"您是个大学生，我们村办企业正缺您这样的人才。"

1977年，苏溪镇杜村党支部书记傅樟根请陈萍出山为村里办企业，帮助村民脱贫。

陈萍起初没答应，因为杜村人请自己办企业，却是一无所有：无资金、无厂房、无设备、无技术、无供销渠道，仅凭一腔热情，这怎么行？但看到杜村党支部书记一次次找他，盛情难却，最终答应试试。

千里之行，始于足下。陈萍虽然答应出山帮杜村办企业，但到底能否把企业办成功，他心中也没有底。办企业先要外出找业务，出差就要花路费。知识分子的自尊使他决定自己垫路费。结果，陈萍出差回来，差旅费共花了200元，村里只有80元，其余120元给了张欠条，等企业赚了钱再付。

陈萍说，黑暗中的人最需要的是光明，就把企业起名为"曙光"，因为什么都生产不了，就取个什么都能生产的厂名叫"综合厂"。接到什么订单就做什么活，哪怕只有一分钱的利润也做。

陈萍克服千难万险，使这家微不足道的村办厂三年后成为全市最大的乡镇企业，并培养了大批技术和经商人才，被当地人称为义乌乡镇企业的"黄埔军校",个人也先后获得义乌市优秀企业家、义乌市优秀厂长、金华市最佳优秀企业家、浙江省优秀企业家称号。

乡镇企业产值超千万、超两千万、超亿元,一个个神话都是陈萍的企业在义乌实现的。从1981年至1993年,"曙光服装厂"连续13年缴税占整个义乌财政收入的六十分之一,苏溪镇财政收入的50%以上,企业短短三年就成为全县最大企业。

谢高华发现陈萍是一个敢于担当,勇于突破,有定力、有思想的人才,就提议他担任社队企业局局长,却遭到了陈萍婉拒。后来,谢高华又多次推荐陈萍到苏溪区担任分管工业的副区长。可哪里料到,在讲究官本位的中国,从一个农民转为干部,这样多少人梦寐以求的位置,陈萍依然谢辞。

谢高华仍不甘心,是人才就要发挥其价值,于是安排他担任工商联兼职副主委,后来社会影响力不断提高,又推荐他担任义乌县、金华市政协委员。

与陈萍交谈中,"营业执照风波"趣事常常会被提起。

当年义乌市衬衫厂虽然全县知名,但企业办得这么大,却没有营业执照。有一次,陈萍不经意间把这件事反映给了县委书记谢高华,谢高华马上吩咐工商部门颁发执照,结果给陈萍送过来的却是一本有效期仅6个月的临时营业执照。陈萍把该执照送还给了颁证部门,这可惹火了工商管理部门的领导,当时主要负责人告诫下属说:"陈萍现在有点钱,牛了,这是在挑战工商所。执照现在不要,以后想要也不会再给了。"

陈萍听到这些后说:"我不是挑战政府部门,我一直规规矩矩办企业,长达5年时间也没有拿到营业执照,不能正常签合同,社会上也有些风言冷语。虽然企业没有执照,但我讲诚信,银行贷款,税务收税,照样进行。如今给了6个月期限,一转眼就过去了,本来,没有执照,糊里糊涂办就办了。现在,你们发我一个临时执照,过了6个月,我就要变成不合法了,这么一个有规模的企业连清盘关门都来不及。"

双方闹到了县委书记谢高华办公室。谢高华告诉职能部门的领导，应该去调查一下陈萍的情况，不够规范的地方尽量完善，并表示"不仅陈萍的企业要发营业执照，其他符合条件的企业都要发"。

这次风波，谢高华不仅规范了义乌的工业企业管理，依法办事，也助推了义乌工业的健康持续发展。

作为一名大学生，陈萍是有独特眼光的，当人家在挨家挨户收鸡毛时，他就已经在做鸡毛批发；当人家在摆地摊买卖纽扣时，他已从南浔批量进货，开展点对点经营；当人家把目光紧盯国内市场时，他的企业外销产值已占到了义乌的一半。这就是知识的力量。

陈萍饱含深情地说："昨天的荣耀不必陶醉，今天的艰难依然从容面对，不求丰碑高耸，但求问心无愧。"

DAWNING 即"东银"。如今，陈萍经过三次的华丽转身，拥有了庞大的产业，东银的名字是义乌曙光综合厂的英文译音转变过来的。用这个名字，是对过去的一种怀念，也是对未来的一种展望。

商海沉浮英雄志，笑看风云写春秋，正是有陈萍等这样千千万万的杰出义商代表，方能成就义乌今天的腾飞和辉煌！

情系故乡常牵挂

第八章 南下北上取"真经"

1978年12月18日至22日，在中国当代史上堪称"拐点"的重要会议——中共十一届三中全会召开，中国改革开放由此启航。

习近平在浙江工作时曾指出："义乌的发展是过硬的，在有些方面还非常突出；义乌发展的经验十分丰富，既有独到的方面，也有许多具有普遍借鉴意义的方面。"

"义乌发展经验"由此成为继"温州模式"后，浙江又一个解读与剖析以发展市场经济为价值取向、以全民富裕为最终诉求的中国改革的最典型样本。

一、苏南模式、温州模式之争

20世纪80年代，"苏南模式""温州模式""泉州模式""耿车模式"响彻大江南北，并称为中国区域经济发展的样板。其中苏南模式与温州模式为姓"社"与姓"资"的两个代表，也成为当时经济发展风向标。

苏南模式是"地方政府公司主义模式""能人经济模式"和"政绩经济模式"，本质上是"政府超强干预模式"，以集体所有制形式来发展非农经济，尤其是发展农村工业，走的是一条先工业化，再市场化的发展路径。

温州模式是自发自生的发展模式，核心是发展私营经济，也就是全民经商，家家户户都开厂创业，人人当老板，通过发展个体私营企业来促进工业化。

两种路径的形成各有其主客观原因。

改革开放之初，全国的大气候是两个"一统天下"：一是所有制形式上公有制一统天下，二是经济运行上计划经济一统天下。

谢高华认为，任何新生事物的产生都离不开当时的历史条件。苏南模式与温州模式不是非输即赢的攻擂双方，而是有时间顺序和承接关系的"接力"：苏南模式是先行者，温州模式后来居上，但更接近、符合市场经济的要求，因为私营经济具有产权明晰、风险自担、机制灵活等特点，与市场经济有着天然的亲和力。

在许多人的印象中，苏南模式一直扮演着"好孩子"的角色，得到过无数神圣的光环与关爱，有领导著文章，称苏南模式是我国在当时历史条件下苏南农民的一大创造，一大贡献，是中国特色的社会主义，代表着社会主义农村前进的方向。而与苏南模式迥然不同的是，温州模式经历了较多的坎坷和磨难，它的许多做法在当时看来都是"违法"的，扮演着一个"坏小子"的角色。

"其实，不仅温州模式、苏南模式，许多改革都经历了从地下到地上、从不允许到鼓励的艰难历程。苏南模式是财产与资源主要在政府和集体手里，而温州模式则主要在老百姓手里，从而形成'小商品、大市场'的发展格局。"谢高华说。

"温州模式"兴起后，迅速在各地移植和推广，各地民营经济迅速发展起来，甚至连长时间坚持以发展集体经济为主的"苏南模式"地区也逐渐向"温州模式"转变。

义乌市场开放后，由于长期受"左"倾思想的禁锢，无论干部群众，"怕"的思想一时难以消除。为此，谢高华为了解放干部们的思想，带领乡党委书记及以上的义乌干部赴温州学习，见识了所谓的"资本主义"，成为全国最早一批赴温州考察市场经济的基层领导。

时任义东区委书记的吴金泉说，温州之行给了他很大的刺激，"温州连农民家都用上了抽水马桶"。

义乌许多领导认为，温州的地理环境、历史传统与义乌有很大的相同：两地人都不安于现状，不墨守成规，不甘于贫困，有很强的致富欲望和创业精神。为了追求富裕的生活，他们不辞艰辛，善于学习，敢于冒险，勇于进取，无论到哪里都能扎根，生存，发展，于是纷纷提出学习"温州模式"，来进一步解决发展中需要解决的问题。

二、百人考察团

在不少外人看来，昨天的温州是个谜，今天的温州还是个谜。

十一届三中全会以后，中国逐渐成为世界瞩目的一个舞台，温州无疑是这个舞台上表演最出色、最充分的演员之一，它超然于非议与喝彩，以自己的务实和创新，谱写出一个光彩照人的民营经济发展新篇章。当时全国各地的代表团频频到温州取经，希望从"温州模式"中"拷贝"富民之道。

温州大环境对义乌具有很大的影响。当时很多人认为这是典型的资本主义。有人说"温州模式"是"鼓励私营经济发展，会搞投机倒把，侵吞国有和公办经济"；有人说"温州模式"是"走资本主义道路"，是"方向性错误"。

在这场争论中，邓小平同志有一个基本的观点："让人家试，让人家闯，不要轻易否定，也不要争论。"正是这种允许试验和不断试验，并在实践中检验的做法，温州才发生了翻天覆地的变化，逐步找到了社会主义市场经济的发展之路。

1984年5月7日至13日，为进一步解放思想、开拓眼界、找到差距、学到办法，谢高华通过原衢县老书记袁芳烈的关系，组织义乌县委区、镇、乡党委书记及机关有关部门负责人共102人，赴温州市苍南、瑞安、乐清等县参观学习，共访问了温州所属的永嘉、苍南、瑞安、乐清县的四个区、五个镇和一部分专业户，听取了温州市、县、区、镇领导同志的经验介绍。特别是省委常委、温州市委书记袁芳烈对全体参观者讲的话，更是鼓舞人心。

杨守春回忆道："义乌组织到温州考察的次数比较多，每次都有新的启示、收获，这次百人参观学习是规模最大的一次。谢高华的这种现场学习考察之风，也深深地影响了我以后工作实践。"

温州市地处东南沿海，是一个海港城市，水上交通比较发达，辖有九个县和一个城区、一个郊区。总人口611.4万，农业人口545.5万，耕地面积300万亩，人均占地四分九厘；1200万亩山，有海涂100万亩，内河河面60万亩。这样一个人多地少、山多穷到尖的地方，在党的十一届三中全会以来的路线方针政策指引下，他们尊重群众的首创精神，解放思想，大胆改革，排障解绑，放开手脚，发挥本地各种优势，大胆让农民勤劳致富，全市出现了一批产值跨一亿元的区，产值超千万元的乡，超百万元的大队。

对于这次参观学习，谢高华要求每位考察者写出自己的体会，他自己回来后带头撰写了长篇调研报告。

谢高华对于这次考察总结体会如下：温州市农村商品生产发展速度快，经济效益高，其根本原因在于各级领导干部坚决贯彻执行党的十一届三中全会以来的路线、方针和政策，勇于改革，敢于创新，充分发挥各种优势，走上了以家庭经营为基础、以专业村镇和区域性的乡镇基地为主要生产基地、以贸易市场和农民购销队伍为主要渠道的发展农村商品生产的新路子。

温州的成功做法，为义乌发展提供了十分有益的经验，谢高华总结了五个方面的启示。

第一，必须清除"左"的错误影响，一切从实际出发。温州是个人杰地灵的地方。但是，温州人多地少，资源匮乏，工业基础设施差，再加上长期受"左"的错误思想的影响，温州广大农村的商品生产历经曲折，几起几落，始终得不到应有发展。近几年来，温州各级党组织坚定不移地贯彻党中央的路线、方针和政策，大规模地拨乱反正，为发展农村商品生产创造了极为有利的先决条件。一是端正思想路线，坚持实事求是、一切从实际出发的原则，积极鼓励勤劳致富；二是因地制宜地发展区域性的拳头产品，发展一乡一品、一品多营的商品生产；三是按照经济规律发展商品生产，促进了农村商品经济的发展。

第二，尊重群众首创精神，发展商品生产才有内在的动力。人民群众是创造历史的主人。从事商品生产活动，是人民群众自身的事业，千百万人民群众的创造精神是发展商品经济的内在动力。对于人民群众的这种社会活动是积极引导还是消极抵制，将对商品生产发展产生直接影响。尊重广大人民群众的创造精神，保护人民群众的生产积极性，才能保持已经出现的商品生产发展的大好势头。

第三，家庭经营的形式不仅适合种植业、养殖业，而且也适合工业、商业和各种服务行业。温州商品经济比较发达地区，有一个显著的特点是专业村镇形成，其基础就是家庭经营。家庭经营有六大益处：一是有利于自筹资金，自谋出路，在较短的时间内最大限度解决就业问题；二是有利于精打细算，降低成本，提高经济效益；三是有

赴温州考察团部分成员合影，前排左三为谢高华

利于因陋就简，快速上马，做到办厂不难，掉头容易；四是有利于相互竞争，提高声誉；五是有利于克服"吃大锅饭"弊端，充分调动积极性和创造性；六是有利于分工分业，促进专业化大协作。

第四，加强商品产销基地集镇的建设，是搞活流通、促进商品经济发展的有效途径。温州形成了年交易在几千万元至一亿几千万元的八大商品产销基地：乐清县柳市区的五金电器配件；瑞安县塘下、莘塍区的塑料拉丝、松紧带、电器机械；苍南县宜山区的腈纶再生纺织、塑料编织、土布；苍南县钱库区的花炮生产、家庭纺织、商品批发；永嘉县桥头镇的纽扣、表带；苍南县金乡镇的塑料片、徽章、红膜证件；瑞安县仙降公社的泡沫鞋；乐清县大荆、东林公社的涤纶布运销。一个产销基地就是一个区域性的产品生产中心和销售中心。

第五，大胆启用人才，是大规模发展商品生产的关键。温州商品生产发展特别快，关键在于大批的各种人才在产销中发挥了骨干作用。事实证明，凡是人才集中的地方，乡镇企业就发展，农村经济就活跃，群众就富得快。在众多的人才中，主要的人才有两种。第一种，是懂技术、善经营、会管理的专业人才；第二种，有一支庞大的供销信息队伍。我们义乌人也很会做生意，不少人才已经得到了重用，但数量不如他们多，生意不如他们做得活，办法不如他们好，要使我县商品经济有较快的发展，我们就必须抓住大胆启用各种人才这关键一环。

三、学习佛山大讨论

1984年3月20日至30日，谢高华参加了金华地委组织的赴佛山参观团。参观中给他的印象是：佛山市各级领导思想比我们解放，改革比我们坚决，执行政策比我们有创造性，搞活经济的办法比我们多，经济发展速度比我们快，特别是乡镇企业发展速度惊人，城乡人民比我们富。回来后，谢高华立即召开了县委常委扩大会议，开展"学佛山，我们怎么办"的专题讨论。

4月11日至13日，县委又召开"义乌县学佛山、翻两番干部大会"，有2100多人参加，进一步传达佛山经验，研究落实学佛山经验的具体措施。

佛山市地处珠江三角洲的腹地，紧靠广州，毗邻港澳，辖有南海、顺德、中山、三水、高明等市县，人口350万。他们在党的十一届三中全会路线、方针和政策指引下，利用得天独厚的地理优势和自然条件，解放思想，大胆改革，大力发展商品生产，出现了农、工、副一起上，国营、集体、个体一起上，区、乡、村工业一起上的大好局面，显著特点有四个：一是投资和引进规模大；二是建设速度快；三是经济效益高；四是基础打得实，后劲大。实质性的变化表现在五个方面：一是大量劳动力从农业中分离出来，向工业、商业、服务业和交通运输业转移；二是经济结构发生了很大变化；三是农业生产商品率提高了；四是人民生活富裕，城乡差别、工农差别、脑力劳动和体力劳动的差别缩小了；五是促进了精神文明建设。

佛山市农村商品生产能以较快的速度、较大的规模持续发展，虽然有其独特的优势和条件，但最根本的原因是他们能创造性地贯彻执行党的路线、方针和各项农村政策。用他们自己的话来说，就是对外更加开放，对内更加放宽，对下更加扩权。

谢高华回忆说，通过参观访问，我觉得佛山有五条基本经验值得我们学习：第一，坚持实事求是，一切从实际出发的思想路线；第二，选准发展商品生产、实现农业翻番的主攻方向，加快乡镇企业的发展；第三，有一套适应经济发展的管理制度，运用经济规律进行建设；第四，依靠科学技术进步，提高经济效益；第五，各级领导努力学会抓全面经济工作，思想作风和工作方法比较适应农村经济发展的新形势。总之，佛山市的经验证明，改革才有出路，才能搞活，而改革没有现成的模式，要不怕冒风险，不怕受挫折，不怕有压力，要勇于创新，善于总结，在不断总结经验中前进。

学佛山，义乌怎么办？谢高华在会上讲了五个问题。

第一个问题，领导认识要统一，工作方法要适应，思想要解放。所谓统一思想，就是把我们的思想认识统一到十一届三中全会以来的路线和党的十二大总目标总任务上来，统一到翻两番和两个文明建设上来。我们的改革要从邓小平同志提出的三个"有利于"和马克思主义关于发展生产的基本观点出发。现在，我们要改革，就是要解决思想路线问题，坚决克服照搬照套的本本主义，要在是从实际出发，还是从本本出发；是以小农经济的思想指导生产，还是以商品生产的观点指导生产；是开绿灯鼓励农民尽快富起来，还是去阻止、设关卡限制农民勤劳致富；是各个部门业务工作的具体方针，具体政策服从于、服务于党的总目标，还是抱着旧的条条框框不放等问题上重新统一认识，这是明确判别是非的标准。各级干部，都要敢于从实际出发，用经济规律、价值法则办事；敢于对党的事业和人民的利益负责；敢于冒风险，不怕压力。革命要有胆略，建设社会主义没有固定的模式，按照小平同志提出的建设具有中国特色的社会主义，就要勇于实践，勇于探索。

第二个问题，学佛山要研究和确定我县发展商品生产，提前实现翻两番的主攻方向。一个是农业的布局要调整，要鼓励支持劳动力大量的从农业中分离出去，从事工业、商业和服务性行业。调整农业布局是个大的问题，要因地制宜，从实际出发制订规划。再一个是要把发展乡镇企业作为发展商品生产的一个突破口来抓。"乡镇企业是多种经营的重要组成部分，是农业生产的重要支柱，是广大农民群众走向共同富裕的重要途径，是国家财政收入新的重要来源。"全国各地的实践都证明了这一点。现在全县总产值100万元以上的大队有11个，我们要搞百万元的大队、千万元的乡、一亿元的区，城阳区要一亿以上。要鼓励农民从农业中分离出来，去搞工业、商业、服务性行业。

第三个问题，改革步伐要加快，管理办法要适应经济的发展，要改革束缚商品生产发展的老框框、老条条。在发展商品生产过程中出现了许多新情况，碰到了许多新问题，我们的思想还是习惯于许多老框框、老章法，如果我们还是拘泥于现有规章制度，现在还是按照过去的老思想、老框框、老章法，来套已经变化了的客观实际，就等于画地为牢，作茧自缚，也就寸步难行。因此，改革一切不适应的规章制度势在必行，非改不可。尽管我们的改革会有压力，起步难、困难重重，但我们要知难而进，顶住压力。各级领导部门都要认真检查一下自己的业务工作和规章制度，凡是与中央一号、四号文件精神不符的，都要加以清理，主动改革。如农业生产方面要继续完善责任制，延长承包期。社队企业要普遍推行经济承包责任制，放手让能人去包，不要怕。二轻、供销合作社、信用社改革，要坚决办成集体性质的企业，要打破"大锅饭""铁饭碗"，全面推行经济责任制。国营工业、国营商业要全面推行经济承包责任制。总之，农业、工业、商业都要全面推行经济承包责任制、岗位责任制，这是个重大的改革。

第四个问题，发展商品生产要搞市场，搞活流通，把生意做大做活。稠城镇的市场要进一步扩大，但不能局限于小商品市场，还要开辟工业品市场、农贸市场、畜牧市场、蔬菜市场、副食品市场等。我们要学会用价值法则、经济规律管理经济、发展经济，运用银行税收、物价等经济杠杆，逐步改变靠行政手段、行政命令去搞经济。价值是指示器，行政命令有时是不灵的。

第五个问题，各部门的思想要统一，要运用经济杠杆来指导农村商品生产。经济杠杆包括税收、银行、工商等方面，税收工作的指导思想要开辟税源，保护税源，发展税源。信用社要改革，可以集资办企业，可以搞股份公司，发股票，可以按股分红利。大胆起用人才，重视教育、科学技术，发展商品生产要靠科学技术的进步。

谢高华最后说，改革要有点勇气，大胆一点，敢于创新，敢于冒风险。在改革中有对的，可能也有错的，错的就改过来。现在有的区、乡同志不敢动，县委支持你们大胆改革，出了问题，县委、县府负责，我负责。现在中央的路线、方针政策已经定了，我们要坚持实事求是，一切从实际出发，大胆去改革，以促进商品生产大规模发展，提前实现翻两番目标，尽快使人民富裕起来。治国之道，必先富民，富民是国富的基础，国富是民富的靠山，在新的历史条件下，我们全部工作的出发点就是要使人民富起来。

谢高华的讲话在全县各级干部中引起强烈的反响，调动了广大干部的积极性，全县也出现了进一步发展商品生产的大好势头。

第九章　千方百计抓教育

2016年10月24日，谢高华在考察稠州中学后，在操场的国旗下面对师生，对稠州中学教育集团殷切寄语："教育是一项伟大的事业，现在党中央、各级党委、政府都很重视教育。近年来，义乌教育发展迅猛，我很高兴。希望学校在义乌市委、市政府的领导下，在教育局、校长的领导下，靠师生们的努力，办成国家一流的学校，国际一流的学校，为国家培养有用人才，栋梁人才。"他还当场为稠州中学挥毫题词："国际理解，民族情怀。""弘扬长征精神，走好长征之路。"谢高华苍劲有力的题词给了稠州中学教育集团全体师生以莫大的鼓舞和鞭策。

一、一所名校的诞生

稠州中学前身是"浙江省义乌市城南中学"，著名诗人艾青为学校题写校名，以"春风化雨，乐育英才"八字勉励师生。

2003年1月更名为稠州中学后，由中共中央候补委员、原浙江大学校长潘云鹤院士题写校名。目前该校是浙江省城镇示范性初中，省现代教育技术实验学校，省卫生、治安、外教、教科研先进单位，全国家庭教育指导研究基地（学校），全国外语教学实验学校，国家级语言文字规范化示范校；也是浙江省县市级初中第一所具有聘请外国教师和招收外国中学生资格的涉外学校，开创了义乌教育对外交流的先河。

2016年10月,谢高华(左二)考察义乌稠州中学

"为什么要选择想到这所学校走一走,看一看?"陪同者有些困惑。

原来,这所学校的校址定点规划和土地征迁工作,是在谢高华任义乌县委书记期间完成的,他对这所学校是有着深厚感情的。

义乌县稠城镇原镇长的何京月介绍,谢高华虽然文化程度不高,但是一个最重视教育的书记,也是一个最刻苦学习的书记。由于学校地处义乌城区中心,在筹建新校舍时,准备申请15亩土地,谢高华看完申报材料后说,这么点土地不够的,学校至少60亩土地以上才能适应教育发展需要。

超前的决策,诞生了一所名校。谢高华卓有远见的一句话,成就了当今义乌中学生和家长梦寐以求的稠州中学。

"义乌文化底蕴深厚,名人辈出。我在义乌工作时,举办了冯雪峰、吴晗两位义乌名人的纪念活动。其中,吴晗纪念活动筹备期间,邓小平、彭真、乌兰夫等党和国家领导人都题了词,反响很大。希望中小学生们要以义乌先贤为榜样,好好学习。"这是谢高华近年访问

1984年10月，由北京市历史学会、中共义乌县委宣传部联合举行纪念吴晗诞辰75周年、逝世15周年活动。图为谢高华（前排中）与纪念活动秘书组成员合影

义乌中小学与学生交流时说的一段话。

二、最好的房子应该是学校

百年大计，教育为本。

无论什么时代，什么社会，什么制度，这个国家往什么方向发展，教育都是最受重视的。1977年，邓小平在科学和教育工作座谈会上提出："我们国家要赶上世界先进水平，从何着手呢？我想，要从科学和教育着手。""不抓科学、教育，四个现代化就没有希望，就成为一句空话。"明确把科学和教育的发展作为发展经济、建设现代化强国的先导。根据邓小平的讲话精神，谢高华把教育工作当作了重点工作来抓。

抓教育工作同抓工农业生产一样，不能光听听汇报，在会议上议一议，满足于一般号召，必须亲自动手，深入实际，调查研究，抓住主要问题切实地加以解决。他通过调查了解，认真分析研究，找出了义乌教育工作存在的主要问题：因经济落后，办学条件差。

"再穷不能穷了教育，再苦不能苦了孩子"，常以"当官不为民作主，不如回家种田"为口头禅的谢高华，心中早有一梦：什么时候能像日本那样"每到一处，最好的房子总是学校"！

1983年元宵节前后，谢高华在义乌佛堂调研时，当地老百姓迎龙灯时喜欢相互攀比放鞭炮，火炮放到天明，让他难以入眠。第二天，他问佛堂区委书记，区委书记回复说："佛堂这条是老龙，只有鞭炮不断，才能震醒它，风调雨顺。"谢高华听后，十分不解，当即表示，要引导群众合理消费，把有限的钱用到刀刃上。

不久后的一天下午，谢高华开完会后发现离吃饭时间还有一个多小时，就带着杨守春去城郊的杨村公社，并嘱咐杨守春不要提前通知当地领导。在村民引路下他来到学校，看见一位老师正用煤球炉在烧饭，走进教室后，眼前的场景是："有桌子没抽屉，有窗户没玻璃，头顶满天星（瓦破），脚下地不平（泥地）。"

2012年9月，谢高华应邀来义乌参加第二中学30周年校庆活动，在学校"科普林"前与为教育事业作出贡献的商协会负责人合影

第九章　千方百计抓教育

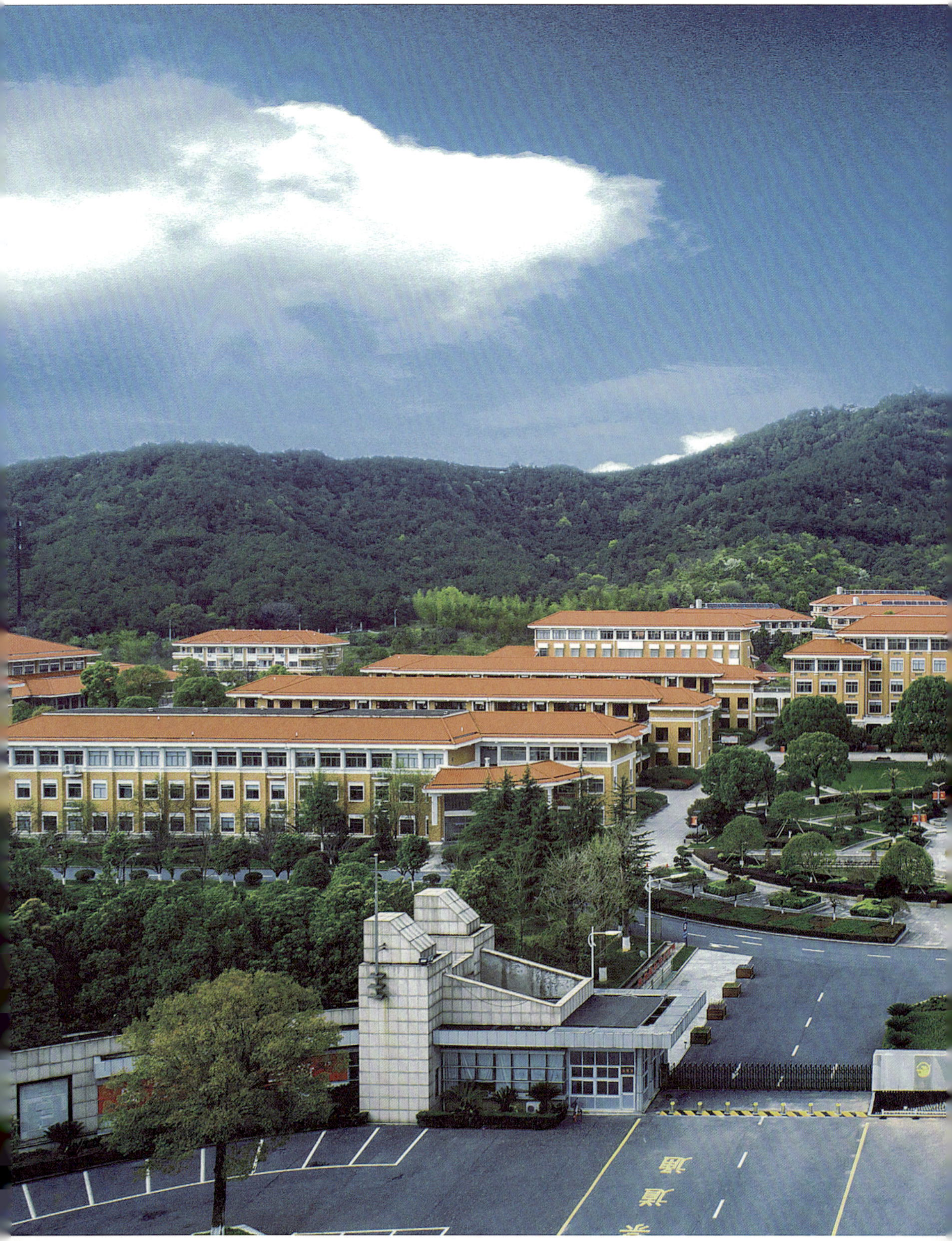

全国百强高级中学——浙江省义乌中学

面对如此简陋的教学条件，谢高华心情十分沉重。

此后十多天，谢高华跑遍了全县五区两镇，看教室，走街坊，访企业，见慈善家……

结束这次调研时，还在乡下的谢高华让杨守春打电话到义乌县委办，通知当天召开全县集资办学会议。

回城后，风尘仆仆的谢高华就直奔会议室，他边翻笔记本边侃侃而谈：有的中学，教师一家四五口人住在不到9平方米的房间，屁股都转不过来，佛堂中学就有15户这样的教师家庭，有的住的还是建国前造的破房子。学生宿舍更加拥挤，还有很多危房，这些问题不解决怎么发展教育事业？他提出"五路进财、集资办学"的大胆设想，发动社会力量兴办教育事业，落实知识分子政策，提高教师的社会地位，改善教师生活。他要求县委领导深入基层，调查研究，解决学校住房、烧煤、喝水和电灯照明等问题。

1983年10月18日，县委和县人民政府召开了有800人参加的全县教育工作会议，这次会议谢高华作了长达三小时的报告。

他说，教育是科学技术现代化的基础，如果教育不上去，哪有科学技术现代化？我们要像抓经济建设这样抓教育，要一级打通一级。教育改革要有利于德智体全面发展，提高社会效益。关于智力投资，搞工业要"三材"，搞教育也要"三材"，即人才、教材、钱财。要克服教育投资是消费的错误观点，要"五路进财"集资办教育。我想，全县争取每个人平均出5元，58万人，就是290万，加上国家包干的450万，那么教育的面貌就会大大改观。

1984年秋季，稠城镇初级中学建成并开始招生。同时，创办了曙光、树人两所民办中学。改上溪中学、城北农中为县属农村职业学校。翌年，除义乌中学外，各县属普通中学均开始设立农职班，各种形式的职业学校、职业班相继出现，全县职业教育得到较大发展。

当年10月，经省、地普及初等教育验收检查团验收，全县已达到省人民政府规定的普及初等教育的要求，学龄儿童入学率达到98.98%，巩固率达到99.39%，毕业率达98.45%，普及率达98.78%。

三、五路进财 集资办学

"地方财政挤出一部分,县工矿企业单位投资一部分,社队企业拿出一部分,学校开展勤工俭学积累一部分,群众自愿筹集一部分。"谢高华深思熟虑后,推出了"五路进财、集资办学"的大胆设想,一时传为佳话。

"人才如此缺乏,知识如此重要,而我们的教育又不适应,再不抓教育,我们就会犯历史性的错误!"谢高华用调查研究得来的第一手材料,摆事实、谈体会、提要求,并在会上大声疾呼:"我过去只知抓生产,不重视教育,现实给我的启示是:非抓教育不可!"

义乌县委报道组张年忠根据谢高华的会议精神采写的《调查研究得来的启示》一文,《浙江日报》刊发后,《人民日报》全文转载。

启示之一:插上金翅膀方能高飞

合作乡起鸣大队有个远近闻名的勤劳致富户金序龙。谢高华怀着浓厚的兴趣访问了他,他要探索这位社员致富的奥秘。金序龙是个初中毕业生,他指着自己订阅的7种科技杂志和许多有关养貂、养金

2013年9月18日,谢高华和义乌市宾王中学师生在一起

鱼、种花的专业书籍说："全靠这些'老师'。"谢高华从中发现了奥秘：农民要致富，一靠政策，二靠科学文化知识。在走访联合乡新厅大队粮食专业户陈杰尧之后，谢高华更加深刻地体会到了这一点。初中毕业的青年农民陈杰尧刻苦钻研农业科学技术，粮食亩产高达2543斤，每亩成本比其他社员低近5元。

谢高华心里算计开了：要是全县几十万农民，都能像金序龙、陈杰尧那样，那不等于给我们的农业插上了一对金翅膀吗？可是，目前全县还有12.3万多个文盲、半文盲，该怎样引导他们走上有文化、用科学的广阔道路呢？湖门乡的党委书记给出了答案：该乡去年办了一所业余农业技术学校，既教文化，又教农技知识，很受群众欢迎，连七八十岁的老农民也成了"旁听生"。去年，全乡进业余农业技校和农技班学习的有400余人，今年，他们又办了一所农业职业学校，专门吸收初中毕业的青年进校。

谢高华兴奋地把调查所得的启示向县委常委会作了汇报。大家立即决定，在全县推广湖门乡办学的经验。不久，全县办起了38所业余农业技校。

启示之二：最好的房屋应该是学校

谢高华十分内疚地对常委会同志说："过去我下乡只顾跑田塍，不进校门，教师向我们反映办学的难处，倾诉教师的苦衷，我们都熟视无睹，充耳不闻。自从心里有了教育这块地盘，才听到了教师的呼声，才发现今日农村最破旧的房屋是学校。"他在福田乡宗宅大队，看到学校办在一个破祠堂里，教师和学生挤在几间阴暗的危房里上课；在搞小百货富裕起来的桥东乡五爱大队，他看到了有些小学生每天带凳子上学，老师的讲台是一张破桌子……这些都在他的心里引起很大震动。在县委常委会上，他语重心长地说了这样一段话："像我们这样的干部，再要从头学科学知识，当什么专家是困难了，但是党和人民给了我们权力，用这个权力为振兴教育科技事业做些工作，还是可以的。"他要求各级干部都把教育作为一件大事来抓，像抓经济工作那样抓教育。他希望以后在农村里看到，最受尊敬的人是教师，最好的房屋是学校。

时隔不久，人们看到县委书记和县长带着县计委、农委、宣传部、教育局、农业局、财税局的一帮子人串乡走村。他们走访了好几所学校，分别解决了不少问题。在他们的带动下，各区、镇、乡党委领导也纷纷走村访校，现场办公。很快，被侵占的校舍和场地退出来了，学校烧饭、喝水、照明的困难解决了，教师的后顾之忧消除了，民办教师的工资提高了，创办农业职业学校的师资和校舍问题也迎刃而解了。

启示之三：由 50 多万元的鞭炮想到的

现场解决问题倒不难，难的是财力不足。要搞教育投资，钱从哪里来？

谢高华心里不是没有底，随着农村经济的迅速发展，全县城乡储蓄金额人均达 73 元，比全国高 37 元。一家鞭炮店反映，去年元宵迎龙灯，有个农民一次就拿出 70 多元买了 180 筒鞭炮；据县土产公司不完全统计，全县鞭炮消费就达 50 多万元。这个可观的数字引起了谢高华的深思：如果引导农民把多余的钱用在造福子孙后代的事业上，岂不是桩大好事！其实，民间本来就有集资办学的优良传统。湖门乡党委就是顺应这个传统，成立了集资办教育领导小组，向全乡农民和在外地工作的湖门籍人员发出了集资倡议信。只三四个月的时间，就筹集了两万多元，为湖门中学建造了 6 个教室。

谢高华了解到义乌化肥厂年底厂留集体福利基金达 8.9 万元，他找到了厂党委书记，打听这笔钱的用途，党委书记一时还说不上来。谢高华趁势引导说："你厂有 280 多名职工子女在稠城镇读书，稠城镇的几所学校房屋设备都很差，你们从福利基金中捐助一点办学经费，建好镇初中，这是最大的福利事业。"厂党委书记豁然开朗，回厂研究后，立即为稠城镇初中新建校舍捐助 3 万元。福田乡党委也把办学看成是最大的福利事业，将原打算用于建造会议室和干部宿舍的

3万元资金慷慨地捐助给乡初中。

这一来，谢高华的视野更加开阔，他提出了一个"五路进财，各方办学"的响亮口号。一年来，全县筹集办学资金158万元。

启示之四：重要的是抓好教师队伍的建设

青少年犯罪率呈逐年上升趋势；

电影《张海迪》上座率不高；

读了书的青年不愿回农村……

这些现象使谢高华感觉到，思想政治工作太薄弱了！他想到，全县57万人口，其中在校学生就有12万多。全县有4000多位教师，如果每位教师既会教书又能育人，每位在校学生都能在学校里既学好科学文化知识，又受到良好的思想品德教育，那么就等于我们的精神文明教育渗透进了千家万户。

谢高华决定支持新建一所县教师进修学校。在县财政十分紧缺的情况下，仍拨出专款造校舍。有了这所学校，由于历史造成的不合格教师将会在这里提高政治、文化素质。有段时间顶替风较盛，有的教师也急于让政治条件或业务能力不合格的子女顶职当教师。谢高华知道这一情况后，坚决制止了这一做法。他说："老子当教师，儿子不一定也会当教师，把不合格的教师吸收进来，是要误人子弟的。"

笔者在采访张年忠时，他还讲述了一件谢高华当年抓教育的趣事："记得那年，义乌城北农中要求县里把邻近农垦场的9亩黄土地坡划给农中作为学生的学农基地。谢高华得知后，带了相关部门领导直接到城北农中现场办公。会议中，城北农垦场的有关领导有些想法，提出如果把这块土地划给农中，总得明确使用年限呀！谢高华当场拍板：'那就暂定一万年吧！'全场哄堂大笑。"

农民教育是整个教育事业中一个重要组成部分，它直接担负着提高农民文化科学水平、培养农村建设人才的重要任务。多种形式的联产计酬责任制，极大地调动了农民生产的积极性，生产有了较快的发展，群众生活有了较大的改善，生产闲余时间相对增多，这也为组织

2018年10月23日，谢高华（中）与义乌工商职业技术学院留学生亲切交流

农民学习提供了极为有利的条件。实行联产计酬责任制后，农业增产与否，直接关系到农民切身的经济利益，广大农民要求学习文化科学技术的愿望也日益迫切，要求学习的内容也更广泛了。

谢高华说："对于一个县来说，经济搞不上去，说明我们的工作没有做好；对于教育来说，教育质量提不高，也说明我们的工作没有做好。一个学校的教育质量如同一个工厂的经济效益，要引起足够的重视。"

四、一本随身的宝书

"你读过《激荡的百年史》这本书吗？"

有次下乡途中，谢高华若有所思地问杨守春，杨守春当时一头雾水。

后来才知道，谢高华正在琢磨日本前首相吉田茂写的日本兴衰史。前面说的"最好的房子总是学校"就是出自此书。

《激荡的百年史》是关于"日本经验"的著名读本，作者是日本前首相吉田茂，曾在日本外交界就职多年，多次被派往中国、英国等地，政治经验极为丰富。在"二战"后的危难时刻出任首相，所推行的"教育兴国""拒绝重整军备，全力投入经济建设"等政策对日本的重新崛起具有深远的影响，因而也被认为是最具权威性的读本。

虽然它不过是一本10万字的小册子，但却是作者应邀为《大英百科全书》精心撰写的卷首论文，堪称向全世界推销日本的"自白书"，字里行间流露出的并非是文学上的趣味，而是政治家所独有的理性、坚忍、实干和勇气。

书中有这样一段话："无论是明治时代也好，还是战后也好，教育给与日本人以巨大的力量，这也可以说是历史上培育起来的国民性。教育在现代化中发挥了主要作用，这大概可以说是日本现代化的最大特点。正是由于教育制度的优越，明治时代的日本人才学到了西方的新技术，而且教育给与人们的锻炼，使日本人能够应付他们所遇到的危机。同样，高超的教育程度成了战后复兴的巨大力量。日本人由于战争而损失了许多财产，可是最为重要的能力——人的能力却没有丧失。"这么小的一个岛国，人人都知道资源匮乏是劣势，它又是怎样培植自己的重点产业，顺着世界经济的发展趋势提高生产率、投身市场经济的惊涛骇浪并经受考验的？

《激荡的百年史》有一个副标题——"我们的果断措施和奇迹般的转变"，这与中国改革开放的形势极为相似，谢高华说。

"读了这本书之后觉得很受启发，提倡向日本学习，学习日本的改革精神、教育优先、科技创新，以推动中国的现代化，并从邻国的成功看到我国实行开放政策的必要性、紧迫性。"1980年，在改革开放的新形势下，中国国家领导人胡耀邦曾以极大热情向中国读者推荐此书。

日本之所以能有今天，原因应该是多种多样的，但关键原因有二：一是日本能主动并积极向西方文明学习；二是重视教育，教育工作搞得有声有色。

吉田茂在书中不无骄傲地总结说："正是由于教育制度的优越，明治时代的日本人才能学到西方的新技术。""高超的教育程度成了战后复兴的巨大力量。"而中国，近百年来教育始终没有被提到应有的高度，这固然是由于国家受灾难，人民生活贫困，顾不上，但也有不重视向别人学习，从而对教育的重要作用认识不足的原因。

谢高华说，日本人在战后能够认识到国家的财富实际上取决于人民受教育的程度，而我们的改革更要重视教育的改革。

《激荡的百年史》激发了谢高华的无限想象空间，"兴商建县"区域发展战略主要是受到该书的启发。

由此可见，当年谢高华的大刀阔斧，并非心血来潮、"无知无畏"，而是"理论武装头脑，思想决定行动"。无怪乎时任金华市委常委、宣传部长的陈培德同志多次赞扬："谢高华同志不是知识分子，但他的理念与见识胜过知识分子。"

"义乌中学奋飞图"

第九章　千方百计抓教育

第十章　新马路市场崛起

那是一种奇妙的感觉。仿佛时代在推着你往前走,不前进都不行。

在当代中国经济奇迹中,曾经一而再、再而三地发生过"洼地效应"。在20世纪80年代,深圳是中国最大的一块洼地。特区政策的优惠性产生了巨大的诱惑力,使大量国内资金和优秀人才"孔雀东南飞"。

市场经营户用"大哥大"联系业务

有人说，义乌像个大蜂巢，政府是蜂巢的营造者、维护者，义乌的商人们在这里采蜜、酿蜜。

当时的义乌小商品市场也是这样的一块洼地。义乌人说，按市场规律赚钱，我们不虚伪，不遮掩。

"我要摊位，我要摊位。"一声声呐喊从四面八方而来，一个更大的浪潮涌起，更多的农民涌进城来。

在义乌，我们不难感受到，这里"连空气里都飘着金钱味"。这种义利并举的民风，在义乌人的经营行为上有突出表现：他们追求的是大生意、大规模、聚大钱，而他们盯准的是小商品、小利润、赚小钱。只要有钱赚，哪怕是一分、一厘，也会不遗余力。

"当时市场经营户看到这种欣欣向荣的形势后，我一直悬着的心终于放下了，感觉找到了发展义乌经济的新路子。"谢高华因势利导，新马路市场出现，义乌迎来了小商品市场发展的春天。

市场的根本是供需，市场的目的是赢利，市场的常态是竞争。

一、一封万言上书

"要赚钱就经商。"这是当时义乌农村的一句俗话，这是义乌区别于其他县市的一个显著特点。

新马路小商品市场是"逼"出来的。

工商部门成了当时扩建呼声的"代言人"。

新马路市场的动工建设，与工商部门近乎偏执的三次报告结下了不解之缘。

1983年6月5日，浙江省常务副省长沈祖伦来义乌视察小商品市场。应上级要求，城阳工商所所长吴望南、书记孙樟宝，来到副省长下榻的县政府第一招待所，汇报当时稠城小商品市场的情况。

"我们要征用三五亩土地扩建市场。"

汇报时，提出要求。

"市场用地，可以打报告给省府审批。找我解决；建场经费问题，可通过各方面筹集解决……"沈祖伦明确表态。

然而，因体制、政策、资金等原因一拖就半年之久。

面对这种情况，时任义乌县工商局佛堂工商所副所长的徐至昌站了出来。

"1982年11月，我从佛堂工商所调到城阳区工商所当副所长，专管小百货市场。政府将这些流动摊贩统一集中到湖清门，在街两旁排成两排，起初是用木板架起来摆货，之后换成水泥板，每个摊位80厘米宽。那时的湖清门市场，生意真是红火，经营户头一天拿来货，第二天肯定全卖光。后来做生意的人越来越多，经营大军从湖清门向新马路两头以及人民医院门口延伸。后来增加到800个左右摊位，其余都是提篮叫买的个体户。但因为经营环境比较差，经营户日晒雨淋，没少受苦。"徐至昌对笔者说。

由于群众经商热情高涨，当时获准开放的湖清门市场迅速爆满，3个月内摊位数增加近一倍。到了第二年年底，市场商位达到1050个，每市日参加购销人数少则五六千，多至近万人，4000多平方米的湖清门市场已经根本无法容纳，许多经营者自带门板搭起了塑料棚架，在两根竹竿顶着塑料布的简陋摊棚里进行交易，市场扩建的呼声一浪高过一浪。

可徐至昌他们的工商所市场管理工作办公室，连一间正式的房子也没有，临时租来约10平方米的一间农民房，内放一张办公桌、一台扩音机和两条专门用于接待及处理小商小贩纠纷的木凳。

为了照顾另一位处理日常事务工作的同志，徐至昌甚至连张办公桌都没处放，于是只好天天上外头与经营户为伍。这样的日子还真给徐至昌这位工商干部带来很多意想不到的收获，调查研究有时间了。

徐至昌对笔者说："当时我感受和印象最深的就是我们义乌县人多地少，干啥啥都不行，可为啥这帮做生意的却越做越红火？"

"很多经营户常常跑来向我诉苦，建议扩建市场，改善经营环境，要我向上面写报告，弄个地方搭个棚，上面盖一点东西遮风挡雨，让他们有安稳一点的经营场地。这一切我都看在眼里，记在心里，作为

义乌湖清门摆地摊

第十章 新马路市场崛起

市场管理人员,我当然认为自己有责任把经商者的心声向上反映,而且结合我多年对义乌经济与社会的研究考察,心里已经形成了一个想法,即我们义乌要在没有任何自然优势的条件下发展经济,就应当紧紧抓住农民经商这个积极性,大力开发和拓展商品市场。于是我决定将自己的想法和经商者们的意见,汇总成一份报告给县领导。"

当时,工商所的同事看到徐至昌写报告时,就劝道:"老徐你平反才刚过几天舒心日子,千万别再忘了心直口快的教训啊!"

"老徐,你被打成右派的苦头吃得还不够啊?不要去冒这个风险了。"

听了大家的话,已调回佛堂区工商所的徐至昌心头也矛盾,同事们的好心让他左右为难,可又觉得不写不行。

许多经营户听说,徐至昌有可能因为他们说话而面临"开除"的可能时,便纷纷来找他说:"老徐,你为我们写报告,如果有一天被开除公职,我们就带你一起做生意,去赚比你现在多几倍的钱;如果你坐牢,我们就天天给你去牢饭……"

徐至昌给谢高华的信,图为信的首页及尾页

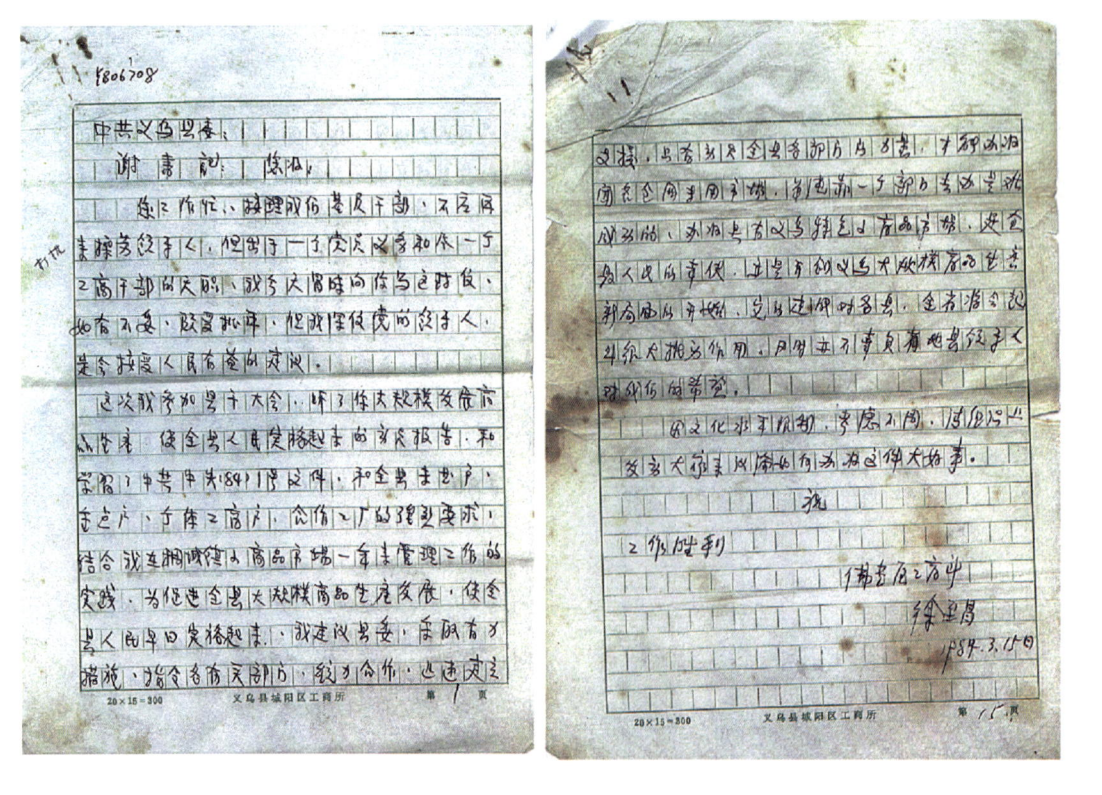

徐至昌听后，感动不已，于是就更坚定了向领导建议加快在义乌新建小商品市场的决心。

1984年4月15日，一份署有"徐至昌"大名、长达15页的建言报告《关于建议中共义乌县委采取强有力措施，迅速建成规模巨大的小商品专业市场的报告》送到了县委书记谢高华的手里。

报告写道："1982年9月在您的指示下，正式开放了小商品市场，经过一年的实践，证明县委的决定是正确的。""一年多来县委和您曾多次提出办好小商品市场，去年六月五日沈副省长来义视察小商品市场时，个体户曾面对面要求省府解决市场建设问题……总之，县委、省委领导人都非常重视义乌小商品市场建设问题，但为什么现在未落实呢？"

……

徐至昌的关于移址扩建市场的建议，无疑给谢高华和县委决策"以商兴县"的大目标点了把火。

"我们是共产党的干部。共产党的干部做什么事？说到底，就是为人民群众办事。徐至昌的建议说明了什么？说明了我们当干部的有些思想和观念还跟不上群众。这怎么行呢？这可是要拖改革开放的后腿的！"在一次县委扩大会议上，谢高华一边抽烟一边不时地站起身子向干部们大声说，台下则静得出奇。

大家知道，这个会议有非同一般的意义：县委要作出一项将影响未来义乌的决策，要把经商、兴商当作彻底改变义乌落后贫穷面貌和实现现代化的首要战略任务来抓。

徐至昌说："谢高华书记思想开明、办事果断，我于1984年3月15日写的报告，4月15日送到县委办。4月29日，当时的县委办主任就回信给我了。可以说，谢高华书记是总司令，工商部门是参谋部。"

当时县委办主任写给他的建言答复：你在三月十五日写的信，提出了很多合理化建议，县委书记谢高华同志专门作了批示，望今后仍然能多提一些建议，为振兴义乌而努力奋斗。

1984年4月5日和4月7日，工商部门的领导连续两次向县人民

中共义乌县委办公室负责人给徐至昌的回信

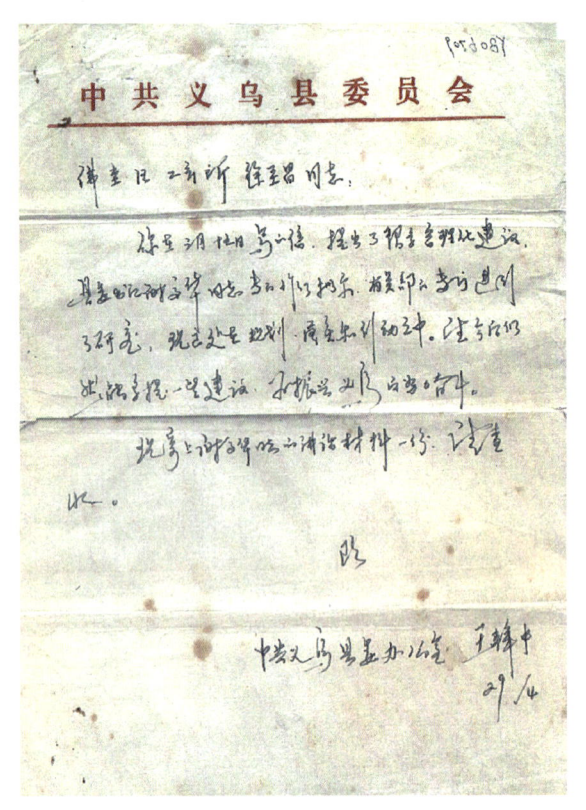

政府递交《关于要求建造稠城镇小商品室内市场的请示报告》。

最后的一份报告，在开头加了长长一段关于市场作用的叙述："稠城镇小商品市场从1982年9月份开放以来，对疏通商品流通渠道，繁荣市场，促进家庭工副业和商品生产的发展，解决城乡剩余劳动力的出路，增加个人、集体和国家的收入起到了很大的作用。1983年稠城镇小商品市场向国家提供税收达53万元，市场管理费14万余元。"

接着，报告针对"市场建设太差"带来的种种弊端强烈呼吁："广大群众曾多次向县委、县政府反映加强稠城镇小商品市场场地建设的要求；上级领导来义乌视察，兄弟单位来稠城参观，报社、电台记者来本地采访，都向我们提出了有关这方面的建议和希望。"

报告在最后搬出了"最高指示"：

"为了认真贯彻执行中央［84］1号文件——我们计划在稠城镇农协大队'二石八'征用土地五亩，建造一个室内小商品市场。"

先后三次报告引起了县委、县政府高度重视。

1984年5月6日，义乌县人民政府发文（义政［1984］86号），同意在稠城北太祖殿畈建造稠城小商品市场。

二、一笔攸关市场兴起的信贷资金

个私经济发展需要"输血"，小商品市场的建设发展也离不开资金的支持。

1983年4月，刚刚从县委开会出来的农行义乌县支行信贷科科长张其镇，与一起步出县府大门的时任县工商局局长郑松清不约而同地聊到了同一个话题——"办个市场起来"。张其镇建议，工商局出土地，农行出资金，郑松清当即赞成。

设想出来了，郑松清马上与稠城镇解放大队取得联系，要求征用解放大队太祖殿附近的近20亩荒地。

筹建市场，先要征购农民的土地，在浙江省副省长沈祖伦的亲自过问下，几经周折，市场的用地总算解决了，但接着市场建设巨额资金的筹措又成了难题。

建造一个小商品市场预算资金需要60万元，可是，当时义乌工业基础差，财政没钱，这笔资金如何筹集？

谢高华在一次会议上说："我们希望各个部委给予我们相应的支持，让我们能够享受一些特殊的待遇，支持我们尽快把市场搞起来！"

谢高华的话音未落，激起一片议论之声。这笔资金相当于市场1983年的税收贡献。据当时分管财贸副县长陈正兴回忆，"当时，义乌县财政比较困难，没有能力支持市场建设"，"向哪家银行贷款，贷款风险谁承担也是个问题"。

为了解决启动资金，工商部门通过向每个摊位预收300元摊位费、管理费的办法一下子筹得5.6万元，有了这部分资金，工商部门一边进行工程的前期准备，一边研究筹集资金的其他渠道。

工程于1984年7月4日破土动工。工商部门从仅有的23万元市场管理费中拿出13万元投入市场建设，这时该局交通工具仅有一辆旧三轮摩托车，四名正副局长还挤在一间办公室办公。

前期工作准备就绪，筹措建设资金的重担就落在了农行义乌县支行的肩上。

由于是固定资产投资，须报省农行审批。风险，还是风险，贷款报告送到省里，如泥牛入海。

等待，度日如年，早已作出承诺，自己又同样盼望着建个市场的张其镇，真有点心有余而力不足，急得坐立不安。

刚好，同年6月底，省农行组织全省部分骨干代表到江苏无锡等地参观乡镇企业，时间10天，一个地区两个名额，张其镇位列其中。时不我待，张其镇认准这是个好时机，连忙要求义乌县工商局打报告，他将报告随身携带，利用开会讨论之便，向省农行行长、1950年曾担任人行义乌支行行长的秦尧反复陈述了义乌工商局有能力偿还贷款的理由。

秦尧经过再三考虑，终于同意给义乌县工商局25万元贷款。他说："贷款由农行解决，还款以县财政为后盾。"他还要求"市场发展了，进场设立金融机构，农行有优先权"，并答应贷款不够，可适当增加。张其镇一身重负终于落地。

鉴于市场主管部门和工程承建单位的双重身份，工商部门同意以小商品市场工商所的名义向县农行贷款。

张其镇回来后，立即发放了贷款25万元。后来，因投资规模增加，又追加了10万元。

就这样，通过向经营户集一点、工商部门筹一点、银行贷一点、财政拨一点四路进财的办法，市场建设工程资金最终得到落实。

1984年10月，党的十二届三中全会召开，会上提出"发展有计划的商品经济"，这给义乌小商品市场又带来了春风。

10月14日，义乌县工商行政管理局小商品市场管理所成立，至此，小商品市场的工商行政管理事务正式由县接管。

1984年12月6日，经过7个月的施工，总投资57万元建设的棚架式新马路小商品市场建成开业，义乌小商品市场的蓝图从此绘就。

农行义乌支行因巨资贷款投入市场建设，获得了在第二代小商品市场内开展业务的"特许"，取名为农行小商品市场服务部。

现就职于义乌市农业发展银行的谭守利，有幸成为入驻市场的第一家银行营业机构的业务主管。回忆当年岁月，谭守利感慨万千。他说，无论刮风下雨，还是冰天雪地，他和同事们都要早晚踩着自行车把装钱的铁箱从总部到市场搬个来回。大热天，在一个只有10余平方米的小房子内，5个工作人员挤作一团，汗流浃背。当时，会计、出纳都是手工活，零破币较多，有时业务忙得吃饭的时间也没有。不过，苦尽甘来，当年效益很好：发放个体工商户贷款25万元，共开出个体结算户241户，存款额30.5万元。原本期限3年的35万元贷款，因市场管理费的成倍增长，提前一年还清。

1985年，当第三代小商品市场筹建时，县农行又毅然承担了建设资金缺口的贷款任务。他们抓时间，越级申报、审批，三天办妥各种手续，发放了贷款180万元，占建设该市场总投资资金的40%。1991年筹建第四代小商品市场时，1500万元缺口的建设资金依然是获得金融机构的大力支持。

金融是小商品王国的"血脉"，它的健康顺畅运转，推动了市场的迅速发展，推动了整个义乌经济的繁荣。市场也带动了金融的发展壮大，市场办到哪儿，金融机构就配套、服务到哪儿。现在，当你走进义乌各专业市场时，随处可见各家银行网点星罗棋布，简直有"银行多于米铺"之感。

三、首个批发市场开业

1984年12月6日，对义乌来说，是一个很值得纪念的日子。义乌县委副书记范华福，副县长陈正兴等同志代表县委、县政府参加了义乌首个批发市场的开业仪式。

这一天，有史以来第一个棚架式小商品市场开业，稠城小商品市场告别了沿街为市、逢集为市的历史，从湖清门迁入新马路北端新址，更名为义乌小商品市场，开始了进场为市、日日为市。

"这是义乌首个正式的专业批发市场。"徐至昌说，新马路市场占地1.3万平方米，用钢骨棚架撑起摊位，水泥板作柜台，蓝色玻璃瓦盖顶，摊位编排有序，内含小百货、服装、尼龙袜和针织内衣等大类。实现了由"马路市场""草帽市场"向"以场为市"的转变，商品种类达2700余种。因为品种多、价格低、服务好、安全有保障等优势，很快提高了市场知名度，迅速吸引全省乃至全国各地的客商。

要求入场经营的人如潮水般涌来，开业时摊位只有1510个，报名者却有6000多人，结果实际搬入1849户。摊位严重不足，就利用所有通道，拆掉一口水池，一年之后，摊位增加到了2800个。

冯爱倩、何海美、黄昌根等一批曾经多年来一直游荡街头、东搬西移的小商小贩们，第一次佩戴着胸徽，穿着整齐的职业装，像国营商店的营业员一样站在自己的摊位前售货卖商品。他们中间好多人都激动得哭了，因为他们不仅第一次有了属于自己的固定经营场所，更重要的是他们第一次被顾客叫作"同志""服务员"。别小看了这种变化，它给予经商者的不仅是简单的一处漂亮的经营场地，它所给予的东西恐怕连冯爱倩他们自己都难以说全。那应该是一种人格的恢复，一种应有的尊严，一种可以施展才能的战场，或者说是一块通向自由王国的天地。总之你只要能比喻出的都可以用上，因为今天的义乌人从建立小商品市场中获得的内容更加丰富了。

新马路市场的生意好得让人喜出望外。老经营户们说："新马路市场的生意比湖清门更红火，那么多人做生意，没有听到有一个亏的。"徐至昌说："这个市场因为紧靠浙赣线，铁路高过屋顶，每一趟列车经过，旅客都可清晰地看到这一片棚架全景，都说这个市场真大。义乌市场成为旅客眼里的一大奇观，犹如天天向全国做免费广告。"

当时的报纸这样报道："这是一个前所未有的景象，向来被治安纠察赶来赶去的农民摊贩，前天上午被义乌县工商行政管理局的同志敲锣打鼓地迎进了设施完善、服务周全的义乌小商品市场，展现在他们面前的是 40 排整齐的绿色和白色玻璃钢棚架，下设 1886 个摊位，市场中央建有一幢专为个体户服务的四层综合服务大楼，内设招待所、餐厅、小卖部、小商品寄存处和银行信贷部。"

报道称："这个堪称国内一流的小商品市场建成使用，是义乌县领导独具慧眼的一着高棋。"

当年，这样的大型市场，浙江省内仅义乌一家。这个位于县城西北角的小商品市场一开张，知名度迅速超过武汉"汉正街"市场、台州"路桥市场"，每天近万名购销人员进场交易，全国各地客商蜂拥而至，商品辐射南至海南岛，北至黑龙江，甚至跨越边境进入了尼泊尔和缅甸。

市场的意义远远超出了它的本身。一些国家级报刊纷纷发表有关文章。

义乌第二代小商品市场一角

《文汇报》记者在报道中讲了这样一个故事：市场上有位经营户，听说大中城市太阳帽非常好销，就特地赶到杭州买了一顶回来，钻研了三天，就仿制出了相似的太阳帽。这太阳帽在小商品市场一露面立刻成为抢手货。半年后，义乌从事太阳帽加工的农民就达到了3000人，成了当时国内最大的太阳帽产销中心。

1984年底，义乌在市场带动下，兴起大办乡镇企业热潮，当年新批准创办的企业2172家。全县乡镇企业年产值1.52亿元。同时，家庭工业户发展到2.23万，从业人员5万多，产值6272万元，比上年增长一倍。

遗憾的是，新马路市场开业当天，最应该出现在市场开业仪式上的谢高华却缺席了。

1984年11月28日，市场拓荒者、改革者、创新者谢高华，正雄心勃勃开始大步走向市场建设热潮之时，被调任金华农工部部长，表面上看这是平调，但明眼人都清楚平调不重用，实际上就是被贬。

有人认为他的调离与税收风波有关，但他平静地说："共产党员要服从组织决定。我个人能否提拔没有关系，只要对老百姓有好处就

义乌市场工商所负责人徐至昌（右一），陪同外宾考察市场

行了。"

离开义乌前,他曾要求,能不能在几天后市场开业再走,但没被允许。不知是喜剧还是悲剧,他个人的义乌历程就此结束,而义乌的小商品城之路从此拓开。

笔者翻看了1984年11月28日,谢高华主持召开的他在义乌的最后一次常委会的内容记录。

他说:"实事求是是一根红线,我们要敢于实事求是,要花点功夫调查,解放我们干部的思想,克服一个'等'字,一个'难'字,要从人民利益出发,大胆开拓,敢于创新。"

最后他说:"我去了后,请你们完成伟大的任务吧!"

谢高华离开义乌的时候,许多和谢高华朝夕相处的县委常委和县委办公室同事都不知情,只有吉普车司机何樟才师傅知道,县委办公室同事在整理他办公室时发现数天前有义乌人送谢高华的几张1985年的年历画都没有带走,因为谢高华压根就没有打算要离开这片奋斗了两年半的土地,没有打算要离开有情有义、勤奋实干的义乌人。

他是多么舍不得离开啊!

冯志来手书一首七绝赠别:"痛快淋漓写意真,谢公毕竟是能臣。而今携袖清风去,功过随人仔细评。"

"政声人去后,现在人家说你好,不算好,将来人家说你正确,那才算正确。我也有不少缺点、错误,得罪过许多人,但人贵有自知之明,我们就像猴子,都有一条尾巴。平时蹲在地上的时候,尾巴不容易被看到、抓到,爬到树上,尾巴就露出来了。所以,要夹起尾巴做人。"谢高华淡淡地说。

金子总是要发光的,1985年5月,谢高华又被调回衢州重用,担任中共衢州市委常委、常务副市长。

链接:义乌历代市场迁徙表

应该说,义乌小商品自由市场起源于20世纪70年代中期的廿三里，当时没有固定摊位，采取露天经营、提篮叫卖、沿街沿路摆流动地摊的办法，先后数易其地，慢慢地形成了简陋的小百货市场。70年代末，稠城镇县前街孟宅弄的转弯处火烧屋空地上出现了小百货交易摊点，后来规模不断壮大，转移到北门街路段，最后移到湖清门。经过三次县长办公会议和一次常委会议后，义乌开放了小商品市场。

第一代市场：稠城小商品市场（湖清门）

1982年9月5日，在湖清门道路两侧搭起的上可遮雨、下可摆摊的简陋市场——人称"草帽市场"，有正式固定摊位100多户，还有600多户流动摊位和大量"提篮小卖"，700多个摊位的"草帽市场"主要是靠扁担运送物品。

为了管好市场，由县政府办公室下文成立稠城镇整顿市场领导小组，由镇委和工商局领导牵头，财税、公安等部门领导参加，并抽调13名同志组成小商品市场管理服务站。市场经营范围为小百货、小五金、小针织、小塑料、小玩具、服装等2200多种商品，主要销往义乌周边县市。1982年市场成交额达392万元，1983年市场成交额达1444万元，1984年市场成交额达2321万元。

第二代市场：义乌小商品市场（新马路）

1984年12月6日，位于新马路的第二代小商品市场开业，占地1.35万平方米，摊位1849个。市场中心建成四层服务大楼，配有工商所、税收稽征组、银行分理处、个体劳协、寄存和饮食服务、招待所、问讯广播室、民警值勤室、治安委员会等服务设施和机构，实现了由"马路市场""草帽市场"向"以场为市"的转变。

刚开业不久，市场马上又显得太小了，"洼地效应"的形成，使市场的发展完全超出了人们的预计。1985年初，工商部门不得不动用预备用地架起300个临时摊位来缓解摊位供求矛盾，接着又在部分地块两排棚架间加摊。当时为市场服务的天目山牌三轮车已有280多辆，每天上市交易人员已有1.3万至1.6万人次。1985年底，市场摊位总数达到了 2847 个，税收分别为前三年的 8.1 倍、3.4. 倍、2.0 倍。

市场的再度扩建，已呼之欲出。

第三代市场：义乌小商品市场（城中路）

1985 年 4 月 25 日，副县长陈正兴召集工商局、小商品市场工商所负责人和部分个体户，研究如何解决市场进一步扩大的问题，并将解决设想提交县委、县政府领导班子成员会议讨论。讨论中，大家对于市场规模，只建一个小商品市场和将原市场改为农贸市场均无异议，但对市场要占用 60 亩良田的问题提出了不同看法。7 月中旬，县委召开五套班子联席会议，工商、土管、财税、计委与城建等部门和稠城镇政府领导参加，对新建小商品市场的设想方案进行专题讨论。为解决颇有争议的选址问题，县委书记赵仲光亲自带领与会同志到朝阳村附近、仓后路实地察看，最后作出决定：兴建新市场，场址选在城中路（当时叫环城路）以东、前大路与标准件厂之间地块，有意见只听不改。市场扩建领导小组由分管副县长牵头，整个建设现场总指挥由工商局领导担任。

市场于 1985 年 12 月破土动工，采用火车站月台式钢筋混凝土棚架，占地 4.4 万平方米，总投资 440 万元，内设 4096 个固定摊位和 1000 余个临时摊位，可容纳 3 万人在场内交易，市场内一半面积经营服装，另一半批零小百货、围巾、鞋类和毛线等。市场建设前后仅用了 10 个月的时间。

1986 年 9 月 26 日，位于城中路和篁园路口的义乌小商品市场正式开业。国务委员陈俊生派代表参加，省长薛驹寄来题词，常务副省长沈祖伦专程参加开业剪彩，22 家新闻单位的 43 名记者参加了开业典礼。

1986 年，义乌小商品市场的成交额突破亿元大关，辐射范围从周边县市延伸到省内外。

1986 年 10 月 25 日，对义乌市场来说永远是个值得纪念的日子。这天，国内权威新闻媒体——《人民日报》在头版对义乌开发民间市场、实施兴商建县的经验作了报道，盛赞义乌从1982年开始三易其地，建成具有全国规模的小商品市场。文章称："民间市场的兴起，最大的收获就是成千上万的农民积极参与经济的开发，进入市场经济的大课堂。"

这篇千字新闻还配发了一篇比新闻本身文字还要长的评论员文章，文章标题就是一声激动人心的呼唤：《大兴民间商业》。

文章写道："义乌县发展民间市场，培植市场机制，引导农民背靠市场搞活经济的做法，对我们下一步如何发展农村商品经济很有启发。""农村在完成以家庭承包制为主要标志的第一步改革后，怎样引导农民发展商品生产呢？显然过去那种依靠指令性计划、自上而下地

指挥生产的老办法不行了。我们现在面临的，是已经取得独立商品生产者地位的近两亿个农民，他们有自主决策权，可以和社会各方面发生横向联系。在这种条件下，只有把市场机制培植起来，才能引导农民逐步进入市场，通过市场交换来发展商品生产。也就是说，要积极地把过去高度集中、只依靠行政命令的计划经济，改为以多样化多层次的市场为基础的有计划的商品经济。""在农村，尤应提倡积极发展由农民和农民群体组成的民间市场。""义乌经验证明：大兴民间商业有利于培植市场机制，这是农村第二步改革要做的一篇大文章。"

《人民日报》的报道和评论，使义乌一夜之间成了全国的明星。

义乌第三代小商品市场经两次扩建，到1990年底已成为我国最

义乌第三代小商品市场

大的小商品专业批发市场。

1992年3月2日，国家工商局在北京人民大会堂举行新闻发布会，首次公布全国十大市场名单，义乌小商品市场位居1991年全国十大市场榜首，当晚中央电视台黄金时段的《新闻联播》栏目，重点报道了义乌小商品市场，次日《人民日报》《经济日报》《工人日报》《农民日报》《中国工商时报》《文汇报》等十多家媒体在显要位置纷纷报道，义乌享受到了国家级媒体从未有过的"礼遇"。

第四代市场：中国小商品城（篁园市场、宾王市场）

城中路小商品市场在全国的知名度越来越高，来自全国各地的客商像潮水般涌来。经营户也迅猛增多，市场摊位一再增加，却依然无法满足更多经营户的需求。

1990年，义乌市政府确定兴办第四代小商品市场。1991年1月10日，第四代小商品市场正式破土动工，1992年1月17日通过验收，可安排摊位7100个。1月21日，义乌市工商局对小商品市场经营商品进行划行归市，共分针棉织品、线带、毛线、文化体育用品、玩具等16个大类，把整个市场划分为八个交易区。2月13日，义乌第四代市场试营业。

1992年8月，一纸批复从北京传来。国家工商局正式把义乌小商品市场命名为"中国小商品城"。当年，中国小商品城成交额20.54亿元。

1993年12月17日，中国小商品城股份有限公司（商城集团前身）创立。

1994年6月4日，中国小商品城第四代市场二期工程通过验收，6月23日至26日，小商品城14673个新老摊位进行了调整。7月8日，二期市场试营业。至此小商品城建筑面积扩大到22.8万平方米，摊位数增至2.3万个。1994年，中国小商品城成交额突破100

亿元，达 101.17 亿元。

1995年11月，投资4.2亿元，占地28万平方米，拥有9000多个摊位的宾王市场建成开业，专门经营服装、副食品等。从这一年开始，义乌每年举办一次小商品博览会，在国内开了专门为专业市场办博览会的先河。

这两个市场的启用，义乌市场硬件和软件都发生了历史性的变化，经营环境"脱胎换骨"，管理更趋规范，从事运输的基本上是货车。1995年市场成交额达到152亿元。到2001年底，中国小商品城成交额突破200亿元，达到211.97亿元。

随后，义乌市委颁布《关于加快市场建设，培育市场体系若干意

义乌第四代小商品市场

第十章 新马路市场崛起

见》，提出了加快市场建设，培育市场体系，建立四大市场群，使义乌成为具有全国性小商品流通中心地位的多功能、远辐射、大吞吐的商贸性中等城市。

2002年5月9日，浙江中国小商品城集团股份有限公司获准在上海证券交易所挂牌。当年，经国务院批准，义乌小商品博览会升格为国际小商品博览会，成为继广交会、华交会之后的第三大展会。

第五代市场：中国小商品城（国际商贸城、国际生产资料市场）

2002年10月22日，总投资7亿元，建筑面积34万平方米，拥有9000余个商位的国际商贸城一区投入营运，工艺、饰品、玩具和花类等四大行业的1万余户经营户入驻经营。

2004年10月22日和2005年9月，国际商贸城二区、三区先后开业，五金、电子、钟表、电器、箱包、雨具、文化用品、文体用

品、化妆品、眼镜等十大行业搬入经营。

2005年,义乌入围《福布斯》中国大陆最佳商业城市百强排行榜,列全国县级城市第二位。国际商贸城被批准为国家4A级购物旅游区,是全国首个获此殊荣的购物旅游景区。2006年创立由国家商务部负责立项、论证和验收的义乌中国小商品指数,并于当年10月首期发布。

2008年10月,作为全球最大单体市场建筑的国际商贸城四区投入使用,建筑面积108万平方米,袜类、日用百货、手套、帽类、针棉、鞋类、线带等十四大行业2万多户经营主体顺利搬入经营,市场档次与规模举世惊叹。2009年11月正式实施由商城集团编制、商务部批准的《小商品分类与代码》。

2011年5月5日,国际商贸城五区投入使用,分地上五层、地下二层,主营床上用品、发制品、针纺品、婚庆用品、针织原材料、酒店用品、汽车配件、宠物用品等,并专设网商服务区。其中义乌中国进口商品城位于五区一楼,经营面积达10万平方米,商位数量400多个,销售渠道遍布全国各地并转口至海外。

2013年11月19日,总投资29.5亿元,占地520亩,总建筑面积达75万平方米的国际生产资料市场正式开业,主要经营皮革材料、灯具、加工机械、五金、电动工具、印刷机械、针织机械、缝纫设备等。

随着国际商贸城市场体系的逐步完善,义乌市场的品牌越打越响亮。如今,义乌中国小商品城拥有经营面积550余万平方米,商位7.5万个,汇集26个大类、180多万种商品,是国际性的小商品流通、信息、展示中心,商品销往世界219个国家和地区。

义乌,这座建在市场上的城市,从"鸡毛换糖"到"全球超市",完成了美丽的蜕变。

义乌国际商贸城一角

第十章 新马路市场崛起

197

第十一章 "兴商建县"战略推进

义乌不能忘记 谢高华

　　任何一座城市都不可能凭空而来，从诞生、发展到繁荣均有自身的历史基础和文化传承，"市上之城"的义乌也不例外。

　　义乌，一座充满传奇的市场之城。市场与小商品，简直是义乌的代名词，是国际名片，让这个虽有2200多年悠久历史但曾经默默无闻的县级市因它而名扬天下。

义乌金融商务中心

习近平总书记在浙江工作时曾以"无中生有、点石成金"概括义乌奇迹，由表及里地指出了义乌的鲜明个性及成功之道，其中"兴商建市"就是一块开启义乌社会发展、经济腾飞的金刚石。

"兴商建县（市）"区域经济发展战略为谢高华首创。后来，历届党委、政府几乎所有的经济活动都围绕发展战略在进行，实现了从最初的"马路市场""棚架市场"到"大型现代化交易市场的嬗变"。义乌利用拥有独特而丰富的货源，从一个名不见经传的传统农业小县跃升为一个驰名中外的市场大市、经济强市，成为全球最大的小商品批发市场，综合竞争力列浙江省县级市第一位。

一、日本"贸易立国"启示

"一等二看三通过"是行人在铁道口的行走原则，也是多年来许多干部在工作中的保险守则，但作为一名有责任担当的领导，谢高华则常常勉励自己：放眼世界，找出好东西来为我所用。

"有些理论问题我也搞不清楚，当时说第一产业是农业，第二产业是工业，第三产业是商业和服务业，认为服务业不创造财富。现在看来，服务业也能创造财富，当时的看法不够辩证。马克思《资本论》里还讲了一句话：从产品到商品，是惊险的跳跃。我看了半辈子也看不懂，计划经济时代我确实看不懂，在义乌我有些理解了。"谢高华动情地回忆起"兴商建县"战略的缘由。

谢高华虽然文化程度不高，但很爱学习。勤能补拙，多年的理论指导实践的基层工作，让谢高华养成了学习的好习惯。

有一次，他在一本杂志上看到一篇文章，文章讲述了日本作为第二次世界大战后的战败国，在短时间迅速崛起，成为世界强国的经历。他对日本的"贸易立国"战略深受启发，由日本的经济发展历程逐渐形成义乌的区域发展战略。

"二战使日本战前积累的财富丧失殆尽，战后经济陷入崩溃的边缘。但是，日本抓住世界经济重心向太平洋转移的机遇，在'冷战'的背景下，结合日本国情，掀起工业化的高潮，创造了世界经济发展的奇迹。"在谢高华的笔记本上密密麻麻地记录了日本发展之内因与外因。

战后日本经济的迅速发展的诱因，是由多方面构成的，既有主观的，又有客观的。

其一，战后初期的民主改革是经济振兴的基本前提。日本战后进行了比较广泛的社会改革，政府推行凯恩斯理论，利用国家政权的力量，加强对经济生活的干预、引导和控制，发展国家垄断资本主义，进一步废除了生产关系中的封建落后因素，为经济发展奠定了基础。

其二，采取多种措施促进劳动生产率的提高，增加资本总量。他们还大力发展教育，重视培养人才。高度重视教育的结果，为经济的现代化提供了大量的优秀工人及科技人才。他们还同时引进国外先进技术，充分利用传统文化的积极因素来管理企业。

其三，长期坚持推行高积累、高投资和强化资本积累的政策，实现低成本高效益的运行机制。第三次技术革命的兴起和发展对日本经济的飞跃起到了巨大的推动力。

其四，美国经济上的扶持，刺激了日本经济的发展。美国对日本的各项援助和贷款累计金额达30亿美元，大批量的各种军事订货，使处于萧条状态的日本经济运转起来，犹如一颗起死回生的灵丹妙药，使徘徊不前的日本经济走出低谷。

日本确立"贸易立国"的战略，积极有效地开拓国际市场，扩大进出口贸易，加强资本输出，大力发展外向型经济，对外贸易迅速增长。这些都深深地吸引了谢高华的眼球。

二、"兴商建县"战略的出台

"这几年来，义乌小商品市场效益很好，经济发展很快，再根据义乌的实际，如何翻番？如何奔小康呢？靠工业，义乌的工业基础不好，没有几家工厂。从农业来讲，农业是重要的，要搞的，但义乌的农业资源少，土地少，所以我当时从义乌实际出发，提出了'兴商建县'的口号,这是义乌发展一个比较大的战略思考。"

谢高华从1983年起,在不同的会议上曾多次提出"以商兴县""贸易兴县"的区域经济发展设想,并付诸行动中。

"'兴商建县'口号提出后,义乌人民非常兴奋,县委为义乌今后发展指明方向,生意可做了,通过做生意富起来,不要怕了,这是给义乌人民一个定心丸。"杨守春回忆说。当时有人认为,根据政治经济学理论,商业流通不产生劳动价值。谢书记对此提出,马克思还讲过一个观点:要实现产品向商品的转化,必须经历商品流通这惊险的一跃。此外,日本已有贸易立国的成功先例。可见,当年谢书记大刀阔斧进行创新,并非心血来潮或无知无畏,而是经过深入调研和深思熟虑后做出的决策。

1984年2月,谢高华在全省农村工作会议上发言时提出,发展商品生产是农村富裕起来的必由之路,而发展商品生产,就必须搞活经济,要搞活经济,就必须解放思想。

"过去我们领导生产,有一个很大的毛病,就是单打一。县委书记就是农业书记,农业书记就是粮食书记。农民只能务农,务农就是种粮。因此,'粮食过双纲,分红几毛钱'的高产穷队比比皆是。实行联产承包制以来,剩余劳动力有了经营自主权,'八仙过海,各显神通',积极开拓新的生产领域,涌现了一大批工农业总产值三年翻一番、五年翻两番的大队。因此,我们改变了过去老习惯,把解决流通领域的问题作为一件大事,列入党委和政府议程。"

1983年县委发出的第一号文件,就是关于进行商业改革、促进商品流通的通知。为搞活经济,采取了不少措施加快商品多渠道流通,其中作用较大就是两次开绿灯,一次是为小商品市场开绿灯,正式开放了稠城、廿三里两个小商品市场,划定地段,固定摊位,按章管理和收税,保护合法经营。市场的稳定发展带动了服务业的发展,也带动了更多的小商品基地的建设发展。还有就是为农村工业供销队伍开绿灯。义乌的农村工业,就地取材,就地销售产品的比重不大。为了取得原料和打开产品销路,部分社队企业采用奖励挂钩、超利分成的办法聘用供销人员,到外地购进原料,加工以后将成品销往外地。事实告诉我们,在城乡商品生产大发展时期,供销队伍是一支不可忽视的重要力量。因此,县委两次下文件总结推广了大陈乡重视发展供销队伍的经验,还在全县干部大会上表扬了一些工作出色、文明经商的供销人员。在县委的鼓励下,农村工业供销队伍空前活跃起来,他们北上南下,涉足全国,使一些濒临倒闭的企业起死回生,使一些原来办得较好的企业不断发展。1983年全县社队企业总收入达到8000万元,比上一年增长56%,其中70%的原料和燃料是通过供销队伍从外地采购进来的。

谢高华回忆道,当年在省农村工作会议期间,他曾向多位省级、厅级领导,提出"兴商建县"的区域发展思路,得到了有关领导的认可。

随后,谢高华在全县区、镇、乡党委书记等各类会议上,鲜明地提出了"兴商建县"的发展战略,要求放宽企业审批政策,简化登记手续。义乌全县由此掀起了经商办厂热潮,这年年底个体户达14259户,小商品市场成交额2321万元。

难怪有人说,如果不是谢高华当年一手为个体经济大开"绿灯",一手力挽狂澜顶住方方面面的压力,义乌不会有今天"世界小商品之都"称号。

"兴商建县(市)"作为义乌改革开放以来最重要的发展战略,是义乌人民在历届县(市)委的领导下,从义乌的实际中摸索、确立和完善起来的。

时任义乌县委报道组负责人的张年忠,对"兴商建市"发展战略主线的提出、确立、形成及完善可谓是最有发言权。在笔者采访前,他还与当时的一些同事进行了细节上的沟通,以确保完整真实性。

张年忠一边翻阅资料一边指着内容说,1982年5月,谢高华调任义乌当县委书记,正值义乌市场要不要开放、农民经商到底是不是资本主义尾巴有所困惑的时候。在6月份的一次区镇书记参加的汇报会上,义东区委书记在汇报工作时讲到,现在有些人认为土地承包后,许多农民都去经商了,这是弃农经商,以后这样下去,土地都要荒废了，这个问题可能会成为义乌的一大包袱。

谢高华听后决心要把义乌一直受压制的'鸡毛换糖'经商风做一次彻底的调查，看到底是该刹还是该放。

兼听则明，偏听则暗。通过一个月的调研摸底，认真听取各方面的意见，心中有了结论。在一次县机关干部大会上就提出："义乌的小商品经营不是一大'包袱'，而是义乌的一大优势，应当大力提倡和鼓励……"一锤定音，按下了大家骚动的心，"从地下转为地上"开放市场，并制定了"四个允许"的政策，这在当时的环境中，谢高华是担当了很大的政治风险。

1984年10月5日，谢高华在全县区乡党委书记会议上首次明确提出"以贸易为导向，贸、工、农相结合，城乡一体化，兴商建县"的发展战略。他要求把市场摆在义乌经济发展的龙头地位，把商贸业作为义乌的主导产业，大力发展小商品市场，把商业搞活。要面向全国市场、面向世界，对外开放，争取打进国际市场。这一工作思路得到了省委、省政府的肯定。

12月，义乌被省委列为省农村工作会议的典型发言单位。当时，县委办指派张年忠随县政府办公室主任方浩楠到杭州接受撰稿任务。在杭州新新饭店6楼，时任浙江省委常委、常务副省长沈祖伦当面指定义乌发言题目为"兴商建县，振兴义乌"八个字，并要求在一星期内完成。

1985年2月，《兴商建县，振兴义乌》在全省农村工作会议上成为新任县委书记赵仲光的发言材料。"兴商建县"作为义乌的发展战略就这样被正式确定了下来。

浙江省原省长沈祖伦回忆说，义乌的发展与省委、省政府的有力支持分不开，对义乌的做法，包括对谢高华的看法，当时存在争议。1984年、1985年两次安排义乌在全省农村工作会议上发言就显示对义乌肯定与对义乌兴商建县发展经济模式的明确支持。

中共浙江省委原书记王芳说："发展一个市场要比搞多少工业项目对当地经济的作用还大。"这是市场推动当地经济发展朴实而经典性的话语。

义乌被称为"建在市场上的城市",市场是全市经济社会发展的基石,是义乌模式产生、发展的原动力。习近平曾经在多个重要场合肯定和赞扬义乌"兴商建市"战略。2006年6月8日,他在义乌调研时谈到义乌的发展经验其中有一条,是正确处理继承与创新关系的经验,是接好"接力棒"、打好"接力赛"。

翻开义乌的改革开放史,诚如习近平所总结的是"从实际出发,创造性地贯彻中央的精神,落实省委的决策部署,积极探索具有浙江特色和义乌特点的有效做法,坚持兴商建市,促进产业联动,注重城乡统筹,推进和谐发展,丰厚文化底蕴,力求党政有为,走出了一条独特的区域经济社会持续快速协调健康的成功道路"。其中的"党政有为",就包括曾担任义乌县委书记的谢高华在内的历届党委、政府有形之手的"斧凿之痕"。

习近平说,义乌确立并实施"兴商建市"发展战略从未动摇,历届党委、政府遵循抓市场就是抓经济的理念从未改变,致力于专业市

1988年7月11日,义乌举行撤县设市新闻发布会

场硬件提升、交易创新、功能拓展的工作从未停止，真正做到了工作围绕市场转，城市围绕市场建，产业围绕市场育。在市场发展方面，可以说有规模的扩大、政策的完善、结构的优化、管理的创新、领域的拓展，却从未有过方向的更改、原则的动摇、重点的转移；有接力、续力、助力，而没有撤力、断力、转力。可谓是认准"一根筋"，坚持不松劲。

从"兴商建县"到"兴商建市"，虽然行政级别从县升格为市，当时的县委换成了现在市委，但是历届班子"兴商建县（市）"的战略蓝图从没有改变和动摇，牢固树立了抓市场就是抓经济的理念，保持了总体发展战略的延续性，始终把市场作为区域"发展极"来培育和经营，在继承中不断创新和丰富其内涵，做大做强"商人、商品、商机"三篇文章，从开放小商品市场到确立"兴商建县（市）"的发展战略，再到"以商促工、贸工联动"，再到"以工哺农、以商强农"和率先推进城乡一体化，再到确立建设国际化商贸城市，每一阶段的发展都不离一个"商"字，每一阶段的发展又都有新的创造，新的内涵，新的提升，新的拓展，新的目标。

三、一场"引智"盛会

如今，招商引资常常被列为地方政府的一号工程。

其实，谢高华在义乌工作时，早意识到"知识经济"对义乌发展的引领作用，曾多次在不同场合表达成立"振兴义乌促进会"的意愿，发挥重视在外义乌人的作用。

"义乌在外地工作的同志很多，我们通过这种关系搞技术交流、协作、提供信息，搞这种关系与搞个人谋私利的'关系学'是不同的，不能混为一谈。同乡会要充分发挥桥梁作用，以乡情亲情为纽带，心连心，手牵手，充分利用地域、人缘、亲情的优势，加强义乌同乡之间的联系交流，团结互助，服务乡亲，关心支持家乡的建设发展。"谢高华回忆说。

1984年10月21日和1985年1月6日，义乌县委、县政府为振兴义乌、发展经济，分别在杭州、上海召开了义乌籍人士献计献策座谈会。

1985年1月13日，谢高华虽然人已经在金华工作，但心系义乌，应邀参加了在北京举行的座谈会，这次出席人员规格很高，有全国人大常委会副委员长严济慈以及著名人士丁玲、艾青、廖沫沙、高戈等。

参会的一位老同志回忆说，谢高华穿着一色的棉军大衣，风尘仆仆赶到北京寻找乡音和知音。晚上，谢书记自己写发言稿。我一觉醒来，见台灯还亮着，他正在一字一句推敲，我一看表已经凌晨2时，蹑手蹑脚往卫生间里走，想不到谢高华书记甩过一句话："明天，你一定要请到丁玲和艾青！"

那天很冷，但阳光也很明媚。北京的冬天就这样很有一种大冷大风大阳光的光明磊落感。林乎加、廖沫沙、高戈、吕志先、吴敏达、金若年等先后来到。艾青也在高瑛陪同下早早到了。严济慈也说定了利用一个活动的间隙到会。只是丁玲由于中国作协的小车没有及时联系好，有些迟到。

一个写小说，一个写诗，中国文坛最有代表的两大文人都不是义乌人，却来出席关于振兴义乌经济的同乡会，自然成为会议的热点。

"请他（她）们也讲讲义乌嘛。"廖沫沙风趣地说。这提议很快得到了采纳。

不愧是大起大落中走来的"昨日文小姐，今日武将军"，丁玲很快宽容了这一"突然袭击"。她一边从容地站起声明说"我要站着讲"，一边以她特有的湘味很浓又很清亮的声音说道："也不事先打个招呼，叫人为难。要讲经济，我是个文盲，什么也不懂的，我自己这两个钱，袋里从来没装过，艾青也跟我差不多。我们不知道市场里怎么样，买个菜怎么样，是这种人呵。但是，将了军了，我就得讲两句。现在好像有懂了一点，也不是我去学的，而是听到一些信息。我这个信息还是从我的农村来的，从我的北大荒来的，从我的河北乡下来的。过去我们一块劳动的人，现在来看我时，常捎来自家的鸡蛋、鹅蛋、鸭蛋和油。那时，我再穷，也比他们好一点。有个什么事，他们就向我借个十来块钱。现在他们都成万元户了。这就使我懂一点了。过去我们最看不起的，是做买卖的人——商人，我们都喜欢工农兵，商人就不太去沾边。看人也是，太会精打细算的人，我们就觉得没意思。现在好像世界翻了一个个了，我们的确是落后了……听到这么多信息真是高兴，觉得党的政策实在很好，使人变了。那时，我去农村，看到农民懒洋洋的，八九点钟，太阳老高了，还在街上聊天。就是上地了，动了两下手，大家就回来了。现在他们不是这样了，现在他们拼命地干活，因为劳动果实归自己了，干活就有积极性了。

"那么我们同你们义乌有什么关系呢？说老实话，你们讲义乌话，我一句也听不懂。陈望道是我最早的老师，1922年，我在上海上学，他是我老师，他讲课时义乌话太多了，我们不太听得懂他的话。冯雪峰虽讲普通话，但是义乌腔还是很浓，前年，我们上了一趟义乌，觉得那个地方很可爱。"

听着丁玲这样"话说"义乌和义乌人，在场的义乌人很自豪。

艾青一开口，幽默、风趣横生："我只讲一点，人家说我是冒充义乌人。我这个冒充，已有很多年了。我的母亲是义乌人，母亲的母亲也是义乌人。这样我同义乌有很深的关系。我住的地方离义乌只有20公里路，离金华有35公里路。我实际上是金华人，但是同义乌只隔一条小溪，这样人家就把我当义乌人。今天，有人说这是从义乌来的（指桌上的瓜子），瓜子到处都有，我总有所不忍，它特别难看，什么道理呢？一我咬不动，二是其貌不扬。"

艾青一本正经地做了一个诗人才会做的动作，一边翻看瓜子，一边说："看有没有义乌两个字，没有！"在场的人已笑成一片，艾青自己不笑，仍然一本正经地说："林乎加同志说，义乌有那么多小商贩，我都大吃一惊，北京遍地都是义乌人。我知道青田人在法国、意大利做皮革生意很在行。义乌人，根据它的小商贩这么发达，组织起来大有可为。义乌人要像珠江三角洲一样，靠华侨来支持，没门。严济慈没有钱，陈望道没有钱，冯雪峰也没有钱。"大家都被艾青这坦诚、亲切、充满智慧和风趣的言语打动了，爆发出来自内心的掌声，许多人眼角涌出泪光。丁玲和廖沫沙也不例外。

艾青接着说："今天，开这个开拓的会。义乌人嘛，第一条是开放的县，我昨天问了一位女副县长：'义乌有几个万元户？'她说有几千个万元户。这几千个万元户可不简单，我家还没有成为万元户。你领导几千个万元户不简单。我赞成林乎加同志的话，把商人组织起来，把义乌人也组织起来，源源不断的财富就会产生。"

丁玲和艾青的"话义乌"结束后，会场的气氛非常热烈，笑声阵阵，那是心灵的释放。

那夜，来北京的义乌人和在北京的义乌人都难以入眠。谢高华破例喝了酒。

家乡的情最浓，家乡的酒最香，家乡的发展最让人自豪！

"每一次见到义乌的亲戚都无不心潮澎湃，感慨义乌人民伟大的创造力，我对义乌有着割舍不断的情结。这些年我曾考察了很多城市，但在我心中，义乌应该是最具生命力的城市。义乌不仅是义乌人的义乌，义乌是浙江省最宝贵的资源，也是中国最宝贵的资源，义乌的发展之快也令许多人感到不可思议。"浙江省原省长沈祖伦在杭州振兴义乌促进会成立20年的会议上发表了热情洋溢的讲话。

如今，义乌同乡会在全国众多城市落户，为密切加强同乡间的联络，积极宣传义乌市场，大力推介义乌，协助家乡招商引资，为家乡的发展出主意、传信息、立项目、筹资金、送科技、引人才，义乌与各地为扩大两地的经贸合作作出了重要贡献。

链接：兴商建县　振兴义乌
——1985年2月省委农村工作会议发言材料

这几年，我们从义乌实际出发，把商业作为带头产业来抓，运用价值规律，扩大交换，搞活流通，全县商品生产和商品流通出现了可喜的变化。国营商业和供销社在改革中前进，1984年社会商品零售总额达 18627 万元，比上年增长 24.5%。城乡集市贸易繁荣，成交额达 5745 万元，比上年增长 32%。更可喜的是，有一大批农民直接参与了商品流通。到去年底止，全县离开农业从事商业活动的农民约 3 万人，占农村劳动力总数的 12%，相当于全县国营商业、供销合作社和合作商业职工总和的 8 倍多。这 3 万人中，在外地行商的约 1 万人，在县内专业市场经营小商品的 8000 人，在乡镇企业任供销员和营业员的 2500 人，在农村开小店、摆摊和进集镇从事饮食等服务行业的 9000 人。搞活流通对商品生产的发展起了很大的促进作用。去年我县工农业总产值达到 5200 万元，比 1983 年增长 37.2%，比 1980 年翻了一番多。

回顾近两年来的工作，在发展商业、搞活流通方面，我们主要做了以下几件事：

一、从实践中提高认识，逐步确立兴商建县的指导思想

近几年来，我县农村经济发展较快，形势越来越好。其原因，很重要的一条就是在实践中逐步认识了商业的重要性，确立了兴商建县的指导思想。党的十一届三中全会以后，我们怀着振兴义乌的强烈愿望，重新审度了发展农村经济的客观条件，认定了三个优势。第一，我县农民素来有外出经商的传统。他们走南闯北，有的敲糖换鸡毛，有的贩运土特产，有的买卖小百货，长年累月，积累了丰富的经商经验。第二，全县人均耕地不过 6 分多，而劳力资源很丰富。实行联产承包制后，农民经营非耕地产业的要求越来越迫切，至少有三分之二的剩余劳力可以从事乡镇工业、商业和其他服务业。第三，从义乌的地理条件看，浙赣线横贯全境，每天有 20 趟南来北往的列车停靠。公路四通八达，客运货运都很方便。铁路、公路连通了全国各地的市场。

随着农村政策的放宽，义东、稠城等地有经商习惯的农民首先闯入流通领域，在稠城、廿三里自发形成了两个小商品市场，给封闭式的农村经济开了一个口子。但是，各种议论也纷至沓来。有人说这是"弃农经商""不务正业"。有人认为"无商不奸""为富不仁"。也有人

斥之为"资本主义",主张取缔。有的部门把小商品市场看作是一大包袱,采取了一禁二堵的错误做法,可是禁不了也堵不住。县委通过大量的调查研究,肯定了农民经商是沟通城乡流通渠道、促进生产和交换的大好事。农民经商活动的兴起,恰恰证明了这是义乌的一大优势。为了破除种种陈腐观念,支持农民从事商业活动,县委在1982年上半年明确提出了"四个允许",即允许农民经商,允许农民长途贩运,允许城乡开放市场,允许多渠道竞争。接着,又由县政府发出通告,正式开放稠城和廿三里两个小商品专业市场,并引导各部门把思想和工作转过来,为农民经商开放"绿灯"。这样,农民经商的队伍就迅速发展了,经营活动的范围从县内外扩展到全国各地,农村市场数量增多,规模也不断扩大,整个城乡经济活跃起来了。

经过两年的实践,县委于去年上半年又认真分析和总结了农民经商以后出现的新情况新经验,进一步提高了对商业作用的认识。这里有几件事对我们启示很大。一是稠城镇凤凰山农工商公司,原来单一搞农业,收益甚微。1983年开始重视商业,实行农工商综合经营,从东北运来大量葵花子加工后出售,当年销售额达到77万元,赢利24000元;去年把加工的多味葵花子打进杭州市场,共销售了200吨。他们以商扶工补农,使企业不断发展壮大,产值从1982年的47000元增加到去年的132万元。二是在专业市场经营小商品的农民,在致富的道路上一马当先。如稠城镇解放、建设等村,过去都比较贫穷。小商品市场开放后,这些村的大部分农民从事商业经营,短短两年时间,就由穷变富,人均收入超千元。从全县"万元户"的情况看,也以经商农民为最多。三是跨省经营的购销户和县内市场的兴起,带动了全县工农业生产的发展。由于购销专业户从外地带来了市场信息,引进了许多新产品,各种合股联办的工厂和家庭工厂应运而生。稠城小商品市场上的各种商品,当地生产上市的前年还不到10%,去年已经增加到30%以上。许多农民把经商赚来的钱用于办工厂,搞建设,大大加快了乡镇企业的发展。特别是服装加工业,更显得兴旺,去年产值达到6000万元,占乡镇企业总产值的三分之一。商业的发展,还带动了运输业、邮电业和其他服务业的发展，国家税收也多了。这些事实，使我们更加清醒地认识到，必须充分发挥农民经商的才干使更多的农民从农业中解放出来，利用资源和市场，发展商品经济。去年5月，县委更明确地提出了立足市场、面向全国、闯入港澳、打进国际市场、振兴义乌的奋斗目标，进一步确立了兴商建县的战略思想。

二、落实经商能人政策，起用能人带动农民做生意

长期以来，由于"左"的影响，流通领域成了农民的禁区，谁闯入这个禁区谁就挨整。特别是那些经商能人，差不多在历次政治运动中都要受到打击。因此，尽管县委提出了"四个允许"，鼓励农民进入流通领域，但很多能人对经商问题仍是心有余悸，怕政策多变，今后再吃苦头。在这种情况下，县委认为要兴商建县，首先要为经商正名，把过去的错案纠正过来，给经营能人落实政策，在政治上恢复名誉，在经济上赔偿损失，在法律上保护他们的合法权益。自1982年以来，县委抓住典型案例，组织工商行政管理等部门，先后复查纠

20世纪80年代初，义乌红旗电视机厂生产的电视机质量好、销量大。图为小学生在"红旗"牌电视机前收看少儿节目

正了20多起较大的经济案件,清退罚没款3万余元。这些实际行动,解除了能人的后顾之忧,激发了他们经商的积极性。如苏溪乡龙华村农民金关福,1982年从上海购进尼龙丝纺,交给当地农户分散加工成尼龙袋,然后集中起来到市场上成批销售,成了经营规模较大的尼龙袋购销户。不久,金关福被有关部门指控为"大量抢购尼龙丝纺,与国家争夺原料",价值2000多元的加工原料被没收,人也进了"学习班"。后来,金关福与其他5人集资合股,以村的名义,办起了一个尼龙袋加工厂,又受到打击,流动资金被冻结,还被罚款1200元。这年下半年,我们县委、县政府主要负责同志到龙华村调查,弄清了事实真相,肯定了金关福的正当经营,纠正了对他的错误处理,并与有关部门联系,清退了所有罚没款。通过纠正这一错案,龙华村的尼龙袋加工和购销活动,很快得到了发展和普及。全村163户农民,除了没有劳动力的以外,几乎家家都加工尼龙袋。龙华村成了加工、销售尼龙袋的一个专业村,去年产值达到500万元,人均纯收入超过800元,还带动附近7个村发展了尼龙袋加工业。

为了提高经商能人的政治地位,县委、县政府每年召开专业户代表会时,都吸收从事商业的能人和乡镇企业的供销人员参加,表彰他们的先进事迹。如楂林乡一村的豆腐皮购销专业户厉关水,近几年来,每年推销豆腐皮都在20万斤左右。1984年共推销27万斤,占全乡豆腐皮总产量的22%,为当地发展豆腐皮加工业作出了贡献。像这样的经商能人,县委、县政府都给予表彰。同时,我们还注意在经商能人中发展党员,选拔干部。据初步统计,去年全县有32名农村经商能人入了党。经商能人和供销员被选拔到农村各级领导岗位上的就更多了。福田乡两年来起用18名能人担任了乡、村和企业的领导,其中多数是经商能人和乡村企业的供销人员。

乡镇集体企业供销人员,是流通领域中的一支重要力量,他们工作的好坏,直接关系到企业的兴衰。全县800多个乡村集体企业,有1500多名供销员,他们承担着三项任务:一是调查了解市场信息,二是开拓市场、推销产品,三是搞好协作和采购原材料。这些供销员长期来往于全国各地，工作很辛苦。为了充分发挥他们的积极性，各乡村和企业在加强思想教育和业务训练的同时，在经济上予以优厚待遇，月工资一般比工人高一倍以上，奖金可超过其他人员的两至三倍，对企业贡献大的还可以更多一些，允许他们先富起来。

在经商能人的带动下，许多原来不会经商的农民，也大胆地闯入了流通领域，不少人已锻炼成为新的经商能手。农村购销专业户越来越多，全县已达10490多户，有的村已成为经商专业村。农民不能经商的时代已经过去了。

三、面向全国开拓市场，依靠两个市场发展商业

发展商品生产就得有市场。市场是反映社会供求信息、销售商品和为再生产提供原料的重要场地，是多渠道流通的中心，是联结城市与乡村、生产和消费的纽带。因此，兴商必须从组织市场、开拓市场入手，而开拓市场又不能局限于一个狭隘的小天地，必须面向全国乃至全世界。几年来，我们义乌县是从四个方面来开拓市场的。

第一，在县内发展小商品专业市场。1982年9月，县里决定正式开放稠城和廿三里两个小商品专业市场。在各方面的积极支持下，这两个市场的商品品种日益增加，日成交额不断扩大。特别是稠城镇小商品市场，已发展成为规模较大的全国性专业市场。货源来自全国各地，商品销往22个省、市、自治区。它的特点有以下几个方面。一是小百货品种齐全，由过去的2300种增加到3000多种。外地经营者到了这个市场，能够买到各地生产的小商品。二是小商品的来源，以外地贩进为主，约占三分之二；义乌本地生产为辅，约占三分之一。1800多个摊位，多数是经销者，少数是加工带销售。三是批发为主，薄利多销。销售对象主要是外省来的个体商贩和单位。批发价低，利润微薄，卖方主要靠批发量大、资金周转快赚钱。为了改善稠城镇小商品市场的条件，我们采取集资和贷款等办法，投资60万元，新建了1800余个摊位和1400平方米四层服务大楼等设施。新建的市场从去年12月6日开放以来，生意更加兴旺，参加交易的人数最多时达两万余人，日成交额一般在30万元左右，比1982年增加一倍以上。

第二，到省外开拓新的市场。两年来，我县一部分农民打破地域界限，向外地开拓新的市场。据不完全统计，去外地经商的农民有一万人左右。在广西柳州、云南昆明、江西景德镇、江苏徐州、四川重庆、新疆乌鲁木齐等地，都有为数不少的义乌人在那里开店、设摊经营小商品，有的城市还出现了"义乌街"。他们经营的商品，一部分是从义乌贩运过去的，更多的是从外地组织货源。据下骆宅乡调查，全乡在外省经商的农民有633户、1638人，分别占全乡农户的25%和劳力的34%，他们多数是个体经营，也有联合采购、分散销售。他们在全国各地为沟通小百货流通渠道发挥了积极的作用。

第三，发展跨地区联营商业，把乡镇企业的产品打入全国大中城市。1983年以来，乡村集体企业为了开拓市场，进一步发展服装加工等行业，采取多种形式，同外地的一些商业单位实行联合经营。一是在城市的商场和商店中设专柜，经销义乌产品，利润分成。二是联合办商店，双方投资，共同管理，产品从义乌运去，利润分成。这样的企业就有88家，去年经营额达1330万元。三是在中心城市和交通要道设立了44个批发站和门市部，既批发又零售。这些办法，使某些乡镇企业和它的产品在外省打出了牌子，建立了信誉，从而扩大了产品的销路，促进了乡镇企业的进一步发展。如稠城镇服装厂分别同西藏、新疆有关部门实行联合经营以后，服装已进入尼泊尔和苏联境内。

第四，增产传统优质产品，打进港澳和国际市场。我县一些土特产是出口的传统产品，在国际上享有一定的声誉，如火腿、南蜜枣、羽毛、猪鬃等。这些产品要扩大出口，就必须组织更多的货源。我们的办法是，本地有资源的，就利用本地资源，积极扩大生产。如火腿生产，除国营企业以外，去年还办起了23个乡村集体企业和农民联办企业，加工近7万只。当地资源不足的，就千方百计引进和利用外地资源。去年，我们了解到山东、山西、河南、河北、陕西等省枣源丰富而缺乏加工技术，就组织了3000多名农民自带技术、工具、资金到北方七省加工南蜜枣8万担，连同本县共生产10万多担，超过了历史上任何一年。为了使更多的产品进入国际市场，我们同时利用两条渠道组织出口：一条是通过本省外贸系统直接出口，一条是通过外省开放城市转手出口。我县的南蜜枣主要是通过广东再销往东南亚各国的。

四、运用经济杠杆，按价值规律办事

学会运用价值规律和经济杠杆，是搞好商品流通的关键。几年来，我们边学边干，注意运用税收、信贷、价格这三个主要经济杠杆，管理经济，指导流通，使经济杠杆在商品流通中发挥了催化剂作用。

在税收上，我们坚决摒弃"竭泽而渔""杀鸡取卵"的错误做法，大力宣传"蓄水养鱼""养鸡生蛋"的指导思想，提出了"开辟税源，保护税源，发展税源"的方针。这是我们在深刻的教训中认识到的。1982年秋后，稠城小商品市场初具规模，各地顾客纷纷前来经商。我县有关部门为了多增加税收，忽视了税源的培植和涵养，一时压制了经商的积极性，结果市场萎缩，税收减少。这件事使我们懂得了：税收工作不是一项孤立的工作，它应该有利于生产、服从于生产，用扶植生产的办法来增加税源。基于这样的认识，我们在小商品市场上对摊位实行"定额计征"的办法。就是根据每个摊位的经营内容、营业额和经济效益，确定每月交税数额。稠城小商品市场实行这个收税办法后，国家税收收入不断增加，1982年收税15.5万元，1983年猛增到54.2万元，去年达到61.7万元，比1982年增加了3倍多。同时，对购销专业户采用"税源管理"法，按购销户的经营品种、数量和经济效益，确定每月缴税数额。

在金融信贷方面，农业银行和信用社改变了过去单纯给生产部门发放贷款的习惯做法，想经商农民之所想，急经商农民之所急，积极组织各种储蓄，以增加信贷资金，一再放宽信贷政策，支持农民从事商业活动。1984年，农业银行对全县1200多个购销户发放贷款542万元，对小商品市场的建设发放贷款35万元，此外还贷款500多万元支持农民到外省加工南蜜枣。这些贷款对发展商品流通的作用是显著的。

在价值方面，我们坚持"平来平去，议进议出，随行就市，允许有季节差价"的做法。过去生猪实行派购，卡得很死，价格与价值背离，农民养猪收益低，积极性受到影响。去年10月，我们从保护养

义乌不能忘记 谢高华

1984年秋，谢高华和办公室工作人员合影

猪农民的经济利益出发，放开生猪价格，取消派购，允许自由上市。放开后仅两个月时间，全县母猪饲养量增加，生猪存栏数明显回升，买肉难的问题很快得到解决，农民出售一头猪能增加收入30元左右，而市场上猪肉的价格也基本稳定在每斤1.3元左右。

五、国营商业和供销社改革管理体制，积极参与市场调节

我县几万农民进入流通领域，一方面为商品生产带来了勃勃生机，另一方面，又在更大范围内冲击着国营商业和供销合作社。面对农民的挑战，国营商业和供销社纷纷要求"松绑""放权"，增强企业活力，以提高竞争能力。我们抓住这一有利时机，因势利导，推动商业改革。对国营商业实行了层层承包、综合考核、联利计酬的经营责任制。对一些以劳务为主的饮食、服务、修理等行业，则按照"全民所有、集体经营、照章纳税、自负盈亏"的办法，试行门店个人承包、联合经营或租赁给个人经营。进而又在整个国营商业系统实行了百元利润工资含量包干经济责任制，扩大了企业的自主权。对供销社放得更宽，不但允许实行多种责任制，而且改革了用工制度和物价管理权限。在改革中，国营商业和供销社都扩大了营业网点。全县9个基层社和所属分社先后成立了6个商品生产服务公司、10个综合贸易

公司和38个贸易站，新增加39个门市部。全县出现了国营商业向下伸，供销社和农民进城来，大家一齐打出去的生动局面。

实行多渠道流通以后，国营商业和供销社如何发挥主导作用，这是一个新的课题。随着小商品市场的出现，各种新的商业网点的增加，个体商业的发展，商业竞争激烈起来了。有人认为这是"饭店门前摆粥摊"，国营商业和供销合作社生意难做了，地盘缩小了。这种情况，也确实曾经出现过。但是，通过经济管理体制改革，当国营商业和供销社逐步改变官商作风、积极参与市场调节以后，"生意难做"的问题很快解决了。国营商业和供销社的地盘不仅没有缩小，反而扩大了；主导作用不仅没有削弱，反而增强了。这方面的经验主要有三条。一是国营商业和供销社要发挥自己的优势，冲破所有制和行业的界限，积极开展多种形式的联营，以提供资金、组织原料和推销产品等办法积极参与市场竞争。近两年来，我县国营商业已与40多家工厂、商店实行联合经营，供销社已与15个乡镇企业、5000多个专业户签订了各种联营合同，还与外地200多家工厂建立了业务往来。这样，既扩大了自己的经营活动范围，又有力地支持了农村商品生产和乡镇企业的发展。二是国营商业和供销社要积极吞吐物资，参与市场调节，以保护生产者和消费者的利益。也只有积极参与市场调节，才能扩大经营业务，不断壮大自己。在这方面，我县国营商业和供销社都已做了不少工作。例如，去年我县利用外省资源生产的蜜枣，要比1983年增加4倍，由于供销社、贸易公司、外贸公司等部门积极组织收购和推销，基本上解决了销路问题。又如，城阳供销社了解到小商品市场上手帕紧缺时，立即设法从外地组织了11万打投放市场，受到购销户的欢迎。三是国营商业和供销社要为发展商品生产积极做好服务工作。小商品购销户的增加，促进了当地工业的发展。为了解决加工原料问题，县商业部门主动服务，采取送样品上门、开展销会和邀请外地有关公司来义乌订货等办法，沟通渠道，提供各种原料。去年，县商业部门邀请上海纺织品公司来义乌订货，该公司同我县各服装厂一次就签订了价值274万元的供货合同。县糖烟酒公司去年组织供应白糖1200吨，给乡村企业的糖果生产以很大的支持。

国营商业和供销社经过改革，增强了活力，在竞争中经受了考验。去年，全县的国内纯销售额，国营商业为5900万元，比上年增长10.3%；供销社为6927万元，比上年增长5.2%。农副产品收购额达1814万元，比上年增长10.19%。

我们在兴商建县方面，还只是开了个头，还缺乏经验，遇到的新问题也不少。今年中央1号文件规定的10项政策，为搞活流通创造了更多的有利条件，同时也提出了新的要求。在新的一年里，我们决心在省、地委的领导下，认真贯彻中央［1985］1号文件，坚决改革统派购制度，大力调整农村产业结构，在发展商品经济中夺取新的胜利。

1985年1月，出席义乌县个体劳动者协会第一届代表大会的小商品市场代表团成员合影

第十二章　天地之间有杆秤

忘记不需要理由，记住却总是有原因。

时事造英雄，历史没有假如。如果有假如，那历史就不是真实的历史。

金杯银杯不如老百姓的口碑。谢高华，一个普通的县委书记。尽管他回到衢州已经很多年，调离时，义乌第二代市场刚刚建立起来，但是在义乌人的心中已经成为永远的丰碑，从来没有在义乌人们的视野中消失，而是无数次被人们所提及。

据说，许多义乌企业家多次倡议和要求为谢高华雕塑铜像，均被婉言拒绝；这决不是义乌人狭隘地对一个人的推崇，而是对共产党的感恩，对大时代的感恩，对大转折的感恩，对大创业的自我肯定。

一、省委书记点赞的干部

历史车轮滚滚向前，时代潮流浩浩荡荡。历史只会眷顾坚定者、奋进者、搏击者，而不会等待犹豫者、懈怠者、畏难者。

2008年，谢高华被评为改革开放三十周年浙江市场"十大功勋人物"，位列第一；2009年，谢高华被《浙江日报》评为"建国60周年60位杰出人物"之一；2017年4月，谢高华在北京举行的第十八届中国商品交易市场发展论坛上荣获"全国商品交易市场终身贡献奖"。

2016年，时任浙江省委书记夏宝龙在衢州和义乌调研时，两次提到要学习弘扬"谢高华精神"。

2009年，谢高华（右五）被《浙江日报》评为"建国60周年60位杰出人物"之一

2017年12月，浙江省委书记车俊对义乌老干部谢高华的事迹作出批示：要大力选树一批像谢高华同志这样敢于担当、积极作为的干部；改革开放期间需要担当，新时代新作为同样需要我们的干部敢于担当，积极作为。

那么，什么是"谢高华精神"？为什么今天我们要学习和弘扬"谢高华精神"？

2017年1月7日，在义乌市档案局会议室里，由同济大学市场经济研究所等单位举办的"义乌市场35年暨弘扬谢高华精神"座谈会上，诸多老干部、在职政协领导、市场经营户代表、市场研究学者等回忆了谢高华在义乌工作的点点滴滴。

同济大学市场经济研究所研究员何建农说，夏宝龙书记提到要学习弘扬"谢高华精神"，这是对谢高华老书记的充分肯定和高度评价。"谢高华精神"概括起来就是实事求是的务实担当精神，无私无畏的开拓创新精神，清正爱民的公仆服务精神。当年开放小商品市场，是谢书记看到了义乌人骨子里的经商基因已经在萌动，是他冒着掉"乌纱帽"的危险，率先在市场推行"定额计税"办法，给经营户吃了"定心丸"。没有当年县委的果断决策，义乌很难有今天的成就。

义乌县委办原主任吴唐生说，谢高华来义乌是义乌人的福气，我

第十二章 天地之间有杆秤

221

在义乌县（市）党委部门工作时间长，经历了十一位县（市）委书记，但谢高华书记是最让我钦佩的一位。谢高华精神就是勇于改革，敢当风险；廉洁自律，一身正气；一心为公，心系群众；坚持党性，不搞派性。谢高华最大的特点就是工作拼命，有时开会也经常到深夜，并且以工作论英雄，谁工作好就表扬谁、重用谁。谢高华喜欢到基层去了解老百姓的实际情况，提出了许多超前性的奋斗目标。如要不要开放市场，这对当年的县委书记来说，是一个极大的挑战和考验，最后谢高华顶着压力，做出了决断。今天看来，这个决断真是太重要了，即使放在中国改革开放的历史上，也是具有重要意义的一件大事。

原义东区委书记吴金泉说，义乌最早一批经营小商品生意的人大都来自义东，即今天的廿三里一带农民，但当时把他们视为是"投机

倒把分子",是谢高华承担下了责任,说:"我看他们不像投机倒把分子。"提出要给他们贷款,要放水养鱼,并作出允许农民长途贩运等决定,还组织大家到温州参观,大家一下子解放了思想。应该说没有谢高华这样真心为民的好书记,就没有今天义乌的繁荣和百姓的富裕。

原金华市政协副主席、义乌县副县长陈炫亮说,我曾经在谢书记直接领导下工作一年多时间,他给我的印象是善于学习,敢闯禁区,做事很有前瞻性;而且谢书记特别接地气,经常走到普通群众中间去了解实际情况。我记得当时县里对于是否开放市场,商业局是反对的,反对的理由是认为办市场会冲击百货公司、供销社的生意,但谢高华敢于担当,认为只要能让老百姓富裕起来,冒点险也是值得的。

时任义乌市政协副主席刘峻说,义乌人千百年来有一股勤耕好

2017年1月7日,"义乌市场35周年暨弘扬谢高华精神"座谈会

第十二章 天地之间有杆秤

原浙江省委书记薛驹
为谢高华题词

老骥伏枥
志在千里

谢高华同志雅正
一九九九年十月 薛驹

学、刚正勇为的精神，包括"鸡毛换糖"走四方养家糊口的传统。谢书记到义乌来之后，看到了民间的这股力量，他进行了催化，从而促生了小商品市场的诞生。从这点上来说，谢书记是义乌人民的福星。省委书记夏宝龙在义乌调研时，对我们市级班子讲过要学习弘扬谢高华精神，这样的精神永远值得学习，可以说谢高华是当代县委书记学习的好榜样。

商城集团原董事长何樟兴说，义乌市场发展经历风风雨雨，在当时的情况下，非常脆弱的义乌市场甚至随时有关停的可能。但我们坚持谢高华当年作出的"兴商建县（市）"战略不动摇，并且向外地人开放市场，放水养鱼，所以义乌市场才有今天的规模。谢高华的实事求是和敢为人先的精神，今天仍然没有过时，值得我们永远学习。

义乌工商学院原副院长贾少华说，在当时的情况下，开放市场需要顶着巨大的压力，因为没有先例可循，没有文件可套，一件件都是未知并且存在风险的。谢高华做了，这就是他的高明之处。总结起来，就是他看到了历史的发展规律，按规律办事，又合乎百姓富裕的目的性，而历史规律是不可战胜的。

时任义乌市志编辑部主编吴潮海说，义乌人感恩谢高华是发自内心的，但谢高华淡泊名利，他总是说："我是一名共产党员，是义乌人民了不起，我没有做什么大事。"他的精神也就是经得起地方实践的解放思想、实事求是，为义乌找到了一条适应自己特色的发展之路，那就是"兴商建市"。同时，他一生廉洁、严格要求自己，确实是党的好干部。

同济大学马克思主义学院副院长龚晓莺教授说，谢高华可以说是中国市场经济在地方的探索者，在国家提出"有计划的商品经济"概念之前，义乌已经开始尝试市场经济，先行一步，这是很了不起的。今天，在"一带一路"的倡议背景下，义乌有挑战，更有机遇，重要的是要大力弘扬谢高华敢于担当精神。

……

二、心中的丰碑

有人说，义乌的中国小商品城，是义乌人创造的一个奇迹，可义乌人却说，小商品市场能发展到今天，谢高华功不可没，没有谢高华，义乌市场不会这么顺利办起来。

义乌在那个时候遇上谢高华，是一件幸运的事。那是一个思想解放的转折时代。党的十一届三中全会提出了"解放思想，实事求是"的思想路线，当机会降临的时候，谢高华没有错过。

1984年春，谢高华（后排右三）和部分义乌县机关干部合影

"忘记过去就意味着背叛，忘记穷人同样意味着背叛。铁打的衙门流水的官，我们在位的时间是短暂的，而老百姓要世世代代生活在这里。蜀中百姓至今称颂李冰父子，就是因为他们为老百姓办了功在千秋的好事。所以，定政策、办事情，既要考虑老百姓的眼前利益，更要考虑老百姓的长远利益，一定要短、中、长结合。""是的，解开头脑里的枷锁，不是一件容易事，解放思想，实事求是，动动嘴皮容易，其实是一个很艰难的过程！"谢高华意味深长地说。

在我们采访笔记中记录最多的就是谢书记不停地重复一句话：解

放思想，实事求是。

历史不是写出来的，是干出来的，老百姓心里有杆秤，这是衡量正确与否的标准，谁给百姓办事，百姓就铭记他。

每逢佳节，问候他的人络绎不绝，熟悉的、陌生的或登门拜访，或电话问候。义乌人没有忘记他，义乌的许多重大活动也是邀其参加。

曾记得，1995年，第一届义乌国际小商品博览会，谢高华受时任市委书记严高文的邀请回到义乌参加活动。此后，一年一届的义乌国际小商品博览会他没有一次缺席。

还曾记得，2007年10月20日，谢高华从衢州来到义乌参加一年一度的"义博会"，义乌人自发组织了一百多辆奔驰车列队迎接，形成了"百辆奔驰迎书记"的壮观场面，表达了从贫穷走向富裕的商城人民饮水思源，对义乌人民好书记的感恩之情。这场群众自发组织的活动体现了民心，令老人家热泪盈眶。

还记得，谢高华80岁的这个时间节点，大家又开始了新一轮纪念活动的准备，"百副楹联送祝福，万众同心谋发展"，有许多热心者邀请作家、书法家为其书写作品，为其八十大寿献礼。借着谢高华的80岁生日，在全市范围内又掀起新一轮义乌未来发展的讨论。

更清晰记得，2017年10月19日，党的"十九大"召开的第二

2017年10月19日，上百名小商品市场经营户自发摇着拨浪鼓迎接谢高华回义乌

第十二章 天地之间有杆秤

天，谢高华被19辆小车拦在了义乌上溪高速路口，上百号人列队欢迎并摇起拨浪鼓。来迎接这位退休老书记的，大都是金华、义乌各大商协会的会长、副会长。迎接小车的天窗里举出的牌子，连成一句话："欢庆十九大，喜迎谢高华。"

摇着拨浪鼓，义乌人愿意用这招表达对贵客的感恩之情。

聚焦一：首届名誉会长

义乌有了自己的"娘家"。

2010年7月15日，义乌市衢州商会正式成立，谢高华被邀请担任义乌市衢州商会首届名誉会长，义乌丽译鞋业有限公司董事长张建良担任会长。这是继杭州市衢州商会成立之后，衢商在国内成立的第二家衢州商会，搭起了一个联谊联心合作发展的新平台，同时也在义乌与衢州两市之间架起了沟通交流的桥梁。

衢州与义乌地相近，人相亲。目前，在义乌市从业的衢州商人达5万多，工商企业3000多家，所涉及的行业横跨鞋业、服装、餐饮、动漫、娱乐休闲、五金电器等20多个，衢商已经成为义乌鞋业经营领域的龙头老大，业务遍布欧美、东南亚、中东等地区，形成了庞大的全球销售网络。衢商在义乌的餐饮业中占据着举足轻重的地位，并创出了"鸡毛换糖粗菜馆""匆忙客中式快餐连锁"等餐饮品牌。他们在为义乌发展作出贡献的同时，自身实力、影响力也得到不断增强。

谢高华（前排右四）应邀参加义乌市衢州商会成立大会

"现在义乌小商品世界有名，原因很多，其中一条成功经验在于抢先，抢先开放小商品市场，实行划行归市，实行土地拍卖制度，率先在全国推行公共财政制度……后来有参观团到义乌参观，他们就想不通义乌这个地方为什么能有今天的样子，这里既没有什么资源，又没有原材料，交通也不方便，但就是能生产出各种各样的商品。我觉得这也有个时机问题，像做生意一样，机不可失，时不再来，是时代造就了义乌，是义乌人民造就了今天的义乌。"这位曾点燃义乌小商品市场建设星星之火的老人慷慨万千。

谢高华在衢州商会的成立大会上说：

"我本人不懂经商，如果经商，那一定蚀本。而且在来义乌之前，一直是主政农业工作和计划经济的，之所以能够想到开放义乌市场，那都是向义乌人学的，义乌的奇迹是他们创造的，我真的什么都不懂。义乌人吃得起苦，不排外，争强好胜、创新争先的优秀的性格也注定了他们在今后的市场发展道路上永不懈怠，继续前进。

"我农民出身，知道百姓想的是什么，要的是什么。老百姓是一个区域发展的主体力量，是'母鸡'。只有把这个主体力量充分地动员起来，把'母鸡'喂壮了，它才有可能下蛋。现在我们一说工作成绩，总是先在某某领导、某某部门的'直接领导下''亲切关怀下'，最后才是'在广大群众努力下'，这实际上是不对的，人民创造历史和财富才是第一位的。义乌的发展，难道不是这个理吗？领导的作用当然也重要，领导的作用只有顺应民心时才能发挥作用。什么是民心？对一个地区而言，根本的就是发展经济，让人民富起来，让社会朝前走，这是体现民心民意的根本所在。要实现它，决策者和领导者就必须把工作的着眼点和心思放在人民群众最关心的事上，锐意创新，又能善于凝聚人心，在上上下下营造出一个思想同心、目标同向、工作同步的局面。我因此要求自己和领导班子的同志都要把关心和解决老百姓的事放在头等大事来抓。什么叫当干部？当干部就是干老百姓心里想的事，或者是心里想却又不能如愿的事。我常对干部们说，我就是要你们拼命地工作、干活，为啥？为的就是不能把百姓的

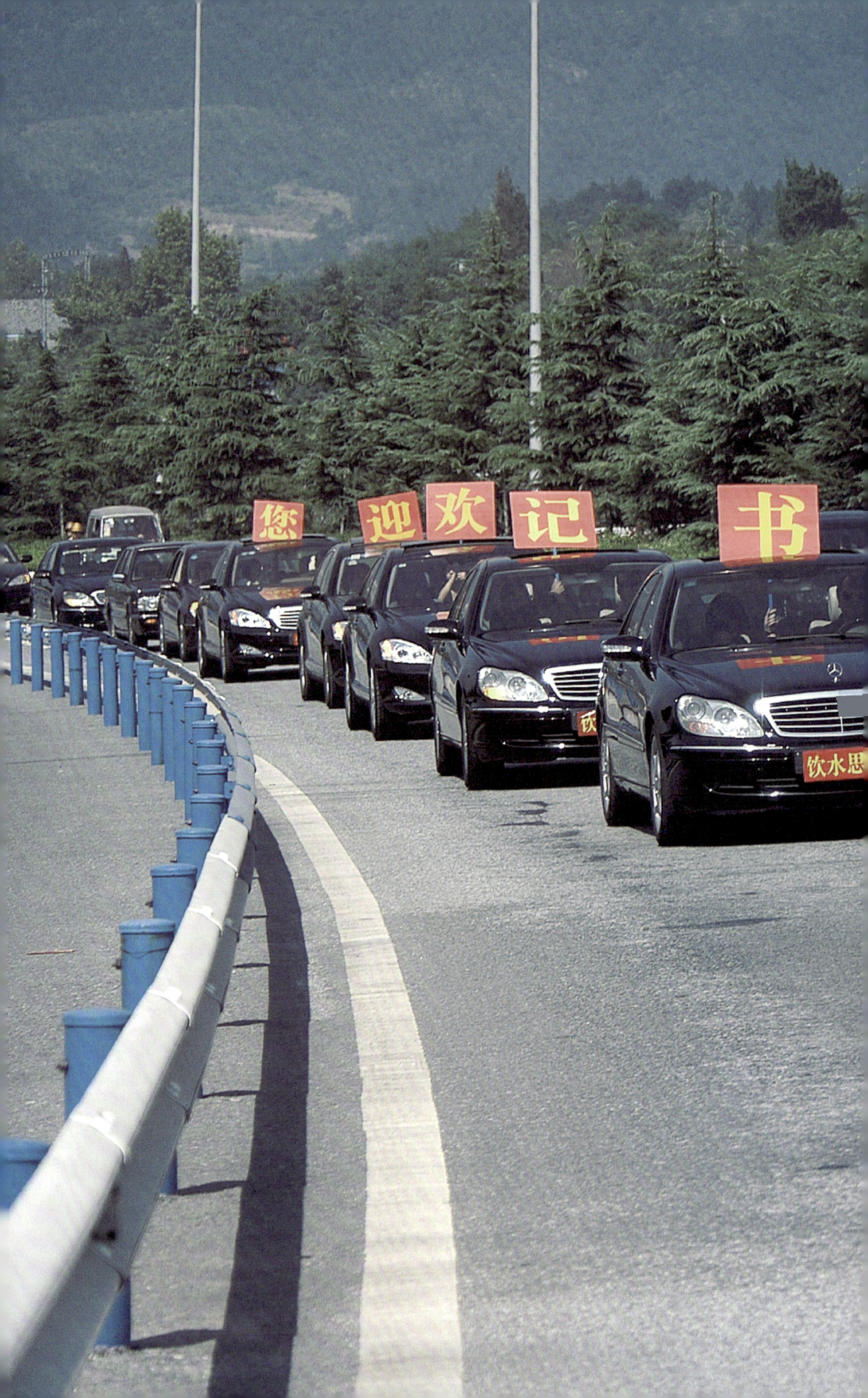
您
迎
欢
记
书
饮水思

2007年10月20日，谢高华老书记从衢州来义乌参加"中国小商品博览会"，义乌人民自发组织100多辆奔驰车迎接，形成了"百辆奔驰迎书记"的动人场面，表达了从贫穷走向富裕的商城人民饮水思源，对中国共产党和党的好书记的感恩之情

事给耽误了。我在义乌不到三年,发现了很多经商方面的能人怪才,义乌市场就是靠这批不安分的人兴办起来的,而我当时对经商是一窍不通,我真的没有做过什么……"

谢高华的这番话,至今听来仍给我们启发。

聚焦二:特殊的生日晚宴

义乌,自古以孝义美誉华夏。饮水思源,滴水之恩当涌泉相报。

曾清晰的记得,2016年10月23日晚,在义乌篁园服装市场旁的商城宾馆,由浙江省商协会会长俱乐部和同济大学市场经济研究所义乌研究中心为谢高华85周岁举办了一个隆重而简朴的生日晚会。一群谢高华当年的同事、部下,农村致富带头人、企业家、外来建设者代表、国际友人等聚集一堂。

当年的老部下、中国书法名家杨守春说,央视不久前播出反映义乌市场变化的电视剧《鸡毛飞上天》,用艺术作品的形式讲述了义乌

谢高华生日晚宴

杨守春题赠谢高华寿联

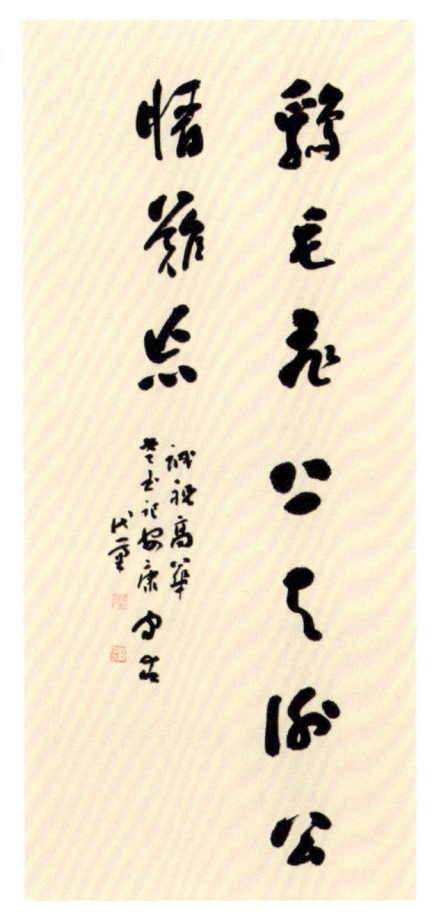

市场开办之初到现在的故事。正是当年县委、县政府的正确决策，给了义乌市场一个健康成长的环境，义乌才能有今天的成绩。他将一幅书法作品送给谢高华，上面写的是"鸡毛飞上天，谢公情难忘"。

全国劳动模范、义乌市城西街道七一村党委书记何德兴给谢高华送了一双村民亲手纳的布棉鞋。他说这是义乌农民的一点心意，天气要转凉了，老书记要注意保暖，保重身体。

这个时候，杨守春接过话说，当年谢高华在义乌时，有人问"谢书记穿什么鞋"，大家会说"谢书记穿的是大号解放鞋"。没错，当年谢书记正是脚踩解放鞋，走遍义乌大地；而另一个意思是说谢高华的思想解放，穿的是"解放"鞋。

多年从事市场发展研究的何建农给老书记送了一本自己主编的经济管理出版社出版的新书《批发市场概论》。他说，对于批发市场姓

"社"还是姓"资"的问题，谢书记是最有发言权的。

浙江省商协会会长俱乐部负责人蔡辉煌送上的是两大束鲜花，这是代表全省千万商人的情谊。他说，我们来自全国各地的商人，也是依托谢高华老书记开放建立的市场大平台，才有可能一展身手，勤劳致富。

义乌市科普作家协会副主席朱庆仙送上的是协会精心设计的大红"长寿杯"，衷心祝愿谢老健康长寿！

晚会上还出现了一位洋面孔，他是长年关注义乌市场经济发展的美国康奈尔大学研究员马克先生，这位曾经和谢高华对话过的操着一口纯正中国话的外国学者，这次专门从美国赶来为谢老书记祝寿，还给老人带来了比利时产的巧克力和一本他的英文著作《中国义乌》。

马克说，里头有专门的篇幅写到了谢高华书记，这位老书记很富有改革精神。

聚焦三：最难忘的元宵节

又是一年正月十五元宵节。

2018年3月1日上午，家住衢州市区学苑新村的义乌老书记谢高华的家里，又来了一群义乌朋友。他们带着家乡出产的农产品等，来给义乌百姓特别敬重的老县委书记拜年，陪老人共度元宵佳节。

这些朋友，有谢高华老人熟悉的，也有初次见面的，他们中有义乌的农民、经商户、基层党组织负责人、外来建设者、非遗传承人等。他们中很多人还是当地的人大代表、党代表。中共"十九大"代表何德兴，特别带来了自己村里种植的两根新鲜生态莲藕，这是村里特产，更代表"和和美美"。好家伙，两根莲藕竟然都有一米多长。何德兴说，祝愿谢老身体健康，有时间再去七一村看看那儿的生态园。

何德兴所在的村还有一项美食特产，那就是被列入非物质文化遗产的"东河肉饼"，和村书记一起来的还有东河肉饼工艺传人何巧娟，她不仅带去一大包早上烤制好的东河肉饼，而且还带去了平底锅，在谢老家的厨房现场烧制起了东河肉饼。得知这个春节东河肉饼走出国门香飘美国密西西比河畔，谢高华连声说好。

杨倡春把伴随自己多年的货郎担送给谢高华

皮肤黝黑的义乌市铭悦红糖厂厂长杨倡春这次把伴随自己多年的一副货郎担挑到衢州，送给谢书记。正是这副货郎担，还曾经上过央视的节目。杨倡春说，如果不是谢书记当年开放义乌市场，自己这个泥腿子不可能办起红糖厂。

谢高华接过了货郎担，也学着杨倡春的样子，挑了起来并摇起拨浪鼓，老人说："现在义乌的拨浪鼓不仅摇到五湖四海，还响遍五大洲。大家的生活也越来越美，这就是我最开心的。"

杨倡春还准备了五代粽、吴店馒头等义乌农家点心，说这是义乌传统利市。

义乌丹溪文化研究会会长、金元四大名医之一的朱丹溪后裔朱兰琴带来了自家酿制的"丹溪红曲酒"，请谢老在元宵佳节品一口。朱兰琴说，没想到的是，自家的土酒坚持本土传统，现在荣幸登上了人民大会堂的国宴，她一定要把这样的工艺传承好，不辜负谢老多年来对非物质文化遗产的关心和希望。

多年在非洲从事商品贸易的南部非洲义乌总商会会长骆玲娟送给

第十二章 天地之间有杆秤

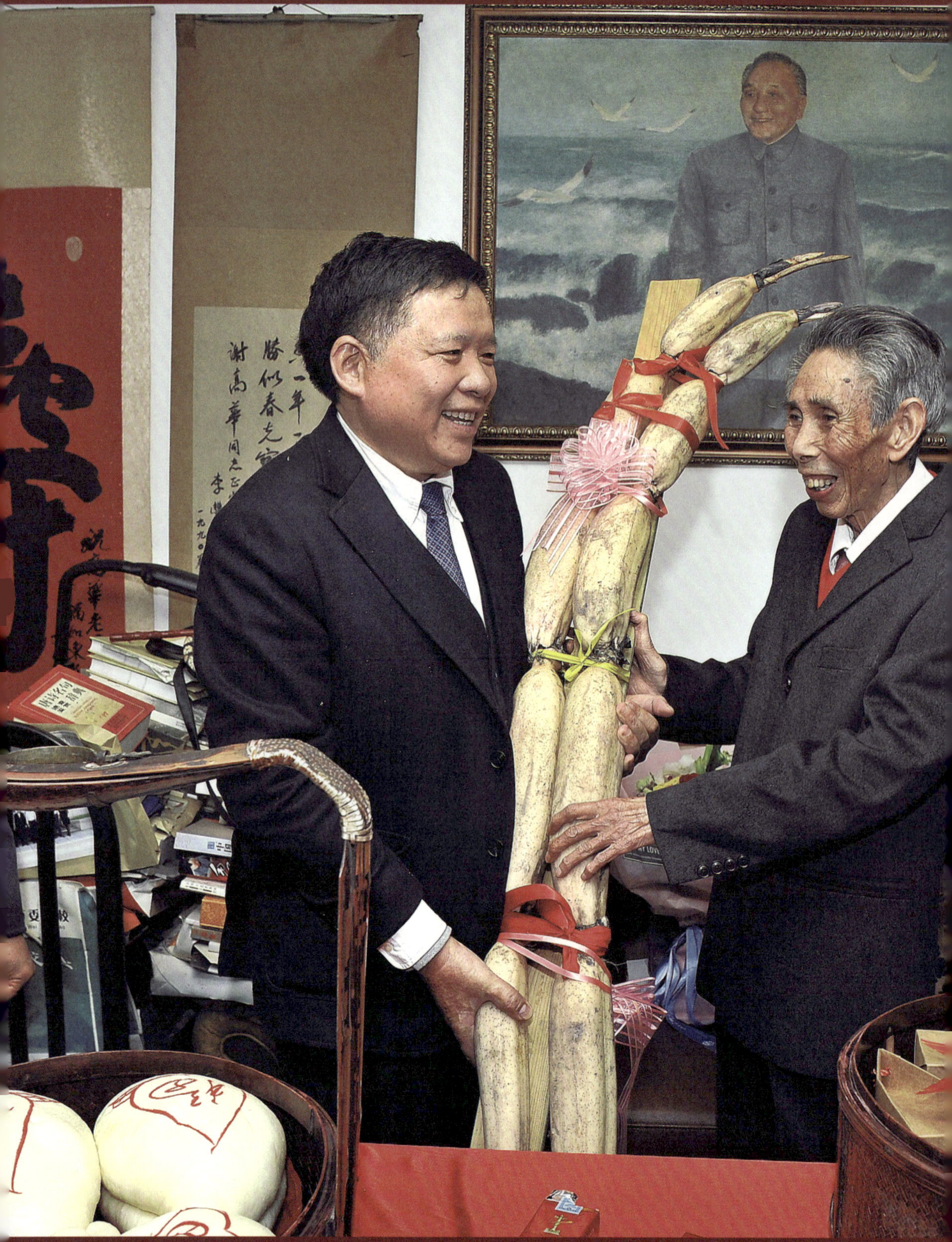

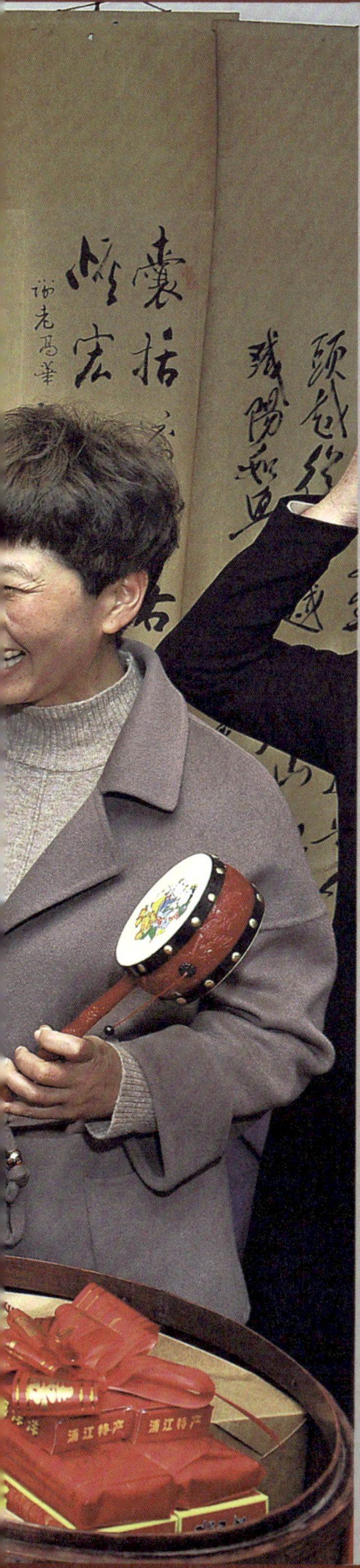

2018年3月3日 星期六　衢州·重点　衢州晚报

昨天一群义乌客人来到衢州，他们还带来了特别的礼物
此行，他们只做一件事——

元宵，他们来陪谢高华过节

通讯员 江胜忠 记者 侯铱

昨天是正月十五元宵节，一群义乌人带着礼物悄悄走进柯城区鹿鸣山商新村小区。这群人里有农民、经商户，甚至党组织负责人，外来建设者、非遗传承人等等。他们都是赶着佳节专程陪伴昨来看望原义乌县委书记谢高华的。他们带来的礼物更是让人大开眼界，除了东河肉饼、五代祖、吴店通心粿、义乌特色小吃，还有一米多高的莲藕，曾在众视美艳的货担担……

一副货郎担感念谢老恩

义乌市怡悦红糖厂厂长杨偶春的礼物颇具匠心，一个五代祖、吴店通头等义乌农家传统佳节必备的食品之外，他还带来了件独目已亲手做的一副货郎那起远给都客们。杨偶春说，如果不是谢老当年开放义乌市场，他这个混堂干不可能命办红糖厂。此前，谢高华也曾几次到杨偶春的红糖厂参观，还留下题字对他的创制产予以肯定和支持。谢谢到自己尊敬的老书记的认可，杨偶春心里非常开心。

"这副货郎担跟我一起见过风见雨"，杨偶春说。

看高华接过了货郎担，也半晌抬偶春的样子不好，他平时摇起拨浪鼓，就老说："我在义乌时的货担不化摇到五湖四海，还能吹响大江。大家的生活也就来越美，就越来越开心。"

多年在香洲从事商品贸易的简邱非纯义乌选量会会长陈邻道此给事来每一些企业如此他的手工艺品。陈邱那是当年贸易的三十多年前，她是义乌开采庙第路过的一名偏数学将，还曾悬垂谢书记帮过忙。正是义乌兴商决意开放的战略，让她就们他时普通人得以有机会经商下海。就跟他出国门从事小商品国际贸易和中非文化交流。

有酒有肉义乌美食现场品尝

党的十九大代表、全国劳模、义乌七一村党委书记何德兴，给谢老带来了自己村里种植的两根一米多高的新鲜生态莲藕。"这是村里特产，更代表'和和美美'。祝愿谢老身体健康，有时间再去七一村看看我们的生态景区。"何德兴说。

七一村还有一项传统美食特产。那就是被列入非物质文化遗产的东河肉饼。当天东河肉饼工艺传人何巧娟快来了，她不仅带来了一大包早上烤制好的东河肉饼，连平底锅也自带了。还要老家的厨房里，何巧娟现场烧制完了东河肉饼，并告诉谢老，这个春节东河肉饼已经走出了国门，飘香美国加拿大西亚河岸。

义乌舟漫文化研究会会长、金元四大名医之一的朱丹溪后裔朱廷带来了自家酿洒丹溪红曲酒，谢谢谢老在元宵佳节是倒一口。朱兰琴说，自家的土酒酿特本土传统，现在卖来登上了人民大会堂的国宴。

比礼物更珍贵的是心意

金华辽宁商会会长乔兴旺、义乌市政商会会长霍潭强、义乌市祖易行业协会会长吴自敏带在义乌经商的外地建设者带来了剥蒜锅、新家打火机等义乌市场新品，他们中最长的已经义乌经商26年。是促使了几代义乌市场的要进行布，更感谢义乌市场这个平台给自己插件了发展机会。

浦江豆腐皮、山地笋尖、土鸡蛋、书籍、摆碗、自制聚曲光条……一家人们的礼物品不贵重却都蕴含着沉甸甸的心意。

尽管已经高任三十多年，但这次也不是谢高华家里第一次义乌人。同济大学研究所研究员何建农说，几乎每年，都有义乌农民和社区内表发到谢老明看望他们的老书记。老书记除了收获情问话，还会拉着周市办的几页祖乡长。

新年期前来，谢高华还特地地了自己的家人几位亲朋、同友一起去山义乌、衢州的贺会。谢谢词，自己过了88岁了，这是最快乐的一个元宵节。

义乌的朋友们就着赞年如早春鲜花来看望谢高华。

延伸阅读

今年初，浙江省委书记车俊对义乌原县委书记谢高华的先进事迹作出批示，要求大力弘扬他一就像谢高华同志那样敢于担当、积极作为的精神。

今年1月11日，《浙江日报》在要条版面头条通讯《功成不必在我，精神留于百姓——记敢于担当、积极作为的义乌原县委书记谢高华》，开栏发评论员文章《新时代呼唤更多"谢高华"》，对谢高华的先进事迹进行报道。

欢欢喜喜过元宵

① 3月1日下午，柯城区府山街道叶门街社区组织辖区居民开展新开生态的闹元宵活动。猜灯谜、比垃圾分类得奖子，居民们在游戏中还学到了不少知识。
通讯员 周丽娜 车占锡
② 3月2日，由衢山国普基、少工委主办的"书韵闹元宵·孝悦我传承"活动在新东方广场举行。孩子与老人一起都给灯花，猜灯谜，在元宵佳节感党情意，感建隆孝文化。
特约摄影记者 杨福
③ 3月1日上午，柯城区府山街道举办了"粉粉好家风，欢度元宵节"活动，丰富多彩的活动吸引了本届民民乐多多。
通讯员 乐华芳
④ 3月1日，驻衢某部志愿者带着食用油、大米等生活用品，来到江山市贺村敬老院看望谢河社区老人。
通讯员 郭根洋 舒梅

何德兴带来了自己村里种植的两根新鲜生态莲藕

谢高华一幅非洲当地知名的手工艺品——蝴蝶画。骆玲娟还和谢老说起了自己的往事，说自己三十多年前曾经给谢书记理过发，当年她还是小姑娘时是新马路理发店的一名理发学徒。正是谢老"兴商建县"的义乌发展战略，让她这样的普通人得以有机会下海经商，最终走出国门从事小商品国际贸易和中非文化交流工作。

金华辽宁商会会长苏兴旺、义乌市烟具行业协会会长吴启敏等在义乌经商的外来建设者带来了自己生产的羽绒被、新款打火机等义乌市场新品，他们中最长的已经在义乌经商26年，亲身经历了几代义乌市场的更迭升级。他们感谢义乌市场这个平台给自己提供了发展机会。

吴启敏说，小小的打火机，竟然能够和世界上大部分国家打上交道，这就是义乌这个国际性大市场的魅力。

说起送打火机，义乌市宁波商会会长周建强回忆道，来义乌经商后，虽慕名谢高华书记，但未曾谋面。2007年秋，他主动找到笔者，恳求陪同一起上衢州看望这一位令人敬佩的老人。临行前，周建强为带见面礼而烦恼，当笔者告知谢老不让人送礼品，只要义乌人去他家看望，老人就高兴。周建强说，那不行，无论如何要表一表心意。

义乌市宁波商会会长周建强（左），多次前往衢州看望谢高华老书记

"那就送一两打一次性打火机吧。"笔者了解到周建强主业是生产和销售打火机时建议道。结果，后来才知道周建强带了50打共600只一次性打火机。

谢高华见这物美价廉的一大盒打火机说，这一辈子都够用了。结果，不到三年就用光了，原来是谢高华把周建强送的打火机拿来作为义乌小商品市场"广告品"分享给亲朋好友和"烟民"。

以后，周建强都给谢高华送自己企业新开发的无油打火机，既健康又安全。

浙江商苑律师事务所党支部书记朱燕华、义乌市爱国拥军联合会会长黄国强、义乌热线党支部书记陈彩娟特地送来了豆腐皮、山地雪菜、土鸡蛋等，同济大学市场研究所研究人员带来了《冯志来文集》和科普文化书籍，金华市科普作家协会负责人和义乌市绣湖社区党委书记周华跃带来了祝福楹联，世界义商总会会长陈萍委托他人给谢老书记带来了自己创作的"我们义乌人"歌曲光盘。

尽管已经离任30多年，但对于谢高华来说，这不是第一次家里来"义乌客人"，几乎每年都有义乌农民和经商户代表自发前往衢州看望他们的老书记。谢高华每每热情接待，还常常用衢州产的瓜果招待大家吃。

谢高华说："我为义乌人民和衢州人民做的事还很不够，主要靠的是党的好政策，靠老百姓的勤劳和智慧。"

新老朋友来，谢高华特地把家里的小园子腾出来，除了招待义乌来的朋友，还特地叫了自己的家人和几位邻居、老部下一起品尝汤圆和东河肉饼、柑橘、发糕、胡柚。老人说，自己活了88岁，这是最开心、最难忘的一个元宵节。

谢高华说："义乌是一块涌动的热土，是一座富裕的金矿。我记得，在1983年、1984年时，有不少领导来义乌小商品市场参观、考察，市场请他们题词，他们都不敢题。前些年，一位北京来的专家问我，义乌市场还会红火多久？我说，国与国有国界，市场没有国界，资本主义市场经济已经100多年，而中国特色的市场经济十一届三中全会后才起步，真正市场经济是1992年邓小平南方讲话后，义乌市场，只要遵循市场游戏规则，与时俱进，至少红火100年。"

三、常回家看看

很多人想知道，谢高华退休之后生活怎样。

我们也曾几十次到衢州拜访这位义乌的功臣、改革开放的先锋，虽然他的住址更换了几次，但是其客厅依然过于局促，因为客厅的沙发、茶几上堆积着大摞的书籍和报纸，墙上挂满了老领导的题字和大幅的照片，如江华的"孺子牛"、薛驹的"老骥伏枥 志在千里"、李丰平的"人生易老天难老"，近年又多了一张"信仰"的自书作品。

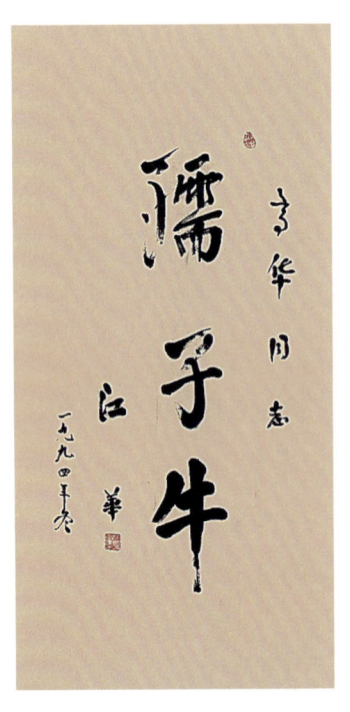

"信仰是一个人的终极追求，一名共产党员要不忘初心，砥砺前行。这几年我外出很少，就在家里看看报纸，看看电视。学习对每个人都非常重要，活到老，学到老，一天不学习就会落伍。我忙碌了大半辈子，现在才有些闲暇时间，不外出的日子，就会在家看看书，练练字。我不是书法家，但向我索字的人不少，我是有求必应。"谢高华说。

笔者笑着说："谢书记，我已经向您求过墨宝了。"

谢书记一脸困惑，记不清究竟是何时何地的事情了。

笔者连忙解释道，2003年，在举办冯雪峰百年纪念活动时，冯雪峰故乡赤岸镇神坛村口的亭子，叫"伴耕亭"，就是请您题写的，您当时写了两幅作品供我们选用。

伴耕亭

谢书记恍然大悟："哦，冯雪峰是义乌的骄傲，我能为他村纪念亭题字，是我的荣幸。"

其实，谢书记对自己的书法作品是非常在意的，他一般不会轻易下笔，敷衍了事，而总是写到自认为满意后才拿出送人。

"兰为王者香"是悬挂在他起居室有一幅书法作品，将他那种淡泊名利的胸怀展示与众。他说，自从担任了兰花协会会长，就有心了解了许多关于兰花的知识和文化，那五个字还是孔子的原话呢。喜爱兰花，就是欣赏兰花那种甘居深山、芳香悠悠的高洁品格。

"他在义乌没有一处房产，没有一间商铺，也未持有任何义乌企业的股票，就连在上海工作的小孙女说想到义乌考察市场，他也一再叮嘱，不准打着他的旗号在义乌谋便利。"杨守春对谢高华为人由衷钦佩。

"谢书记，常回义乌看看！"

难怪，义乌每当有重大活动，都要把谢高华请回来。

义乌不能忘记 谢高华

2017年1月6日，谢高华（右）为义乌市公安局警队题词："商城卫士"。同年5月19日，义乌市公安局获评"全国优秀公安局"，局长詹肖冰（中）受到习近平总书记的亲切接见

在义博会展馆前，谢高华为众多精巧智能的义乌产品喝彩；

走进义乌的学校，谢高华给孩子们讲30多年前的义乌创业故事；

与老同事见面，谢高华回忆往事总有说不完的逸闻趣事；

在小商品市场碰到第一代市场经营者时，谢高华总是握住对方的手共话家常。

更让人难以忘怀的是，每年春节前夕，义乌市科普作家协会和地方媒体连续十多年开展的一项为群众义务写春联便民活动，谢高华书记每次都乐呵呵地为排队等候的市民写上对联和"福"字。

谢高华老书记一直关注着"义新欧"中欧班列的发展，特别是2017年"一带一路"国际合作高峰论坛上"义新欧"中欧班列被习近平总书记称为欧亚大陆互联互通的重要桥梁和"一带一路"建设的早期成果。谢高华老书记不顾高龄，多次提出要见见"义新欧"中欧班列运营主体义乌市天盟实业投资有限公司董事长冯旭斌，还要亲自到义乌铁路"义新欧"中欧班列始发点看看。

"小冯，你非常了不起，把'义新欧'班列开得那么远，义乌的小商品源源不断销往世界各地，世界各地的精美商品也源源不断运到义乌市场,助力义乌市场真正实现'买全球,卖全球'。"当以尊重群众的改革创新,大胆探索,敢为人先著称的谢高华老书记和"一带一路"伟大征程中的先行者、实践者,堪称现代义商典范的冯旭斌,一老一少两双手紧紧握在一起的时候,谢高华老书记意味深长地说。

冯旭斌说:"首先要感谢谢老,为义乌市场开放作出的贡献,没有当年的'兴商建县'发展战略,也就没有现在义乌的发展,我们也就没有这么好的机会参与到'一带一路'建设,我也为自己能够参与这样伟大的事业感到自豪。在这样的伟大实践中,我感觉个人的梦想与'一带一路'国家的梦想,都紧紧地联系在了一起。"

冯旭斌告诉谢高华:"现在'义新欧'中欧班列,最大的一个变化是班列到达的目的地已不限于马德里。2014 年运行以来,已先后开通俄罗斯、白俄罗斯、拉脱维亚、英国、西班牙和中亚五国、伊朗、阿富汗等 9 条营运线路,辐射亚欧 31 个国家,沿线设立 4 个分支机构、8 个海外仓和 5 个物流分拨中心。2017 年全年班列往返运行 168 列,发送 14910 个标箱,比上年增长 84.3%。'义新欧'中欧班列已成为全国运行线路最长、市场化程度最高、运行效率领先的运输线。目

谢高华与冯旭斌亲切交谈

第十二章 天地之间有杆秤

"义新欧"中欧班列

前,除了要实现班列双向常态化运行,还要加快推进两个重点项目,即在国内,以建设义乌捷克小镇为重点,打造班列进口大平台;在国外,以建设'一带一路'捷克站为重点,加快沿线海外分市场、海外物流中心和海外仓建设,拓展班列融资、通关、退税、保险等综合服务功能,组织开展货源对接活动,推动班列全年往返300列以上。"

在谈"义新欧"与"义甬舟"开放大通道铁路建设时,谢老回忆道,他在义乌担任县委书记时就提出过扩建铁路义乌站的建议。"当时,义乌火车站是个三等小站,没有几趟客车停靠,而金华、诸暨都是上海铁路局管辖的二等站,我想义乌站能不能也争取升格为二等站。于是我找到了在上海铁路局工作的衢州老乡周聪清,他是衢县杜泽区莲花村人,曾先后担任上海铁路局政治部主任、党委副书记、书记,我曾当过杜泽区区委书记,就到上海找他帮忙。"

当获悉现在铁路义乌站已成为上海铁路局一个举足轻重的一等站时,谢老释然说:"这就好,义乌人多、货多,现在公路、铁路、航空都发展很快,要无缝对接,效率就提高了。"

如果义乌没有谢高华老书记这样一届一届县市领导的开拓创新,也许就没有今天的铁路枢纽,也许就没有"义新欧"中欧班列,也许就没有"义甬舟"开放大通道建设。

"你知道吗？每次我回到义乌，第一脚踏上这块涌动的热土的时候，总有一种说不出的兴奋和冲动。"

2018年10月20日下午，谢老书记又回到义乌。这一次他来到了新马路上。这是义乌第二代小商品市场的旧址所在地，是义乌真正意义上最早的小商品市场所在地，现在被当地政府部门开辟为市场旧址公园，保留有市场老摊位、货郎雕塑。在公园旁，高架桥、大型商业综合体、新华书店大楼的雄姿与市场旧址大楼形成强烈的反差。

望着公园内熟悉的石条状摊位，再看看陌生的四周，谢高华感慨万千地说："没有改革开放的好政策，就没有义乌市场的今天。"

站在谢高华身边的，是在义乌市场创业的40位老板，他们一起摇起了拨浪鼓，挑着久违的货郎担，喊着"鸡毛换糖"的吆喝声，沿着当年的小商品摊位，重走了一回创业路。

每副货郎担上，都有"诚信赢天下"5个字，那正是谢高华的手迹。货郎担内，有现在市场上很难买到的火柴、纽扣、针线、圆珠笔，还有大块的红糖……

请谢高华老书记回到当年他手上开放的小商品市场旧地，除了让他为"饮水思源感谢党，继续前进勇担当"——义乌小商品市场旧址公园揭牌，更是为了让这位耄耋老人不再有遗憾。

那么，当年谢高华书记留下的是什么遗憾呢？活动主办单位之一的世界义商总会会长陈萍说出了缘由。

陈萍说，第二代小商品市场的选址、征地、规划、筹款、建设，谢高华书记都付出了大量的心血，1984年12月6日，义乌有史以来第一个真正意义上的批发市场——义乌小商品市场开业，就在市场开业前8天的11月28日，谢书记调离义乌，留下了没有看到新市场开业的遗憾。

一起前来参加活动的杨守春清楚记得当年为了新马路市场的建设，谢高华书记多次跑省里，要来了市场建设所需的贷款。

这次活动由世界义商总会、中国科普作家协会科普文化交流委员会主办，金华市科普作家协会、义乌市市场开发服务中心有限公司党

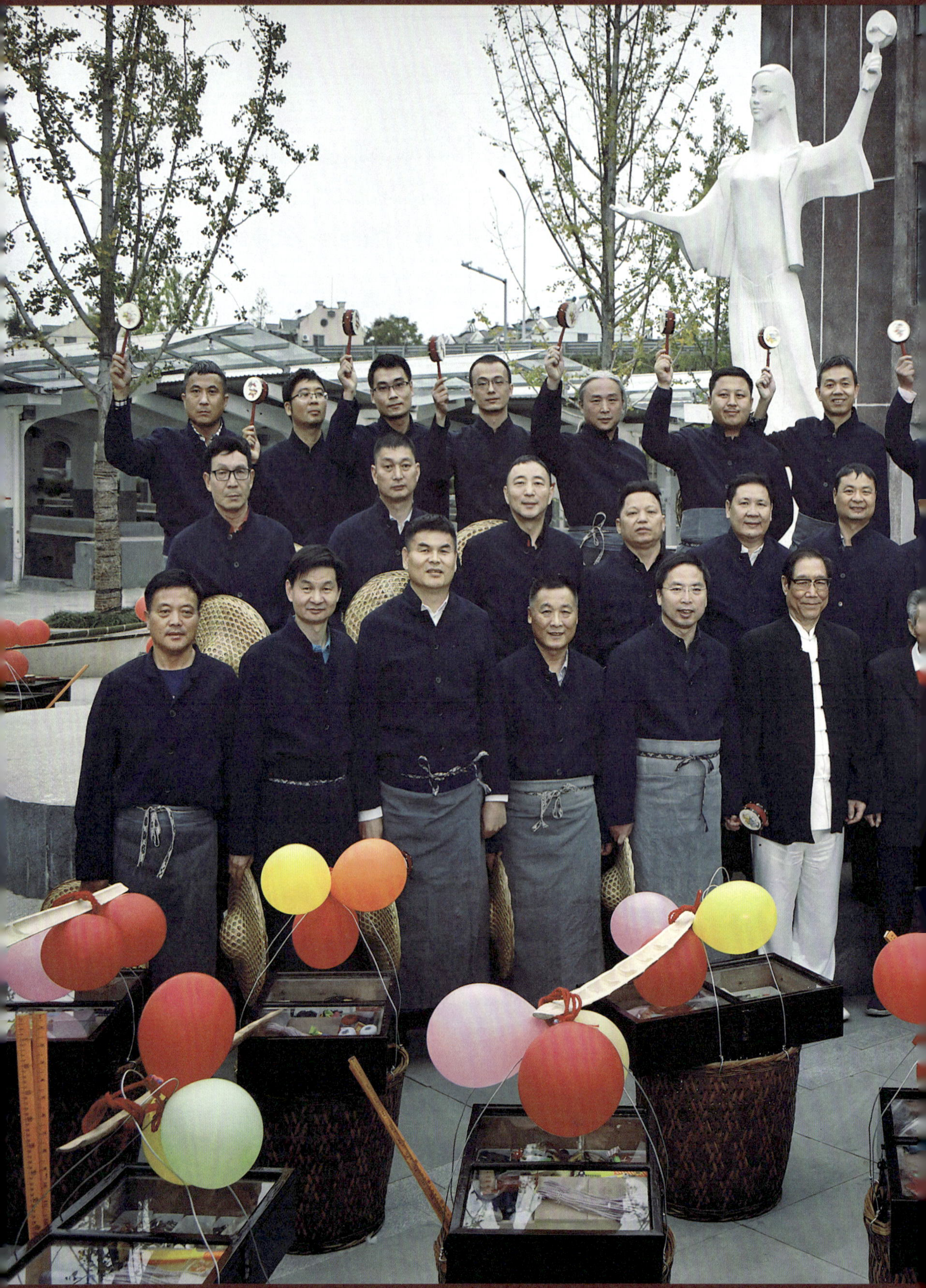

"饮水思源感谢党　继续前进勇担当"活动合影

总支、义乌市科普作家协会党支部等单位协办。现场挑货郎担的人群中，有许多义乌知名的民营企业家、商会会长、老一代市场经营户，如浪莎袜业集团总裁翁荣弟、世界义商总会常务副会长周福云、金华市温州总商会会长姜永忠、义乌宁波商会会长周建强、义乌丹溪酒业创始人陈豪锋、义乌铭悦红糖品牌创始人杨倡春……

在活动现场，电视连续剧《鸡毛飞上天》中的几位主要原型人物和谢高华书记喜相逢，陈萍、冯爱倩、何海美、孙爱钗四位经商办厂能人和谢书记聊起当年创业的故事，还一起合了影。

电视连续剧《鸡毛飞上天》中的主要原型人物和"谢书记"喜相逢

谢高华离开义乌已 35 年了，但他对义乌有着难以割舍的情怀，每年都要来看看这里的变化，看看这里的父老乡亲，他早已把义乌视作自己的"第二故乡"。

义乌人说，谢高华到义乌，是我们千年难遇的幸运事。而谢高华说："是勤劳智慧的义乌人成全了我；还有，我在义乌工作时，幸运地赶上一个解放思想、拨乱反正的转折时代，正是党的十一届三中全会提出的'改革开放'政策，'有位'的我才有了'有为'的机会。"

是啊！谢高华老书记不止一次对笔者说，"义乌市场是义乌人民创造的，我只不过做了一点应该做的事"；"义乌是个干事业的地方，谁来担任书记都比我强，因为义乌人不排外，非常热情善良，吃苦耐劳"；"当年义乌人民办市场的热情就像一堆干柴，我只不过是一根小小的火柴，如果没有这堆干柴，我即便是100根火柴、1000根火柴也点燃不起义乌市场经济的熊熊烈火"。

"群众是真正的英雄，而我们自己往往是幼稚可笑的，不了解这一点，就不能得到起码的知识。"谢高华常常和笔者一起背诵这一段语录。在人民群众巨大作用面前，谢高华的谦卑是发自内心的。无私无畏的他很有自知之明。尽管他为人低调、严于律己，还是受到了义乌百姓和媒体朋友的尊敬与爱戴。

历史仿佛和人开了一个巨大的玩笑，谢高华一次担当作为，解开了义乌人头脑中禁锢多年的枷锁而名垂青史。

义乌，一座建在市场之上的城市！一座富饶美丽的城市！一座中国最赚钱的城市！一个赚全世界钱的城市！一个全世界人都在这里赚钱的城市！

奇迹每天在这里发生，人们惊叹于义乌发展的奇迹。

人民创造历史，而英雄往往能改变历史的命运。

谢高华——人民心中的英雄，义乌不能忘记！义乌不会忘记！义乌人民永远将您铭刻在心里！

因为天地之间有杆秤，那秤砣是老百姓。

第十二章　天地之间有杆秤

后 记

今年是中国改革开放 40 周年、义乌撤县建市 30 周年。谢高华是义乌改革和发展进程中的一颗璀璨明星，一个永远不能忘却的标志性人物，一位义乌人民心中的英雄。

2003 年，在纪念义乌文化名人冯雪峰先生百年诞辰之时，我们接受了冯雪峰先生之子冯夏熊老人建议：为义乌县委原书记谢高华撰写纪实文学。2015 年秋，《衢州日报》资深记者邹跃华来义乌找我们并说明来意：他接受中共衢州市委交给的任务——专职为谢高华著书，特到义乌采访，并计划在中华人民共和国成立 70 周年之际出版，这促使我们加快纪实文学的采写进度。

谢高华对衢州贡献大，对义乌贡献更大。改革开放 40 年来，谢高华为代表的义乌历届党委、政府领导，以人民利益高于一切的执政理念和义乌人民一起创造了市场经济奇迹。后人有责任、有义务回顾总结这一段难忘的历史，弘扬谢高华敢于担当、积极作为的精神。因此，依据大量的史料和数十次赴衢州采访谢高华同志及与之相关人员后留下的笔记，我们完成了《义乌不能忘记——谢高华》一书。在书中，我们多视角地呈现谢高华在义乌任职的历程，全方位展示谢高华对第二故乡的情怀，力求客观公正，还原历史本真。

今年 5 月，我们把书稿送给谢高华审阅，老人家闭门谢客四天，认真阅读审核后给我们发来审读意见："书稿政治性、客观性、真实性都还不错。"同时，他提出了部分章节的修改意见，这给我们以巨大的宽慰和鼓励。

在此，衷心感谢浙江省人大常委会原党组书记、副主任茅临生先生，浙江省新闻出版局原党组书记、局长陈昆忠先生，同济大学马克思主义学院首任院长丁晓强教授为本书作序；衷心感谢杨守春、傅春明、颜新香、刘峻等领导的大力支持；衷心感谢世界义商总会会长陈萍对本书出版的热心帮助；衷心感谢王建明、华旭亮等同仁不辞艰辛，多次陪同采访，挖掘图片素材；衷心感谢金福根、余健、楼子荣、金必亮、吴献华、赵安平、周志浩、俞贤田、高和平、吴优赛、郑运福、陈启寿、王飞等摄影家热心提供珍贵图片；衷心感谢朱恒兴、徐义民、吴唐生、张年忠、邵唯一、何京月、杨守信、徐至昌、邹跃华、江胜忠、周建强、朱庆仙、孙清土、鲍川、刘俊义、傅健、潘爱娟、吴志雄、许庆军等同志在本书采编过程中给予的帮助；还要特别感谢中共义乌市委宣传部的高度重视，专门召开征求意见座谈会，提出了许多真知灼见；感谢义乌市档案馆、图书馆提供了大量原始资料。应该说，本书的出版是重情重义之义乌人共同劳动的成果。

本书在最后审校时传来喜讯，书中主人公谢高华被中央庆祝改革开放40周年表彰工作领导小组办公室公示为党中央决定表彰的"改革开放杰出贡献"对象。这对谢高华来说乃是实至名归，当之无愧。

由于作者学识、能力有限，书中一定有不尽完善之处，敬请读者朋友批评指正。

作　者

二〇一八年十一月

图书在版编目(CIP)数据

义乌不能忘记——谢高华/何悖坚,何建农著.—上海：
上海社会科学院出版社,2018

ISBN 978-7-5520-2551-4

Ⅰ.①义… Ⅱ.①何…②何… Ⅲ.①谢高华-生平事迹 Ⅳ.①K827=7

中国版本图书馆 CIP 数据核字(2018)第 268102 号

义乌不能忘记——谢高华

著　　者：何悖坚　何建农
责任编辑：陈如江
封面设计：黄婧昉
版式设计：楼俊义
出版发行：上海社会科学院出版社
　　　　　上海顺昌路 622 号　邮编 200025
　　　　　电话总机 021-63315900　销售热线 021-53063735
　　　　　http://www.sassp.org.cn　E-mail: sassp@sass.org.cn
印　　刷：上海颛辉印刷厂
开　　本：710×1010 毫米　1/16 开
印　　张：17
字　　数：230 千字
版　　次：2018 年 12 月第 1 版　2019 年 6 月第 2 次印刷

ISBN 978-7-5520-2551-4/K·482　　　　　定价：78.00 元

版权所有　翻印必究